나는 천천히 울기 시작했다

봄날의책 한국 산문선

나는 천천히 울기 시작했다

노동의 풍경과 삶의 향기를 담은 내 인생의 문장들

강광석 공선옥 김광준 김별아 김선우 김선주 김소연
김언 김연수 김중일 김중혁 김현진 노순택 류상진
박성대 박수정 박정애 박찬일 배병삼 백가흠 서효인
성석제 송경동 신해욱 오은 유병록 유소림 이계삼
이기호 이대근 이영주 이정록 이혜경 최문정 최성각
최용탁 최은숙 하종강 함민복

박지홍·이연희 엮음 | 노순택 사진

봄날의책

편집자 서문

다들 고향이 있지 않습니까

　시작은 단순했다. 어느 날 신문에서 작가 S의 글을 보았다. 제목이 〈대보름〉이었다. 참 좋았다. 그런 글들이 모아진 책은 없나, 찾아보았다. 볼만한 시 선집은 많은데 괜찮은 산문 선집은 별로 없었다. 있어도 대개는 문학 교과서, 국어 교과서의 보조 노릇을 할 따름이었다. 특히 삶의 생생한 현장을 담은 글은 그리 많지 않았다. 그런 글들을 모아보자는 소박한 마음에서 이 책은 준비되었다. 대다수 생활인이 공감하고 즐길 만한 산문들을 한곳에 모아보고 싶었다.
　드디어 작업에 들어갔다. 난관은 곳곳에 있었다. 언제부터 언제까지를 다루어야 할지, 누구를 넣고 누구를 넣지 말지, 그 기준은 무엇인지 하는 문제 등 끝이 없었다. 뭔가 선별의 기준이 필요했다. 최소한의 기준.

우선, 다루는 시기를 최근 10여 년으로 한정했다. 모든 산문을 한없이 살펴볼 수 없기에 현실적으로 작업 가능한 시기를 정해야 했으므로. 대략 2000년 이후부터, 동시대의 것이라 부를 만한 글들을 담았다.

다루는 내용에는 별 제약을 두지 않았다. 노동, 생활, 취미와 취향 등 넓은 의미에서 '인생'이라 부를 만한 것들을 최대한 망라하고자 했다. 생활과 노동에 대한 존중, 타자(사람일 수도 있고 또 자연일 수도 있겠다)에 대한 배려심이 담긴 글이었으면 하는 바람은 있었다.

작가들을 고르고 정하는 기준은 따로 없었다. 시인·소설가라고 부르는 전문작가만이 아니라, 다양한 현장에서 일하고 생활하는 사람들을 적극적으로 담고 싶었다.

그에 더해, 생존작가들로 한정했다. 끝이 없을 듯해서였다. 그래서 전우익, 권정생 선생 등의 빼어난 산문이 아쉽게도 빠졌다. 또 아주 짧은 글이 아니고는 작가당 두 편 내외로 정했다. 고른 참여를 보장하기 위해서였다.

신문과 잡지는 물론, 월간지·주간지·계간지 및 인터넷 매체들 그리고 해당 기간에 나온 단행본들에 실린 글을 검토 대상으로 했다.

그렇게 모아진 작가와 그들의 글은 다양했다. 고향과 가족을 다룬 글이 압도적으로 많긴 했다. 많은 작가가 그 이야기를 주되게, 절절히 했다. 그때의 고향과 그때의 가족이란, 추억과 기억이 녹아든 구체적인 장소와 사람이면서, 또 그 단어로 상징되는 소중한 것이기도 했다. 지금은 사라졌어도 한때는 분명 존재했고, 그 기억과 경험 때문에 오늘을 사는 힘과 위로를 받는 그것.

또 그 시기 동안 벌어진 사회적 사건들과 직접 관련된 글이 많았다. 당사자의 글도 있고, 당사자가 아니라 해도 그 사안에 대해 작가가 분명한 삶의 태도와 문학적 태도를 드러내고 있었다. 4대강 개발사업에 반대하는 글, 용산참사에 분노한 작가들의 글, 대추리와 밀양 등 사회 곳곳에서 벌어진 또는 진행 중인 사안에 대해 기록한 글들이었다. 주로 3부 '갈 곳이 아무 데도 없다'의 글들이다. 특히 박정애의 〈내 유년의 강, 명포를 추억하며〉, 최용탁의 〈내 마음속 남한강〉, 이영주의 〈파괴된 강에서 우리는 작별한다〉 등은 2011년에 나온 《강은 오늘 불면이다》에 실린 것으로, 당시 한국작가회의 저항의글쓰기실천위원회에서 기획한 산문집이었다.

한편 작가들의 작품의 원형이랄까, 주요한 경향을 짐작할 수 있는 글도 여럿이다. 김연수, 김중혁, 백가흠, 김선우, 김별아, 오은, 송경동, 박수정, 서효인의 글은 해당 작가의 과거사만이 아니라 지금의 모습, 그리고 앞으로의 삶과 글에 대해서도 짐작해볼 수 있게 해준다.

또 하나 흥미로운 것은 유독 음식을 다룬 글이 많다는 점이다. 전면에 등장시키거나, 아니면 중요한 매개체로 음식을 등장시킨 글이 많았다. 요리사 박찬일의 글에 주인공으로 등장하는 여러 국수, 김현진의 순대, 김중혁의 도나스와 옥수수빵, 성석제의 갱죽, 이정록의 사과, 공선옥의 각종 쑥음식은 단지 허기를 채워주는 양식만이 아니다. 지금의 자신을 만들어준 친근하고 중요한 존재였던 것이다.

특히 눈여겨볼 글이 몇 있다. 강진에서 농부이자 활동가로 일하는 강광석, 보성에서 우체부로 일하는 류상진, 퇴곡리에서 농사를 짓는 유소림, 또 농사짓는 소설가 최용탁의 글들이다. 직접 몸을 움직여 일하며 생활하는 이들의 글은 울림이 크고 깊다. 관념이 아니라 현실 속에서 공감대를 만들어가고 있기에 더욱 그런 것 같다.

 출간을 앞둔 지금, 아쉬움이 참 많다. 견문이 부족한 탓으로 좋은 작가, 좋은 글이 많이 빠졌지 싶다. 별도의 단행본, 별도의 선집을 준비하고 있다기에 눈여겨본 글들을 싣지 못한 아쉬움도 크다.
 그럼에도 이 책을 만드는 데 여러 분의 힘이 보태졌다. 특히 시인들의 우정이 인상적이었다. 진은영 시인이 오은 시인을, 오은 시인이 김언 시인을, 김언 시인이 이영주 시인을, 이영주 시인이 김중일 시인을 추천해주셨다. 그분들을 포함하여 도움을 준 모든 분께 감사드린다. 재수록에 기꺼이 동의해준 여러 출판사, 작가들께도 진심으로 감사드린다.

 어쨌든 출발은 했다. 부디 이 책의 출간이, '산문 르네상스'의 작지만 의미 있는 걸음이 되었으면 좋겠다. 이후 기회가 닿는다면 서문 선집, 발문 선집, 해설 선집, 서평 선집, 시론 선집 등 갖가지 확장된 산문의 향연을 꼭 만들어보고 싶다. 이 작은 시작에 부디 행운이 있기를.

차례

편집자 서문 5

달려라 냇물아

성석제 · 나의 산타클로스 15
김연수 · 내리 내리 아래로만 흐르는 물인가, 사랑은 20
김소연 · 선물이 되는 사람 27
최성각 · 달려라 냇물아 33
강광석 · 내 인생의 반려 농기계 37
박성대 · 소 이야기 42
오은 · 우산 56
최은숙 · 선물 60
함민복 · 이사 64
류상진 · 와따~아 기왕에 뭣을 줄라문 69
류상진 · 내가 아재를 지달리문 덜 미안하제~에 72
류상진 · 내 절 받은 사람이 누구여? 74
최성각 · 소 한 마리 잡지 못하는 허말라야 사람들 77
유소림 · 할머니, 크나큰 어머니 84
이정록 · 어머니의 한글 받침 무용론 88
이혜경 · 그해, 벌판에 내리던 눈 93
백가홈 · 아버지와 나는 이제, 페친이다 96
김별아 · 아버지라는 이름의 남자 103

이영주 · 빛의 통로 107
배병삼 · 권우 선생님을 그리며 110
김선주 · 자장면과 삼판주 113

살아간다는 것

이기호 · 아현정보산업고 119
이기호 · 반딧불이 120
이기호 · 가난하고 어린 121
최용탁 · 초상집 풍경 122
김언 · 봄날의 노인병원 126
성석제 · 서럽고 아련한 외로움, 갱죽 132
김광준 · 박찬호와 2001년의 어느 식당 아주머니 135
유소림 · 세상에서 가장 끈질긴 것 140
유병록 · 간판 143
박수정 · 기억 속 집 146
김중혁 · 빵차 습격사건 160
김중일 · 나를 먼저 살다 간 사람 165
박찬일 · 여름 음식의 서정 170
김현진 · 들어갈 때 실컷 마셔라 175
김광준 · 2루로 출근하는 어느 직장인의 이야기 178
서효인 · 이종범, 여전히 전성기 184
최문정 · 이 부장, 그러는 거 아이다! 188
김선주 · 자기를 위한 잔칫상을 차려라 193

갈 곳이 아무 데도 없다

이계삼 · 다들 고향이 있지 않습니까 201
유소림 · 그곳 204

이혜경 · 봄은 고양이로다 208
이정록 · 할머니의 광주리 211
공선옥 · 쑥 216
최용탁 · 고모 생각 222
박정애 · 내 유년의 강, 명포를 추억하며 225
하종강 · 고문이 나에게 가르쳐준 것 232
이대근 · 우리는 조용히 죽어가고 있다 245
박수정 · 마지막 가족사진 250
이계삼 · 송전탑 분신 자결의 진상 253
이계삼 · 고운 얼굴들 255

시인으로 산다는 것

신해욱 · 봄의 정령 263
신해욱 · 귀를 기울이면 264
신해욱 · 영혼의 어떤 흔적 265
이영주 · 파괴된 강에서 우리는 작별한다 268
최용탁 · 내 마음속 남한강 272
송경동 · 그 잡부 숙소를 잊지 못한다 281
노순택 · 송경동이 시를 쓰기 힘든 시대 287
노순택 · 그 시간, 정태춘은 노래하지 않았다 291
김선우 · 엄동설한에 연(蓮)을 생각하다 294
서효인 · 증명하는 인간 298
김언 · 몸, 소극장을 만나다 309
오은 · 상(床), 상(賞), 상(像) 315

출처 목록 325

달려라 냇물아

성석제

나의 산타클로스

　내가 초등학교에 다니던 때, 매년 성탄이 가까워지면 성당 안 제대(祭臺)를 둘러싸고 작은 숲이 만들어졌다. 대림주일이 되기 전에 성당의 청년부 형과 누나들이 산에서 날라온 크리스마스트리를 장식한다. 솜도 달고 별도 달지만 제일 중요한 것은 작은 꼬마전구를 줄줄이 매단 전선을 성탄목에 보기 좋게 휘감는 일이다. 꼬마전구가 많이 켜질수록 성탄이 가까워졌다는 뜻이 된다.
　새벽에 별을 보며 집을 나서서 눈길에 꽁꽁 언 발을 하고 첫 미사에 참례할 때 그 전 주일보다 더 많이, 더 황홀하게 반짝이는 성탄목을 보면 절로 목이 메곤 했다. 목멜 것까지야 있겠느냐고 할지도 모르나 시골하고도 시골인 우리 동네에는 내가 초등학교를 졸업하기 조금 전에야 전깃불이 들어왔던 것이다. 성탄 전야 자정 미사 때에는 성탄목에 달린 모든 불이 한꺼번에 켜진다. 어둡고 추운 길을 걸어온 시골 아이들은 성당 안에 들어서면서 복숭아나무처럼, 살구나무처럼 환히 꽃핀 성탄목을 보고는 일제히 목이 멘다. 막 태어난 아기 예수가 마리아에게 안겨 있는 구유에도 어김없이 작은 불이 반짝거린다.

그 앞에서 무릎을 꿇으며 다시 목이 멘다. 글로오오오오오리아 하고 노래하는 성가대의 합창에 다시 목이 멘다. 도시의 아이들은 따뜻한 방 안에서 침대 머리맡에 산타클로스가 선물을 넣어주고 갈 양말을 매다는지, 굴뚝을 청소하는지 모를 일이지만 시골 아이들은 목이 메느라 정신이 없다. 목멤, 그게 시골 아이들에게 주는 산타클로스의 선물인지도 모른다.

그러나 나는 시골 아이인데도 진짜로 선물을 주는 산타클로스가 있었다. 그분은 나의 대부(代父)였다. 내가 사는 동네보다 더 시골인, 저수지를 하나 지나가야 하는 동네에 사는 그분의 성은 잊었다. 이름은 원래 몰랐다. 세례명은 나자로였다. 성경 속의 나자로처럼, 그는 새로 살아난 사람처럼 보였다. 그는 무슨 큰 병을 앓다가 살아났는지는 몰라도 몸이 불편했다. 자전거를 탈 수도 없었다. 그러면서도 누구보다도 더 열심히, 누구보다 먼 길을 걸어 성당에 다녔다. 그는 성당에 다니는 신자 가운데 가장 가난한 사람이었을 것이고 불구자였는데도 나의 대부였다. 나는 그게 부끄러웠다. 나는 어쩌면 그의 유일한 대자(代子)였는지도 모른다. 나는 그게 원망스럽기까지 했다.

자정 미사가 끝나면 풍성한 잔치가 벌어진다. 축복과 선물이 오가고 평소에는 구경하기도 힘든 맛있는 음식이 나오고 노래자랑 대회가 열린다. 이윽고 잔치는 끝난다. 별이 성탄목의 꼬마전구처럼 반짝이는 하늘 아래를 걸어 집으로 돌아온다. 아이들은 집에 들어가자마자 잠에 빠져든다. 그러나 나는 잠들지 못한다. 성탄

전야에 산타클로스가 찾아오기 때문이다. 그는 나의 대부, 나자로다.

나자로는 몸이 불편한 까닭에 다른 사람보다 걸음이 늦다. 그는 개가 컹컹 짖는 소리를 들으며 쭈뼛쭈뼛 대문을 들어서서 아버지를 부른다. 아버지는 으레 오실 줄 알았다는 듯이 방문을 열고 그를 맞아들인다. 나는 자는 체하고 있다. 아버지가 나를 부른다. 대부님이 오셨으니 인사를 하라고.

그러나 나는 곤히 잠들어 도저히 일어날 수 없는 체한다. 그러면 나의 대부는 떠듬떠듬 괜찮다, 깨울 것 없다고 아버지를 만류한다. 아버지는 더 큰 소리로 나를 깨운다. 나는 억지로 일어나 눈을 비비며 앉는다. 나자로는 말없이 내 머리를 한 번 쓰다듬고 손에 쥐고 온 선물을 내민다. 나는 건성으로 고맙습니다, 한 다음 포장을 뜯어보지도 않고 다시 이불을 파고든다. 하지만 나는 이불 속에서 나자로가 언제 가나 귀를 기울이고 있다. 나자로는 어머니가 내온 차를 마시는 동안 한마디 말도 없다. 침묵 속에서 시간이 지나고 이윽고 나자로는 일어선다. 밤늦게 폐가 많았습니다. 아니오, 이렇게 우리 아이를 생각해주시니 감사할 뿐이지요. 밤길인데 괜찮으시겠습니까. 그럼요. 늘 다니는 길인데요. 나는 밤이면 물귀신이 나온다는 저수지 옆을 비척비척 걸어갈 그를 상상하고는 좀 안됐다는 생각도 한다. 하지만 졸립다. 스르르 잠이 든다.

다음 날 아침, 산타클로스가 주고 간 선물을 뜯어본다. 문둥이 연필이라고 부르는 질 나쁜 연필 한 통. 그 연필로는 글씨가 잘 써지지 않는다. 공책이 자꾸 찢어진다. 내가 전기도 안 들어오는 시골 마을에서 산타클로스로부터 선물을 받은 유일한 아이지만 아무도 나를 부러워하지 않는다. 그것도 화가 난다. 기왕 선물을 하려거든 왕자 그림이 든 공책 열 권에 낙타가 그려진 고급 연필 스무 통을 하면 좋잖아. 나는 그 선물이 나의 산타클로스가 마련할 수 있는 최상의 선물임을, 아니 그 이상임을 왜 그때에는 몰랐을까.

 나의 산타클로스, 나자로, 나의 대부는 내가 스무 살 무렵에 돌아가셨다. 어른이 되면 누구나 산타클로스 이야기가 꾸며진 이야기라는 것을 안다. 그러나 나는 산타클로스가 진짜 있다고, 최소한 나의 산타클로스는 있었다고 말한다. 성탄이 다가오면 나는 이따금 그를 생각한다. 그럴 때면 어린 시절, 환히 전깃불이 들어온 성탄목을 볼 때처럼 목이 메어오곤 한다. 그 목멤을 나는 그의 선물이라고 여긴다.

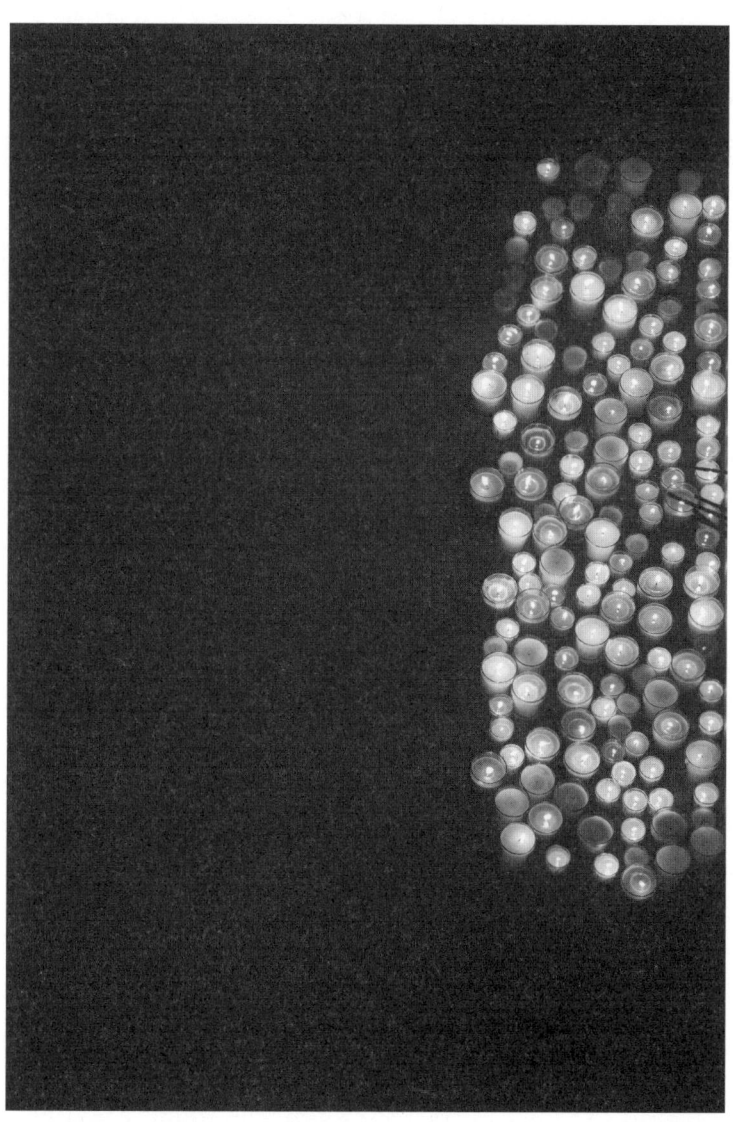

김연수

내리 내리 아래로만 흐르는 물인가, 사랑은

딸아이 열무가 태어나기 전부터 나는 자전거 앞에 아이용 의자를 설치할 계획이었다. 하지만 갓 태어난 아이는 내 생각보다 훨씬 작았다. 자전거 앞에 그 아이를 태우고 함께 논둑길을 달리려면 적어도 5, 6년은 지나야 할 것 같았다. 아내와 아이가 처가에 가 있는 동안, 혼자서 동네 한 바퀴 돌고 와 다시 자전거를 아파트 베란다에 넣었다.

열무는 여간해서는 큰 소리로 울지 않는 아이다. 시간이 지나면서 이 아이가 과연 어디서 왔을까 하는 처음의 의문은 사라지고 차츰 나도 어렸을 때 저랬을까 하는 궁금증이 일었다. 문을 빠끔히 열고 안을 들여다보면 열무는 쌔근거리며 잠을 잘도 자고 있었다. 아이를 낳고 나서 아내는 깊은 밤이면 말소리를 죽여가며 불만을 털어놓기 일쑤였다. 아무래도 나는 지진아처럼 새로 바뀐 환경을 제대로 이해하지 못하고 있었다. 여러모로 낯선 일이 많았다. 하지만 깨어 있을 때면 열무는 뭐가 그리 우스운지 나를 보며 웃었다. 그럴 때면 그다지 낯설게 느껴지지 않았다. 우리는 어쨌든 가족이 됐다.

　5, 6년은 지나야 자전거 앞에 태울 수 있을 줄 알았는데, 열무의 두 번째 여름이 찾아올 때쯤 나는 자전거 앞에 아이용 의자를 설치했다. 태어난 아이는 내 생각보다 무럭무럭 자랐다. 그리고 보면 내가 모르는 일은 정말 많았다. 아버지가 된다는 게 뭘 뜻하는지, 이제 갓 태어난 아이에게 세상이 얼마나 두렵고 놀라운 것인지. 자전거 가게 아저씨가 의자를 설치하는 동안, 내 품 안에서 호기심에 가득 차 고개를 갸우뚱거리던 열무는 정작 의자에 앉히려고 드니까 울음을 터뜨렸다. 아무래도 무서워하는 듯해 내 욕심에 괜히 돈만 날렸다는 생각이 들었다.

　하지만 집에 돌아와 다시 앉혔더니 고분고분히 앉는 것이었다. 조금 달려보니 소리를 지르고 연신 고개를 돌려 내 얼굴을 바라봤다. 얼굴로 와 부딪히는 바람이 좋았던 모양이었다. 내친 김에 멀리까지, 그러니까 우리 아파트 건너편에 있는 논둑길까지 달렸다. 정말 아름다운 여름이었다. 햇살을 받은 이파리들은 초록색 그늘을 우리 머리 위에 드리웠고 바람에 따라 그 그늘이 조금씩 자리를 바꿨다. 금방이라도 초록색 물이 떨어질 것만 같은 분위기였다. 나무 그늘 아래를 달리면서 나는 "열무와 나의 두 번째 여름이다"라고 혼자 말해봤다. 첫 번째 여름을 열무는 누워서 보냈고 두 번째 여름에는 아빠와 자전거를 타고 초록색 그늘 아래를 달렸다. 세 번째 여름은 또 어떨 것인가? 지금 내가 가진 기대 중 가장 큰 기대는 그런 모습이었다.

내가 마지막으로 고향 집에 머문 것은 방위병으로 근무하던 시절이었다. 매일 출퇴근하면서 아버지가 늦잠 자는 나를 깨우는 일이 다시 시작됐다. 아버지는 가끔 화를 내면서, 가끔 혀를 차면서 나를 깨웠다. 그러니까 초등학교 시절부터 고등학교를 졸업할 때까지 12년을 반복했던 일이었다. 내가 자라 청년이 되는 만큼 아버지는 노인으로 바뀌어가고 있었다. 내가 방위병 근무를 마치고 서울로 떠나면 그 모든 일들도 이제 다시는 돌아올 수 없는, 기억 속의 일들이 될 테지만 아무려나 그때 나는 그런 생각을 하지 못했다. 세상이 나를 버린 것만 같은 생각에 빠져 있던 그 시절, 나를 사로잡은 것은 정약용의 형인 정약전이었다.

정약용의 집안은 1801년 신유사옥으로 풍비박산이 났다. 이해에 셋째 형 정약종은 천주교를 믿는다는 이유로 목숨을 잃었고 둘째 형 정약전과 정약용은 각각 강진현 신지도와 장기현으로 유배당했다. 그해 10월, 황사영 백서사건으로 다시 서울로 압송된 이들은 두 번째 유배지를 향해 떠났다. 정약전은 흑산도로, 정약용은 강진으로. 이 두 형제는 나주 율정점에서 헤어졌다.

정약용이 유배지 강진에서 18년 동안 생활하면서 500여 권에 달하는 《여유당전서》를 지은 일은 유명하다. 그에게 《여유당전서》 500여 권이란 폐족의 처지를 벗어나는 일이었다. 하지만 나를 사로잡았던 정약전은 그다지 많은 책을 쓰지 않았다. 정약용도 형의 묘비명에 쓰기를, "공은 책을 편찬하거나 저술하는 데는 게을렀기 때문에 지으신 책이 많지 않다. 《논어난》 2권, 《역간》 1권, 《현산어보》 2권, 《송정사의》 1권이 있는데 모두 귀양 살던 바다 가운데서 지으신 거다"라고 했다. 정약전이 죽은 것은 흑산도에 유배된 지 16년이 지난 1816년의 일이니, 정약용만큼이나 많은 시간이 있었던 셈이다. 그 세월 동안 그는 뭘 한 것일까?

고향을 한 발자국도 떠나지 못하는 신세가 된 나 역시 그처럼 유배됐다고 생각했다. 매일 허송세월을 보내면서 출퇴근하다 보니 바닷가에 나와 앉아 뭍을 그리워하는 눈을 거둬 물고기를 들여다보며《현산어보》를 쓰는 정약전의 모습이 떠올랐다. 결국《현산어보》란, 그 책에 등장하는 각종 물고기들의 생김새와 생태란, 그리움의 다른 이름이었을 것이다. 뭘 그리워했던 것일까? 나처럼 화려한 서울의 일을? 혹은 앞으로 자신이 할 일들을? 혹시 흑산도에 갇힌 몸이 아니라 자유로운 자신의 영혼을?

방위병 근무를 마치고 나는 영영 집을 떠났다. 이제 아버지는 더 이상 늦잠 자는 나를 깨울 필요가 없었다. 나도 더 이상 아버지의 간섭을 받을 필요가 없었다. 한때 아버지와 나는 하루도 떨어져 지내지 않는 사이였지만, 이제는 1년에 만나는 횟수가 열 손가락으로 다 꼽을 수 있는 그런 사이가 됐다. 그리고 한동안 나는 그게 자유라고 생각했다.

자유. 아침에 늦게까지 잠잘 수 있는 자유. 내 멋대로 머리를 기를 수 있는 자유. 며칠씩 술을 마시고 쏘다녀도 잔소리 듣지 않을 자유. 그 자유는 감미로웠다. 하지만 오래가진 않았다. 소중한 것은 스쳐가는 것들이 아니다. 당장 보이지 않아도 오랫동안 남아 있는 것들이다. 언젠가는 그것들과 다시 만날 수밖에 없다. 스물두 살. 나는 정약전이 그저 뭍만 그리워한 줄 알았다. 하지만 그게 아니었다. 정약용이 쓴〈선중씨(先仲氏) 정약전 묘비명〉을 읽는데 내 눈에 문득 이런 구절이 들어왔다.

차마 내 아우로 하여금 바다를 두 번이나 건너며 나를 보러 오게 할 수는 없지 않는가. 내가 마땅히 우이보에 나가서 기다려야 되지.
(不忍使吾弟 涉重溟以見我 我當於牛耳堡待之)

  1801년 11월 21일 목포 쪽과 해남 쪽으로 갈라지는 삼거리 주막거리인 나주 율정점에 도착한 죄인 정약전과 정약용 형제는 다음 날 아침 그곳에서 헤어져 각자 자기의 유배지로 떠났다. 이 일을 정약용은 〈율정별(栗亭別)〉이란 시에서 '띠로 이은 가게집, 새벽 등잔불이 푸르스름 꺼지려 해/ 잠자리에서 일어나 샛별 바라보니 이별할 일 참담해라/ 그리운 정 가슴에 품은 채 묵묵히 두 사람 말을 잃어/ 억지로 말을 꺼내니 목이 메어 오열이 터지네'라고 노래했다.
  그렇게 헤어지고 14년이 지난 1814년 아우 정약용이 유배지에서 풀려나리라는 소식이 들려왔다. 처음 떠나올 때만 해도 흑산도 입구인 우이도에 살았으니 우이도로 잘못 찾아간 아우가 한 번 더 바다를 건너는 수고를 할까 봐 정약전은 고집을 피워 우이도로 다시 나갔다. 그리고 거기서 3년을 더 아우를 기다리다가 죽었으니 아우 정약용이 그 얼마나 가슴이 아팠겠는가! 그 묘비명에 "악한 놈들의 착하지 못함을 쌓아가던 게 이와 같았었다"고 쓰는 심정을 알 것도 같다.
  유배 16년 동안, 겨우 몇 권의 책만 낸 정약전. 그가 뭍이 아니라 아우를 그리워했다는 사실을, 그 그리움을 잊으려고 물고기들을 하염없이 바라봤다는 사실을 알게 된 것은 내가 마지막으로 집을 떠나고서도 아주 오랜 시간이 지난 뒤였다. 사랑은 물과 같은 것인가. 그 큰 사랑이 내리 내리 아래로만 흘러간다. 그런 줄도 모르기 때문에 아이들은 자라 집을 떠나고 어린 새들은 날개를 퍼덕여 날아가는 것이다.

 그늘을 돌아 나오다 열무가 조용하다 싶어 얼굴을 바라봤더니 자전거 앞자리에 앉은 채로 졸고 있었다. 얼른 방향을 바꿔 돌아서니 이미 잠에 빠져들었다. 어떻게 그 불편한 자전거 앞자리에서 잘 수 있을까 싶어 어이가 없었다. 내려서 안고 가려고 해도 너무 멀리까지 왔기 때문에 빨리 집으로 돌아가 재우고 싶었다. 한 손으로는 핸들을, 한 손으로는 아이를 붙잡고 논둑길을 달려갔다. 길을 걸어가던 사람들이 의아한 표정으로 열무와 나를 바라봤다.
 탐스런 초록색으로 물든 들판이 좌우로 펼쳐졌다. 그리고 내 머릿속으로는 어릴 적 일들이 떠올랐다. 갑자기 직장을 그만두신 아버지는 매일 저녁이면 자전거를 타고 퇴근한 직장 동료나 친구들 집에 놀러갔었다. 물론 그 자전거 앞자리에는 항상 어린 내가 앉아 있었다. 아버지가 친구들과 술을 마시는 동안, 나는 낯선 동네에서 제멋대로 뛰놀다 결국은 쓰러져 잠들었다. 돌아갈 때쯤이면 얼굴이 불콰해진 아버지가 나를 깨웠다. 잠이 덜 깬 얼굴로 나는 열무처럼 어린이용 의자에 올라탔다. 자전거는 가끔 비틀거렸으리라. 나는 가끔 졸았으리라. 하늘에는 별빛이 눈부셨으리라. 아버지는 가끔 노래를 흥얼거렸으리라. 밤길로는 가끔 고장 난 백열등이 깜빡거렸으리라. 나는 어른이 되는 꿈도 꿨으리라.
 열무와 나의 두 번째 여름은 그렇게 끝나고 있었다. 나는 여전히 열무에게 익숙하지 못한 아버지였다. 하지만 내게 아버지가 없었더라면 그마저도 못할 뻔했다. 아이가 생기면 제일 먼저 자전거 앞자리에 태우고 싶었다. 어렸을 때, 내 얼굴에 부딪히던 그 바람과 불빛과 거리의 냄새를 아이에게도 전해주고 싶었다. 아버지에게 받은 가장 소중한 것. 오랜 시간이 흘러도 사라지지 않고 오랫동안 남아 있는 것. 집이 있어 아이들은 떠날 수 있고 어미 새가 있어 어린 새들은 날갯짓을 배운다. 내가 바다를 건너는 수고를 한 번이라도 했다면 그건 아버지가 이미 바다를 건너왔기 때문이다. 나도 이제 열무를 위해 먼저 바다를 건너는 방법을 배워야겠다. 물론 어렵겠지만.

김소연

선물이 되는 사람

현관문이 열리고 아이가 들어온다. 신발을 벗는 동시에 아이는 나를 부르기 시작한다. 나는 빨래를 개다 말고 현관문으로 걸어간다. 아이는 마루에 들어선 채로 두 팔을 벌리고 서 있다. 나도 두 팔을 벌리고 아이를 품에 안는다.

"나무 같았지요?" 두 팔을 벌린 채 서 있었다는 뜻이다. 얼마간은 기다렸지만 오래는 아니었고, 자기가 기다리는 역할을 할 수 있어서 기쁘다는 표현이다. 이렇게 안을 줄 아니까 나무보다 훨씬 멋지다고, 평소 목소리보다 서너 음계는 높인 목소리로 나는 아이를 응대한다. 아이는 이모의 맞장구를 마음에 들어한다.

"뭐 하고 있었어요? 나 기다리는 거 말고요." 실은 아이를 기다리지 않았고 다만 내 시간을 보내고 있을 뿐이었다 할지라도, 아이가 그렇게 말해주고 규정해줌으로써 나는 아이를 기다린 사람이 된다. 아이에게 자기를 기다린 예쁜 사람으로 자격을 부여받는다. 개다 만 빨래를 보여주자, "같이할까요?" 하며 철퍼덕 앉는다. 작은 손으로 야무지게 양말의 짝을 맞추기 시작한다. 함께 빨래를 개며 아이는 공룡의 위계질서를, 어린이집에서 오늘 겪은 일을, 여기까지 오는 동안, 통학버스에서 내려 걸어서 2분 거리 동안에 보고 들은 것을 쉴 새 없이 말한다. 죽은 개미를 보았고, 가로수의 껍질에 어떤 무늬가 있었고, 민들레가 마당에 피었고, 구름이 어쨌고. 이 놀라운 연구자의 보고를 경청하자니, 우리 집 주변은 놀라운 정보로 가득 찬 세계다. 이 놀라운 발견자의 눈을 빌려 집 앞 골목을 집 안에서 상상하자니, 나는 아름다운 사건 사고가 끊이지 않는 동네에 살고 있다.

노트북에 이상이 생겨 서비스센터에 찾아갔을 때다. 오전 시간이어선지 대기실엔 주부들이 많았다. 그들의 절반이 리모컨이나 핸드폰을 고치러 왔는데, 내부의 기계판이 녹슬거나 젖어서 고장이 난 경우였다. 아기가 자꾸 입에 넣고 빨아대서 침이 묻어 그렇게 되었다고 한다. 직원의 말에 따르면, 거의 모든 집에서 리모컨은 그런 식으로 고장이 난다고 한다. 같은 시기의 거의 모든 아기들이 신기한 물건을 손수 입에 넣고 물어보고 빨아봄으로써 연구에 몰두한다고 생각하니, 아이들의 능력이라는 게 신기하고 순일하다는 생각이 들었다.

삶에 발을 들여놓자마자 아이는 사냥꾼이 된다. 아이는 자기가 사물들 속에서 그 흔적을 감지하는 정령들을 쫓는다. 정령들과 사물들 사이에 여러 해가 흘러가고, 그동안 아이의 시야에는 사람들이 들어오지 않는다. 아이는 꿈속에서처럼 산다. 아이에게는 어떤 것도 그대로 머물러 있지 않는다. 아이는 모든 것이 자기에게 일어나고, 자기와 마주치며, 자기에게 닥쳐온다고 생각한다.
―발터 벤야민, 《일방통행로/사유이미지》에서

   아이와 사물 사이의 높은 유대감은 집 안을 난장판으로 만들기도 한다. 치울 줄 모르는 아이의 그 이면에는 사물과 오래 이야기를 나눈 교감의 여정이 고스란히 펼쳐져 있다. 어지럽히는 것이지만 실은 펼쳐놓는 것이다. 위대한 몰입과 창조의 능력이라 할 수 있다. 아이들은 골목을 걸으며 자기에게 말을 거는 사물을 너무 많이 만나서 호주머니가 불룩해지도록 주워 들고 집에 들어온다. 버려진 사물들이 건네는 말을 들어주는 교감 능력, 새로운 사물로 다시 태어나게 하는 창조자의 능력. 아이에겐 그런 능력이 있다.
   마당에 핀 양귀비꽃을 아이에게 보여주었다. 아이는 금세 꽃에게 바짝 다가간다. 그러다 깜짝 놀란다. "어, 이거 왜 움직여요?" 바람이 불어서 꽃이 춤을 추는 중이라고, 어른들의 상투적인 표현으로 내가 설명을 하자, 아이는 환하게 웃으며 큰 목소리로 말한다. "바람이 좋아서 이래요?" 바람이 분다는 것과 꽃이 춤춘다 사이에 "좋아서"란 말이 매개가 되니 바람과 꽃에게 생기가 생기는 듯하다. 아이는 바람과 꽃을 사이좋게 매개하고선 양귀비처럼 흔들흔들 춤을 추고 있다. 내가 쳐다보며 웃자 "나도 좋아서 이래요"라 한다. 바람 한 점과 꽃 하나의 리듬을 타고 그 순간을 마냥 즐기고만 있다.
   함께 길을 걸었다. "내가 좋아요?" 뜬금없이 내게 묻는다. 어떻게 알았느냐며 빙그레 웃는 내게 아이는 비밀을 알려주듯 설명한다. "나를 자꾸 쳐다보잖아요. 자꾸 쳐다보면 좋아하는 거예요." 아이와 놀아주기 위한 시간이 아이와 데이트를 하는 시간으로 변해가고 있었다. "나도 이모를 좋아해요. 이렇게 게처럼 걷고 있잖아요." 게걸음으로 나를 보며 걷는 아이를 따라 나도 게걸음을 한다. 우리는 마주 본 채 게처럼 옆으로 걸어서 산책을 한다. 우리는 서로 좋아하는 사이라 기쁘다 말하는 내게 아이는 대답한다. "그럼, 우리 친구할까요?"

아이는 놀이터로 달려가 나에게 소방차가 되라고 한다. 이 잔디밭을 다 불이라고 생각하고 어서 꺼보라고. 불은 빨강이야, 내가 어깃장을 놓자 아이는 "앗 뜨거, 앗 뜨거", 폴짝폴짝 뛰면서 외친다. 이래도 이게 초록으로 보이냐고 나를 보며 자꾸 웃는다. 나는 빙그레 웃으며 아이와 함께 소방차 놀이를 실컷 한다. 어딘가 어색하고 우스꽝스러운 내 행동에 아이는 면밀한 코치 역할을 계속해준다.

우리의 하루가 가고, 아이를 데리러 엄마가 찾아온다. 엄마의 손을 잡고 자기 집으로 돌아가는 아이에겐 이별의 절차 또한 거창하다. 우선 나는 아이가 신발을 신을 때까지 옆에 서 있어야 하고, 계단을 내려갈 때 손을 잡아주어야 하고, 마당에서 손을 흔들며 돌아설 때는 한 번 안고 한 번 뽀뽀하고, 그리고 이내 돌아서야 한다. 계단 앞에서 한 번 뒤를 돌아보아야 하고, 계단을 다 올라가서 한 번 내려다보고 손을 흔들어야 하고, 얼른 방에 들어가 창문을 열고 내려다보며 큰 소리로 "잘 가!"라고 외치며 이름을 불러주어야 한다. 내가 거기까지 절차를 다 치를 동안에 아이는 한자리에 서서 계속 손을 흔든다.

언제나 표현의 발명에 굶주리며 전전긍긍하는 시인 이모는 표현의 발명에 관한 한 인생의 절정에 있는 여섯 살 아이와 호흡을 맞추며 수요일을 보낸다. 내게 이 아이는, 사랑은 어떻게 확인하고 표현하는지를 알려주러 온, 세상에서 가장 어린 남자다. 사람은 애초에 위대한 발명 능력과 위대한 공감 능력과 위대한 표현 능력을 지닌 존재라는 것을, 나는 이 아이로 인해 짐작이 아닌 확신으로 받아들인다. 표현의 무능에 대한 고뇌를 아이와의 하루 동안 잠시 잊는다.

최성각

달려라 냇물아
어떤 환경쟁이의 내력

대관령에서부터 불어닥치는 봄바람이 유난히 지랄 같았던 지방 소도시, 전쟁이 멈춘 뒤 아버지는 시장에서 제법 큰 규모의 건어물상을 벌였다. 장사가 번창할 때 학교를 다니던 형들은 '살양말'을 신고 유치원에도 다녔다고 한다. 그렇지만 내가 태어나 학교에 입학한 1960년대 초반, 아버지는 상점을 접고 돼지를 기르기 시작하셨다. 하지만 형들의 좋은 시절과 달리 나는 학교에서 돌아오면 손수레를 끌고 '꾸정물'을 거두러 다녔다. 꾸정물이란 '돼짓물'이라는 말과 같이 쓰였는데, 음식 쓰레기를 일컫는 영동 지방 말이다. 그 성정이 매우 친근하고 관대하며 알고 보면 청결하기까지 한 돼지에게 인류가 줄기차게 가하고 있는 부당한 오해와 몹쓸 대접처럼, 돼지가 먹는 음식조차 꾸정물이라는 모욕적인 언사를 사용한 것은 참 지나친 처사였다고 생각된다.

나는 소문난 개구쟁이였지만, 아버지를 유난히 좋아했기에 꾸정물 거두는 일만큼은 불평 없이 충직하게 도왔다. 내 유난히 굵은 장딴지도 아마 모르긴 몰라도 그때 붙은 것이 아닌가 싶은데, 만약 리어카 운전을 누가 잘하나, 그런 대회가 있다면 지금이라도 최소한 준결승 정도는 오를 자신이 있다. 열댓 마리쯤 키우던 우리 집 돈사(豚舍)는 시에서 2킬로미터쯤 떨어진 남대천 방둑 아래에 있었다. 돈사 옆으로는 하천을 낀 제법 너른 밭도 있어서 감자도 심고 파 농사도 지었다. 어느 해 초여름이었을 것이다. 거름을 치운 뒤 아버지가 느닷없이 새끼 돼지 한 마리의 다리 한 짝을 들고 허공에서 빙빙 돌리더니, 냇물에 휙 던지시는 것이었다. 너무나 놀라 여쭸더니, "이놈은 딴 놈들 때문에 어쩔 수가 없다"고 하셨다. 그 이해할 수 없는 행위와 요령부득의 발언은, 특별히 나를 귀여워하셨고, 일을 마치고 타는 듯한 노을을 바라보며 빈 리어카를 끌고 집으로 돌아올 때 말릴 수 없는 호기심으로 이 세계에 대해 재잘대던 막내의 충실한 말벗이 되어주시곤 했던 그 아버지의 것이 아니었다.

   집에 돌아와 저녁 밥상머리에서 어머니를 통해 사정을 알게 된 즉, 어미 돼지가 새끼를 낳았는데 열두 개의 젖꼭지 수보다 한 마리 더 많이 낳았다는 것이다. 그러니 그중 제일 약한 새끼 돼지는 비록 세상에 아무런 해악을 끼친 바 없지만 단지 약하다는 이유로 희생되어야 한다는 거였다. 그래야 다른 형제 돼지들이 젖꼭지를 하나씩 차지해 온전하게 자랄 수 있다는 것이었다. 약하게 태어났다는 것이 곧 형벌의 이유였다. 어린 나로서는 그 부조리가 도무지 납득이 안 됐지만, 그보다는 저녁밥을 먹는 내내 어두워지는 냇물에서 하염없이 떠내려갈 새끼 돼지를 어떻게 하면 건져낼 수 있을까, 그게 더 걱정스럽고 급한 일이었다.

저녁을 먹은 뒤, 어른들 몰래 집을 빠져나온 나는, 40년 전 지방 소도시의 캄캄한 어둠을 헤치고 아버지가 돼지를 던졌던 지점에서부터 바다에 이르는 십릿길 방둑을 냇물을 따라 뛰듯이 걸어내려갔다. 어느 지점에선가 물가로 밀려나와 꿀꿀대는 새끼 돼지의 목소리를 듣게 될지도 모른다고 간절히 믿고 있었을 게다. 일제때 쌓았을 게 틀림없는 개천의 방둑에는 돌망태를 엮은 녹슨 철조망이 더러 풀어 헤쳐져 어린 소년에게는 매우 위험한 모험이 아닐 수 없었다. 잡풀도 소년의 키만큼 우거져 있었고, 물뱀이나 자라가 살던 냇물이었다. 물뱀은 독이 없다지만 미끈거려 싫었고, 자라 이빨은 철사도 휄 정도로 무서웠다. '그때 그 소년'은 아마 제정신이 아니었던 것 같다. 해 떨어지면 무서워 뒷간은커녕 밤똥 누러 마당 구석에도 혼자 못 나가던 그 소년이 새끼 돼지를 건지겠다는 뜨거움으로 미쳐 있었다.

그 방둑은 여름이면 가족 모두 줄을 서서 해수욕을 가던 길이었다. 아버지는 짐자전거에 천막과 장작을 싣고, 어머니는 무쇠솥을 머리에 이고, 우리 형제들은 제각각 감당할 수 있는 무게의 수박과 참외를 들고, 땀 뻘뻘 흘리며, 십릿길 해수욕을 가던, 그 방둑길이었다. 방둑 아래 하얀 신작로에는 햇살에 반짝이는 미루나무가 바람에 흔들렸고, 바닷가에서 가장 가까운 과수원 앞 국민학교에 이르면 매미 소리가 귀청이 찢어지도록 진동했다. 방둑이 끝나면 곧 바다로 이어졌는데, 발바닥에 불이 날 것처럼 뜨겁고 눈부셨던 백사장에 이르면 아버지는 천막을 치고 솥을 건 뒤에 머리에 흰 수건을 동여매고 '사루마다' 바람으로 바다로 들어가셨다. 어머니는 무와 고추장을 넣고 고깃국을 끓이고, 우리는 이중섭의 은박지에 그려진 아이들처럼 발가벗고 바다에 뛰어들어, 고개를 파도 위로 내밀고 죽죽 헤쳐나가는 아버지의 늠름한 헤엄을 흉내 냈다.

 지척을 모를 어두운 방둑 아래 냇물가에서 얼마나 헤맸을까. 삐죽이 튀어나온 철사에 옷이 찢어지더니 피도 나고, 더러 발을 헛디뎌 넘어지기도 했던 것 같다. 그런데, 참으로 거짓말 같은 일이 일어났다. 바다가 얼마 남지 않은 하구의 갈대숲에서 이상한 소리가 들렸다. 새끼 돼지 소리였다. 꿀꿀꿀, 춥고, 배고프고, 외롭고, 무서움에 찌든 새끼 돼지의 가냘픈 울음소리가 냇물 가장자리에서 들렸다. 아버지가 버린 그 새끼 돼지였다. 바로 그 순간 느꼈던, 끝까지 살아낸 어린 생명에 대한 벅찬 반가움과 기쁨은 이후 오십이 넘도록 다른 어떤 순간에도 다시 느낄 수 없었다.

 젖은 새끼 돼지를 품에 안고 캄캄한 방둑길에서 돈사까지 다시 되돌아올 때, 돼지 새끼만큼 내 가슴도 어떤 감격으로 세차게 뛰었을 것이다. 40년 전, 지방 소도시 외곽의 밤은 달빛이나 별빛밖에 없었다. 만약 그때가 흐린 날이라면 얼마나 캄캄했을까. 하지만 개울을 따라 내려갈 때 만났던 어둠은 새끼 돼지를 찾겠다는 열망 때문에 어둡지 않았고, 다행히 돼지를 찾아 안고 돈사로 올라올 때의 그 어둠은 가슴이 터질 것 같은 환한 기쁨으로 인해 또한 어둡지 않았을 것이다. 그것은 대단히 개인적인 경험이지만, 마음의 힘과 관련해 여전히 깊이 생각해볼 만한 일이 아닌가 싶다.

 이튿날 어른들에 의해 바로 발견된 그 새끼 돼지는 결국 내가 학교에 간 사이에 처단되고 말았다. 세월이 많이도 흐른 뒤, 어쩌다 나는 환경운동을 하는 글쟁이가 되고 말았을까, 곰곰이 지난 시간을 되짚어볼라 치면, 아마 어린 날의 그 새끼 돼지 사건과 무관하지 않은 것만 같다. "달려라 냇물아 푸른 벌판을……." 그때 부르던 노래였다.

강광석

내 인생의 반려 농기계

오랜 세월 자신의 옆자리를 지켜준 사람을 인생의 반려자라 합니다. 노래 가사처럼 비가 오나 눈이 오나 바람이 부나 변함없이 지켜주는 사람입니다. 요즘은 반려 동물이라는 말이 유행입니다. 고양이나 개, 심지어 뱀이나 이구아나까지 사람과 한방에서 생활합니다. 애완동물이라는 개념과는 약간 다른 개념인 것 같습니다. 장난감처럼 소일거리로 데리고 노는 대상이 아니고 '삶을 나눈다'라는 개념으로 발전했습니다.

삶을 나눈다는 건 생사고락을 같이한다는 뜻일 테지요. 그런 의미라면 반려 식물도 있겠습니다. 어렸을 때부터 타고 놀던 정원의 소나무, 아이가 태어났을 때 하나씩 심은 백일홍(배롱나무)은 집안 식구들과 함께 울고 웃으며 평생 그 자리를 지켜왔겠지요. 30년 전에 구입한 소니 라디오를 지금도 끄떡없이 듣는 동네 어른이 계십니다. '손석희의 시선집중'의 열광 팬이십니다. 30년이 지난

몽블랑 만년필을 쓰고 있는 분도 계십니다. 중요한 문서에 이름이나 쓸 때 한 번씩 꺼내시는데 세월의 향기가 물씬 풍깁니다. 이런 물건이나 기계를 반려 물건, 반려 기계라 해도 좋겠습니다.

GT451D는 트랙터입니다. 1995년에 태어났습니다. 금색깔 왕관 마크가 선명한 골드스타 제품입니다. 요즘 젊은이들은 금성이라는 회사를 잘 모르겠지만 농기계 회사 LS의 전신입니다. 그러니까 앞에 나온 GT는 골드스타 트랙터의 앞자리 영어를 줄여서 쓴 것이지요. 숫자 451은 성능과 제품 번호입니다. 앞의 45는 말 45마리가 순식간에 힘을 쓸 때 나온다는 마력수이고 뒤의 1은 GT 45마력 기종 중에서도 맨 먼저 나온 기계라는 뜻입니다. 마지막 D는 디젤엔진이라는 의미고요. 금성 트랙터 45마력 디젤엔진 기종은 제1형 제품 이후에는 출시되지 않았습니다.

요즘 기계는 45마력이라 하면 최대출력이 45마력인데, 옛날 기계는 기본이 45마력이고 조금 더 힘을 쓴다면 50마력을 넘겨버리는 숨겨둔 2퍼센트를 가지고 있습니다. 그래서 우리 GT(앞으로는 경태라고 부르겠습니다)는 밖으로는 45라고 짐짓 자신을 낮추지만 논수렁에 빠진 다른 기종 40마력짜리를 너끈히 건져 올리고도 약간 코로 씩씩거리는 정도로 수고로움을 표시하곤 마는 것입니다.

경태와의 만남은 10년 전으로 거슬러 올라갑니다. 하우스 작물을 짓던 형님이 농사를 못하게 되자 트랙터를 줬습니다. 그게 인연의 시작입니다. 원래 하우스에서 쓰던 트랙터라 뚜껑(탑)이 처음부터 없었습니다. 한겨울에 작천에서 성전까지 찬바람 날리며 달려오는데 트랙터가 처음 생겼다는 기쁨에 추운지 몰랐습니다. 실은 아침에 트랙터를 가지러 갔는데 키가 없었습니다. 인근 농기게 가게에 갔더니 아무거나 집어주면서 "웬만하면 맞을 것"이라 했습니다. 진짜 맞았습니다. 경태는 그런 놈입니다. 가리는 게 없고 어떤 형식에 얽매이지 않습니다.

그런데 아무리 스타트 모터를 돌려도 시동이 걸리지 않는 겁니다. 농기계 가게에 전화를 했습니다. 오전 11시가 되면 돌려보라는 무당 같은 말을 했습니다. 귀신같이 11시가 되어서야 시동이 걸렸습니다. 경태는 게으른 놈은 아니지만 추운 날씨에 무턱대고 일을 서두르는 놈도 아닙니다. 주인이 피곤하게 저녁까지 일할까봐 라이트도 없습니다. 냉각수 온도 계기판과 연료 계기판이 고장 났습니다. 매일 직접 확인하라는 뜻이지요. 모든 것이 숫자로 표현되는 디지털시대에 오직 눈으로 보고 그것만 믿으라고 강조하는 경태는 실사구시의 정신을 제대로 이해하는 실학파 농기계임이 분명합니다.

10년 동안 자갈 다랑논을 수도 없이 갈았습니다. 당시 처음 가져왔던 로터리를 지금까지 쓰고 있습니다. 큰 기계가 들어가기 어려운 밭을 도맡아 갈았습니다. 해야 되는 일, 할 수 있는 일은 외면하지 않았습니다. 철 따라 엔진오일을 갈아주는 일 말고는 해준 것이 없어도 경태는 묵묵히 10년을 성전면 영풍리 들판을 누벼왔습니다. 어른 키보다 큰 바퀴를 달고 달리는 100마력짜리 트랙터를 보고도 부러운 눈치 한번 없이 자신이 타고난 역량만큼만 최선을 다해 감당해왔습니다.

잔병치레가 없던 경태가 올해는 앓는 소리를 자주 합니다. 작년 가을에 산비탈 밭을 올라가다 옆으로 넘어진 일이 사달인 것 같습니다. 4륜구동 연결핀이 끊어졌고 클러치홈이 망가졌고 바퀴 베어링이 깨졌고 한 5일 병원에 갔다왔습니다. 더 단단해졌길 바라지만 지금 경태 나이가 사람 나이로 팔순을 넘겼다는 것을 생각하면 무얼 더 바라겠습니까? 인생의 무게를 묵묵히 감당하다〈워낭소리〉의 늙은 황소처럼 기억 속으로 사라지겠지요. 앞으로 딱 10년만 같이 있어주길 바랍니다. GT451D는 주민번호이고 그의 진짜 이름은 강경태입니다.

박성대

소 이야기

울 할매 생각

경주 최씨 고명딸 울 할매는요, 수염이 가지 벋은 서른 살 신랑 얼굴 한번 못 보고 열여섯에 퇴락한 박씨 가문 맏며느리로 시집오셨지요. 아들딸 열을 낳고 베틀 하나로 두어 뙈기 논밭까지 장만하고 아흔셋에 고종명하신 울 할매 눈에는요, 이 세상 짐승이라곤 딱 두 종류밖에 없었지요. 소와 소 아닌 것들. 손자들 머리 굵어 대처로 나가고부터는 울 할매 내리사랑 소한테 다 주셨지요. 뒤란 소우리와 울 할매 방은 감나무 한 그루 사이에 두고 붙어 있어 소가 아무 기척이 없어도 "이늠의 소, 죽 안 묵고 뭐 하노?" 사르륵 미닫이 열어보고, 소가 심심해 그냥 한번 움메 우는데도 "와 저 카노? 누가 우리 소를 우째 하나?" 또 나가보고 그러셨지요. 어쩌다 소가 입맛이 없어 죽을 안 먹으면 울 할매 어디 고방에 숨겨놓은 고운 등겨 한 줌 쥐어다가 소구시 앞에 앉아 그 뜨거운 소죽 손으로 다 뒤집어 켜켜이 등겨 뿌려주며 "묵어봐라. 뭐라도 좀 묵어봐라." 애원하면 잠깐이라도 우리 집 소, 먹는 시늉 안 하고는 못 배기지요. 한겨울 정말 소가 죽을 안 먹을 때는 집 주변 양지바른 언덕 다 뒤져 얼마간의 생풀이라도 뜯어다 쫑쫑 썰어 내 고뿔 들었을 때 밥 위에 깨소금 뿌려주듯이 소죽에 섞어주면, 여태껏 그 죽 앞에서 입 안 연 우리 집 소는 한 마리도 없었지요. 엉덩이 비쩍 마른 거칠한 목맨 송아지 밀양장에서 몰고올 때는 에이그 저게 언제 소 태가 나려나 싶어도, 울 할매 손길 한 철만 닿으면 어느새 통통하게 살 차오르고 털빛도 고운 생판 다른 소가 돼버리지요. 소 팔고 나면 한 며칠 밥숟갈에 힘이 없고 유난히 일찍 잠자리에 들어 모로 누워 계시던 울 할매, 이제 저승서는 무얼 하시는지, 혹 도솔천에서도 순한 소 몇 마리 돌보고 계시는지.

새벽 산밭

봄비 꼽꼽하게 내린 날 아침 우리 아버지는 자주 산밭으로 소를 몰고가 고추밭, 고구마밭, 참깨밭을 일구십니다.

  논밭갈이 쟁기질엔 늘 늙은 암소가 불려나갑니다. 황소는 덩치만 컸지 성질이 우락부락하고 순순하지 않아 무슨 일이든지 열외지요. 조금만 제 성미에 맞지 않은 일이 생겨도 곧잘 앞발로 흙을 차며 곧고 우람한 뿔을 들이대는 버릇이 있어 여름날 산으로 풀 뜯기러 갈 때도, 논밭을 갈아엎을 때도, 달구지를 끌 때도 황소는 소용이 닿지를 않습니다. 다만 황소는 소 금이 더 나가고, 송아지 키워낸 암소가 교미 시기를 맞으면 그때는 반드시 풍채 좋은 황소의 힘자랑이 필요하기 때문에 그래도 마을에 황소 한두 마리는 꼭 키우는 집이 있지요.

　우리 마을에서는 쟁기질하는 소 앞에 서서 코꾼지를 단단히 잡고 쟁기질이 잘 되도록 길라잡이 노릇하는 일을 일러 '소 이끈다'고 합니다. 소 이끌기는 주로 여자나 열서너 살 먹은 남자아이 몫입니다.

　새벽에 일어나 소 이끄는 일은 정말 내키지 않는 일입니다. "야야, 일나그라, 소 이끌어야제." 이른 새벽 마당에서 아버지의 나직한 목소리가 들려오면, 그만 자던 잠이 확 깨입니다. 이럴 때 내 몸이 작은 파리나 모기가 되어 소리 없이 숨을 수만 있다면, 하는 생각이 들 때가 한두 번이 아닙니다. 이불 속에서 미적대고 있으면 목소리가 좀 더 높아집니다. "어허이, 소가 기다린다카이!" 아니나 다를까 마당에서는 워낭 소리가 들리고, 아무리 둘러봐도 소 이끌 사람이 나밖에 없음을 인정하고서야 마지못해 문을 열어보면, 쟁기 진 아버지와 소는 마당에 우뚝 서 있지요. 입이 한 발이나 빠져 산밭에 오르면 역시나 소 이끌기는 만만찮습니다. 힘든 소가 더운 입김을 훅훅 뿜어대며 뿔로 등을 슬쩍슬쩍 들이받지요, 아버지는 맨 뒤에서 소에겐지 나에겐지 꾸중을 해대지요, 미끄러운 황토흙은 고무신 바닥에 눌어붙는데 소 앞발은 자꾸 내 발뒤꿈치를 차지요, 땀은 비 오듯 쏟아지는데 밭이랑은 줄어들지를 않지요, 식전에 해야 할 숙제도 있지요, 아무튼 고역도 그런 고역이 없습니다. '에이, 차라리 내가 겨울에 고구마를 안 먹고 말지…….' 그러나 겨울에 동치미 국물 떠다놓고 고구마 먹을 때는 봄에 소 이끌던 생각 까맣게 잊어버리고 맙니다.

　밭을 다 갈고 나서 소 입에 씌운 찌그리를 벗겨주면 소는 근처 이슬 자욱한 풀밭에서 풀을 뜯어먹고, 아버지와 나는 산밭 옆으로 흐르는 도랑물에 종아리를 씻습니다. 벌건 황토물이 한참 흘러내리고 나면 고무신은 한결 가벼워지고 발목도 멀게지지만 땀에 젖어 물걸레가 된 속옷은 어쩌지 못하지요. 후들거리는 다리로 산길을 걸어 내려오면 여기저기서 산꿩이 푸드덕 날아오릅니다.

소도 앓아눕는 밤

아카시아꽃 지고 밤꽃 피는 6월이 오면 사람이나 소나 다 같이 몸이 부서져라 일을 해야 합니다. 마을 늙은 암소 서너 마리는 더욱 고됩니다. 동네 모든 소가 다 쟁기질 써레질을 잘하는 것은 아니어서, 동네 논밭 수백 마지기 수천수만 이랑을 다 갈아엎어야 하니까요. 늙은 암소 빌려달란 말이 차마 입 밖에 나오지를 않아, 자기 집 고만고만한 암소와 식구 앞세워 쟁기질을 해보면 속이 끓고 애가 타서 사람도 목이 쉬고 손버릇까지 나빠집니다. 바깥양반은 쟁기 잡고 안사람은 소 이끌다 싸운 집이 한두 집이 아니지요.

한밤중에 변소 가다 소우리 들여다보면 죽에는 입도 안 대고 그때까지 헐떡대며 등에 식은땀을 비 맞은 듯이 흘리는 소를 발견할 때도 종종 있습니다. 그때는 꼭 소 눈가에 흐르는 희미한 물기가 눈물처럼 보입니다.

그런 날 아침에는 멍에 쓴 자리 소 목덜미에는 어김없이 피멍이 벌겋게 들어 있지요. 남의 소 부린 집은 연방 머리를 조아리며 깨끗한 풀을 한 짐 베어다준다, 보리등겨를 한 포대 갖다준다, 장골이를 보내 일손을 거들어준다 하지만, 소 빌려가고 빌려준 뒤끝에 마음 상하는 일이 참 많습니다. "아무리 말 못하는 짐승이지만 이기 뭐꼬, 세상에!" 우리 아버지도 종종 이렇게 소 빌려간 집 쪽으로 눈을 흘기시곤 했습니다.

 그래도 이 들 저 들 논배미 푸른 모로 다 채워지고 나면 마을 곗돈으로 묵도 하고, 잡채도 버무리고, 술 말도 받아, 온 동네 사람들 다 같이 느릅내(楡川) 강가 버드나무 그늘로 나갑니다. 나가서 장구치고 노래하며 이런저런 마음의 앙금들 다 훌훌 강물에 흘려 보내고 마주 보며 허허허 웃습니다.

뒷산이 다 닳도록

한여름이 되면 우리 같은 조무래기들은 소 풀 뜯기러 산으로 오르는 일이 제일 중요한 하루 일과입니다. 소죽을 끓이면 방이 더워 잠을 못 자고, 생풀을 뜯어 나르기엔 일손이 턱없이 모자라던 시절이라 자연히 소를 몰아 풀밭으로 나갈 수밖에 없지요.

 호박잎도 축축 늘어지는 오후 한두 시쯤, 서너 발 나일론 이까리를 두 뿔에 걸어 칭칭 사려주면 소들은 어디 하나 거치적거리는 데 없는 자유로운 몸이 되어 온 산을 돌아다니며 풀을 뜯어먹습니다. 늘 떼를 지어 다니는 소들은 우리들의 눈길을 그리 필요로 하지 않지요. 그 시간 우리는 산그늘로 숨어들어 흙이 손톱 밑에 새까맣게 들어가도록 밤돌놀이를 하든지, 으스름달밤 장검을 등 뒤로 둘러맨 협객이 나뭇가지에 걸터앉아 매복을 하고 있는 무협 만화책을 보든지, 신화당 사카린 푼 물에 불린 보리나 밀을 헌 냄비에 볶아 먹습니다.

 그럴 때 마을을 내려다보면 인적 끊긴 마을 길은 마치 불에 단 무쇠솥 안처럼 이글거리고 매미는 불에 덴 듯이 지글지글, 지이지이 자지러지게 울어댑니다.

이것저것 다 시들해지면 한 번씩 우리는 산등성이 하나를 넘어 갔다 올 특공대를 조직하지요. 이때는 나이가 너무 어려도, 동작이 굼뜨고 눈치가 없어도, 평소에 제 욕심을 너무 많이 차려왔어도 대원의 자격을 얻기 힘듭니다. 서너 대원이 장도에 오르면 남은 아이들은 대원들의 무사 귀환을 빌며 등 뒤에다 대고 모두 한두 마디씩 격려의 말을 하는 걸 잊지 않습니다. "수박 뒤꼭지 잘 보고 익은 거만 따와야 한대이." "도망칠 땐 우리 동네와 반대 방향으로 뛰어라이, 알았제?"

대원들이 귀환하는 광경은 대략 둘 중 하나입니다. 노획물을 안고 희희낙락 무사귀환하면 그날은 산 너머 초현마을 수박 맛을 한껏 보는 날이고, 대원들이 창백한 얼굴을 한 채 핵핵거리며 빈손으로 돌아오면 우리는 얼른 좀 더 깊은 나무 그늘 속으로 자리를 옮겨야 합니다. 그렇게 타이어표 검은 고무신을 신고 뒷산이 다 닳도록 산길을 헤집고 다녀도 여름의 끝은 좀처럼 보이지 않습니다.

깊고 푸른 밤

뉘엿뉘엿 땅거미가 져 소들의 배가 한껏 팽팽해질 때 산 위에서 마을을 내려다보면, 이 집 저 집 굴뚝에서는 매캐한 저녁연기가 피어오릅니다. 들에서 돌아온 어머니들이 여린 호박잎을 넣어 밀수제비를 끓이거나 보리밥을 하고 있겠지, 생각만 해도 우리는 와락 배가 고파옵니다. 소들이 좁은 산길을 한 줄로 서서 두두두 달려 내려가면 우리는 할 일이 별로 없지요. 소들은 참 길눈이 밝습니다. 주인 꼬마가 이까리를 잡고 이끌지 않아도 고샅길에 접어든 소들은 각각 제 집 대문 앞에 다다르면 어김없이 쩔렁쩔렁 워낭

소리도 명랑하게 마당으로 쑥 들어갑니다. 그럴 땐 반드시 제일 먼저 소를 본 주인이 달려나오며 머리를 쓰다듬고 사리 친 고삐도 풀어주면서 반색을 합니다. "아이고, 우리 소 왔구나!"

이어서 큰 다라이에 등겨 푼 물을 한 가득 떠다주면 한나절 풀만 먹어 물이 켜이던 소는 쭉쭉 소리를 내며 그 물을 기어코 다 마셔버립니다. 잔뜩 부푼 배를 안고 소는 마당가 감나무 밑에 눕고, 물 것 많은 여름밤은 축축하게 깊어만 갑니다.

한밤중 오줌이 마려워 언뜻 일어나 보면, 그때까지도 소는 꼬리로 슬렁슬렁 모기를 쫓으며 눈을 반쯤 감은 채 씹고, 게우고, 올리고, 삼키기만을 거듭하고 있습니다. 소가 누워 있고, 은하수가 흐르고, 뭇 풀벌레들 찌르륵대는 깊고 푸른 밤 마당, 나는 우리 집이 언제나 좋습니다.

소침쟁이

나보다 한 살 적은 내 친구 경태, 경태 아버지 정영조 씨, 정영조 씨 별호는 '소침쟁이'입니다. 우리 집과 20년 대문 마주하고 산 이웃이지요. 늘 침통 옆구리에 차고 다니다 동네 철부지들 너무 오래 앙앙대면 침통 흔들며, "이노옴, 버릇없이 어데 이카노! 붕알 까뿐데이, 붕알!" 눈 부라리면 울음 떨꺽 안 그치는 아이 아무도 없습니다.

그러나 정작 그 침에 찔리는 것들은 우리 동네에서 5리 반경 대여섯 마을 소들뿐입니다. 먹은 건 없는데 소 배가 너무 팽팽해도, 설사를 오래 해도, 새끼를 낳을 날이 한참 지나도, 심지어 황소가 고삐를 풀고 한나절쯤 날뛸 때도, "보소, 여게 소침쟁이 집이 어덴교?" 모두 정영조 씨를 찾아 헐레벌떡 뛰어옵니다.

어떨 땐 소 목덜미에 굵은 침 쿡쿡 놓으면 검붉은 소 피 주르륵 흘러내리고, 어떨 땐 직접 조제한 약을 사이다병에 담아 왼손으로는 소 코꾼지를 잡고 오른손으로는 소 입 깊숙이 사이다병을 밀어 넣어 쿨쿨쿨 소에게 그 약을 다 먹입니다. 아무리 사나운 소도 정영조 씨 앞에선 참 순해져 말을 잘 듣습니다. "하이고, 이거 와이카노. 가만히 있거래이!" "쯧쯧, 에헤이, 다 묵어라카이, 그래그래." 정영조 씨와 소는 서로 알아듣는 말이 한 서른 마디는 넘습니다.

그래서 인근 소들 다 잘 크고 새끼 많이 낳았는데, 정영조 씨는 당장 그 자리에서 돈을 받지 않습니다. 1년에 한 번 여름에 보리 두어 말씩을 수곡이라 부르며 받습니다. 소가 아파도 안 아파도, 한 번 아파도 열 번 아파도 수곡 두어 말이면 정영조 씨 자전거는 어느 마을이든 달려갑니다.

눈 도리도리 귀 쫑긋

배부른 암소가 새끼 낳을 날이 차츰 다가오면 주인은 멀리 출타하는 것도 삼갑니다. 밤에도 잠귀를 열어놓고 자지요. 우리 아버지는 소 산달이 다가오면 남의 집 상가 출입도 금했습니다.

주로 밤중, 소우리 쪽이 어수선해지고 나지막하지만 다급한 엄마소 울음이 들리면, 어른들은 자는 사람 옆구리를 찌르며 주섬주섬 옷을 걸쳐 입고 큰 손전등 번쩍이며 얼른 소한테로 달려갑니다. 소우리 바닥엔 어느새 촉촉한 물기에 젖은 눈 까만 송아지가 누워 있고, 엄마소는 연신 송아지를 핥아주고 있습니다. 그때 주인이 해줄 일은 그리 많지 않습니다. 탯줄이 송아지 목을 조르지는 않는지, 바닥이 너무 질지는 않는지, 족제비나 살쾡이 같은 놈이 소우리를 엿보지는 않는지, 이런 몇 가지만 눈여겨보면 됩니다. 나머지는 엄마소가 다 알아서 하지요.

  송아지가 태어나면 대문에 금줄을 치는 집도 있지요. 새끼줄에 꿰인 고추를 보고, "어허, 이 집 소는 재주도 좋대이. 우째 낳는 족족 황송아지고?" 하며 이웃들도 축하 인사를 합니다. 울 할매는 우리 집 소가 새끼를 낳으면 하얀 사기대접에 맑은 물 떠다놓고 소우리 앞에서 입 달싹달싹하며 뭐라고뭐라고 빌기도 하셨지요. 소가 송아지를 낳은 것은 며느리가 손자를 낳은 것과 하나 다를 게 없습니다. 그래서 소도 열 달 만에 새끼를 낳는 것인지도 모르겠습니다.

  다음 날 일어나 소우리에 가보면 털이 다 마른 송아지는 어느새 일어나 비칠비칠 걷기까지 합니다. 엄마젖도 쿡쿡 들이받아 빨고, 소우리 바깥세상도 기웃기웃합니다. 엄마소는 새끼를 누가 어찌 할까 봐 늘 눈을 송아지한테 꽂아놓고 있지요.

  "에헤이, 누가 이래 밭을 다 삐대났노?" 출타한 주인이 돌아와서 텃밭을 보고 대뜸 화를 내다가도 송아지 발자국을 확인하고는 슬며시 목소리를 낮추곤 하지요. 하얀 아랫니 까끌하게 돋아나는 어린 동생과 귀 쫑긋한 송아지는 눈에 넣어도 아프지 않습니다.

겨울 준비

가을이 깊어 아침저녁으로 방바닥에서 냉기가 올라오면 소죽솥 아궁이를 돌봅니다. 황토 반죽에 짚을 섞어 아궁이 무너진 데도 바르고, 헌 신발 달아맨 긴 대나무 장대로 방고래도 후벼 파고, 작두날도 숫돌에 갈고, 녹슨 무쇠 소죽솥도 닦아내는 거지요.

그리고 무엇보다 소 주식인 볏짚을 많이 준비해둡니다. 낟알은 사람에게 바치고, 훌훌 몸이 가벼워진 볏단은 짚동을 이뤄 공터에 쌓이거나 소가 자는 소우리 천장 시렁으로 빼곡히 올라가 있다가, 겨우내 맛있는 소죽으로 변합니다. 소 부식도 좀 넉넉히 준비해야 합니다. 주로 마른풀과 보리등겨, 고구마 줄기, 여린 수숫대, 서리 맞은 호박 넝쿨, 콩깍지 같은 것들입니다.

또 초여름 보릿짚도 잘 간수해두어야 하지요. 오뉴월 타작마당에서 도리깨한테 흠씬 두들겨 맞아 노근노근해진 보릿짚은 그러모아 수북이 쌓아둡니다. 겨울이 오면 한 사나흘에 한 번씩 소우리에 들어가 소 이불 노릇을 해야 하니까요. 소가 눈 똥오줌으로 질척해진 보릿짚은 네발 쇠스랑으로 떠내 두엄 더미로 던져버리는데, 흔히 '소마구 친다'고 하지요.

마지막으로 장작을 많이많이 쌓아두어야 합니다. 잘 쪼개 가지런히 쌓아둔 소나무 장작은 보기도 좋을 뿐만 아니라 향긋한 송진 냄새가 나서 참 좋습니다. 여기에다 사람 먹을 김칫독과 쌀 뒤주까지 그득하면 겨울 추위쯤은 하나도 두렵지 않습니다. 집집마다 연기 풍풍풍 피워 올리는 느긋하고 따뜻한 한 계절이 또 오는 거지요.

그 방

아침 불 땐 아궁이에서 이글이글 불땀 좋은 숯불을 한 부삽 화로에 떠다 넣으면 불씨는 아주 오래갑니다. 손을 싹싹 비비며 은근하게 화롯불을 쬐기도 하고, 장죽에 담뱃불을 붙이기도 하고, 마른 찰떡 부스러기라도 생기면 화롯전에 녹여 먹기도 하니, 화로가 있어 겨울 한낮 방 안엔 온기가 돌지요.

낮이면 늘 우리 집 소죽 끓이는 방 댓돌에는 마실 나온 동네 할매들 하얀 고무신이나 털신이 몇 켤레씩 가지런히 놓입니다. 그냥 놀러오기 미안해 군것질거리를 뭐라도 하나 갖고 와 저에게 권하는 할매들이지요.

쌍지팡이를 짚고 와 아랫배 속곳 부근 안주머니에서 좀 일그러진 물고구마를 뽀시락뽀시락 꺼내주던 아흔이 넘은 명대 할매. 그러나 저는 고구마를 넣어온 데가 좀 그런 데라서 얼른 받아먹지를 않는데, 그래도 명대 할매는 "야야, 와 안 묵노? 괘안타, 무바라 엉?" 하며 도리질치는 제 입에다 자꾸 넣어주곤 합니다. 울 할매는 그냥 빙긋이 웃고만 있고요.

제 친구 중기네 할매는 앞을 보지 못합니다. 중기나 중기 누나 복숙이가 할매 손을 잡고 우리 집까지 늘 따라와야 하지요. 다른 할매들은 중기 할매를 곧잘 '봉사 할마시'라고 부릅니다만, 중기 할매 있는 데서는 절대 그런 소리를 하지 않습니다. 그러나 중기 할매는 귀 하나는 아주 밝지요. 귀가 어두운 울 할매와 나란히 앉아 있으면 비로소 눈과 귀가 다 갖추어집니다. 먼저 중기 할매가 "누고? 밖에 누가 왔는갑다!" 하면 울 할매가 방문 문살 틈 한지를 오려내고 붙여놓은 작은 거울창을 통해 밖을 살펴보고, "편지 왔는가, 우체부가 대청에 멀 훌쩍 던지고 가네" 하면 중기 할매는 "응, 그키. 누가 오는 것더라" 하면서 서로서로 보고 듣지요.

할매들은 모였다 하면 늘 이야기꽃을 피웁니다. 가끔씩 장죽에다 담배를 쟁여 피우거나 뭘 오물오물 씹어 먹을 때도 있지만, 항상 하하호호 웃음소리 왁자하게 얘기를 이어가고 맞장구를 치고 그러지요. 얘기하는 사람은 주로 울 할맵니다. "하이고, 단산댁이요 우째 그래 입담이 좋은교? 총기도 있고!" 다른 할매들은 눈빛을 반짝이며 울 할매 턱밑으로 바싹 다가앉습니다. 제가 듣기엔 두 번 세 번째 하는 얘긴데도 다른 할매들은 매번 처음인 듯 손뼉을 치며 신기해합니다. 그 이 다 빠진 잇몸을 드러내며 활짝 웃던 얼굴들, 담뱃대를 빨 때마다 볼우물이 옴팍옴팍 패던 얼굴들, 가끔 이야기가 서러운 대목에 이르면 손수건을 꺼내 마른 눈가를 훔치곤 하던 그 얼굴, 얼굴들.

이야기판이 달아올라 자칫 일어서야 할 때를 놓치면, 세 번 네 번 사양하다가 겨우 군내 나는 김장김치와 삶은 고구마 한 소쿠리를 사이에 두고 마주 앉아 끼니를 때우던 동네 할매들, 곁에 가면 쌉싸름한 무슨 한약 냄새 같은 것을 풍기던 그 할매들의 이야기를 한 자루 두 자루 듣다 보면 긴긴 겨울도 그렇게 지루하지만은 않습니다.

먹을 것이 궁해 돌덩이 같은 메주 귀퉁이를 다 떼어 먹던 그 방, 그래도 이야기가 있어 배불렀던 그 방, 그때 그 겨울 우리 집 소죽 끓이던 방.

오은
―
우산

우선 우산을 쓰자

장마다. 연일 비가 쏟아진다. 하루 종일 오는 것은 아니다. 전국 방방곡곡에 다 내리는 것도 아니다. 서울에서 폭우가 쏟아질 때 부산은 잔뜩 흐리기만 했다고 한다. 한 치는 약 3센티미터라고 하는데, 세 시간, 아니 3분 뒤의 날씨를 도무지 가늠할 수 없다. 그야말로 한 치 앞을 볼 수 없다는 얘기다. 해가 쨍하게 떴다고 해서 맨손으로 외출했다간 낭패를 보기 십상이다. 비구름들이 마음을 먹으면 어디로 몰려올지 모른다. 구름이 옷을 갈아입는 것도 순식간이다. 하늘이 금세 어두워지고 빗물이 갑자기 무서운 속도로 떨어지기 시작하는 것이다. 변덕이 심하다 못해 야속할 지경이다. 물에 빠진 생쥐는 사람들이 보지 않지만, 물에 흠뻑 젖은 사람은 구경거리가 되기 일쑤다. 오늘도 빗물에 옷을 흠뻑 적신 채 집에 들어왔다.

　이게 다 우산 때문이다. 버스에 우산을 또 놓고 내린 것이다. 남들은 다 버젓이 우산이 있는데 나만 우산이 없을 땐 어쩔 수 없이 서글퍼진다. 그때만큼 빗소리가 처연하게 들릴 때도 없다. 주위를 둘러봐도 근처에 우산을 팔 만한 곳도 보이지 않는다. 누구를 부르기에도 마땅치 않은 곳이다. 올 만한 친구가 있다고 하더라도 도착하자마자 혀를 끌끌 차며 타박을 줄 게 빤하다. 나는 아마 친구에게 미안해서 밥을 사고 술을 살 것이다. 우산을 접고 이야기 꽃을 활짝 피울 것이다. 그사이, 하늘은 거짓말처럼 갤 것이다. 그러면 나는 우산을 빌렸다는 사실을 까맣게 잊고 술집을 나설 것이다. 이렇게 딴청을 피우다가 잃어버린 것이 한두 개가 아니다. 분실이 아무리 잦아도 상실감은 쉬 해소되지 않는다. 내가 두고 온 그 수많은 우산들은 전국적으로 뿔뿔이 흩어져 있을 것이다.

　우산은 공교롭기 이를 데 없는 물건이다. 햇볕이 쨍쨍 드는 날에는 집 안 곳곳에서 잘만 보이다가 비가 쏟아지기만 하면 내 얼굴의 핏기를 앗아가고야 만다. 아무리 샅샅이 뒤져봐도 낌새조차 보이지 않는다. 우산 하나를 찾기 위해 우공이산(愚公移山)을 해야 할 지경이다. 어쩔 수 없이 또 핏기 대신 물기와 친숙해져야 한다. 바깥에 나오면 나도 모르게 형사가 된다. 사람들이 쓰고 다니는 우산이 하나같이 다 내 것처럼 보이는 것이다. 우산을 하도 많이 잃어버려서 생긴 일종의 노이로제다. 그들이 쓰고 있는 것과 똑같은 우산이 한 번쯤 내 손을 거쳤을 가능성도 있다. 추적자처럼 우산 대신 돋보기를 든 채, 비가 추적추적 내리는 골목을 가까스로 빠져나간다. 지치지 않는 비를 상대하려면 그것을 막아줄 방패를 구하는 일이 시급하다.

우산은 알게 모르게 사람의 정체성을 드러내주기도 한다. 비 오는 날 기분이 꿀꿀해지지 않게 화려한 무늬가 들어간 우산을 과시하듯 들고 다니는 사람들, 계단을 오르내릴 때 지팡이 삼을 수 있게 장우산을 짚고 다니는 사람들도 있다. 한편, 아이들은 자신이 좋아하는 게 뭔지 우산을 통해 표현한다. 좋아하는 만화 캐릭터가 큼지막하게 그려진 우산을 쓰고 성큼성큼 걸어다니는 것이다. 우산에 그려진 캐릭터를 똑같이 좋아하는 친구만 그 우산 속으로 들어갈 수 있다. 우산 아래서 노골적인 또래 집단이 형성되는 셈이다. 우산 밖으로 밀려난 친구는 어쩔 수 없이 슬퍼진다. 닭똥 같은 눈물이 길바닥에 뚝뚝 떨어질 때 감정은 더욱더 격해진다. 눈물은 빗물처럼 계속 떨어지지도, 바닥에 고이거나 흐르지도 않으므로. 아무리 눈물을 쥐어짜도 하늘만큼 대량의 슬픔을 바닥에 투척할 수는 없으므로. 그러나 눈물처럼 빗물도 언젠간 그치리라. 아이는 어깨를 축 늘어뜨리고 오늘의 다음 장면으로 향한다.

우산과 결합하는 서술어들에 대해 떠올린다. 받다, 펴다, 들다, 쓰다, 접다, 놓다, 꽂다, 두다……. 이 서술어들은 곧 '잃어버리다'와 '사다'를 만나게 된다. 이 만남에는 으레 '또'라는 부사가 개입한다. 딴청을 피우면 우산은 온데간데없이 사라지고 만다. 아니, 이 표현은 정확하지 않다. 딴 곳을 쳐다보다 내가 우산을 놓친 것이다. 우산의 손잡이는 그새 싸늘하게 식어버렸을지도 모른다. 집으로 향하는 발걸음이 빗물 고인 땅바닥과 만들어낼 리듬은 오늘도 무거울 게 뻔하다.

문득 지난 30여 년간 나를 지켜준 우산을 떠올린다. 천둥이 칠 때마다 우산살이 묘하게 떨리고, 어린 나는 최소치의 안도감을 부여잡고 집까지 이동했었다. 소나기가 내릴 때면 우산을 뚫고 빗줄기가 머리 위로 내리꽂힐 것 같아서 안절부절못했었다. 그때 그 우산들이 아직도 어딘가에서 활짝 펼쳐졌으면 좋겠다. 잠시 동안이라도 누군가에게 든든한 방패가 되어주었으면 좋겠다. 이 글을 쓰는 지금도 비가 주룩주룩 내리고 있다. 이제 밖에 나가서 무엇을 하지? 우선 우산을 쓰자. 그러고 난 다음에 할 일을 생각하자. 아뿔싸! 가져가야 하는데 두고 온 것이 있었다. 어김없었다. 오늘도 하릴없이 비를 맞는다.

최은숙

선물

"커피 한잔 줘요."

마실 오는 기용이 아빠와 엄마가 문을 열면서 늘 하시는 말씀이다. 커피 한잔 줘요, 라는 말이 참 좋다. 얼른 주전자에 물을 올리고 기용이 엄마가 스승의 날 공판장에서 사다주신 커피잔을 꺼내 즐겁게 늘어놓으면서 나는 진짜 맹한 사람이라는 걸 문득 깨닫는다. 커피 한잔 줘요, 가 정말 커피 한잔 줘요, 인가? 손님 대접하는 부담을 주지 않으려는 말씀일 테고, 또 길에서 학생들을 만날 때 내가 하는 말, 어디 가니? 그거랑 똑같은 건데, 생각 없이 그때마다 커피 물을 올려놓는 것이다. 아마 기용이 아빠와 엄마는 좀 전에 마신 커피를 우리 집에서 또 마신 적이 많을 것이다.

"꼭대기 집에 초상났잖유. 할머니가 살아서두 성질이 굉장하시더니 돌아가시는 날까지 이리 날씨가 변덕시럽다구들 하대. 가서 일 좀 해주고 오다 보니 창문에 불이 켜 있길래 단하네 얼굴이나 보구 가자구 들왔지."

"기용이는 뭐 해요?"

"맨날 앉어서 그리고 오리고 칠하고, 그게 다 여자애덜 숙제 도와주는 거래요. 니 숙제는 다 했니 물으니께 아직 못했댜. 아이구 이놈아, 남을 도와주드래두 니 껄 먼저 해놓고 해야지 이 쓸개 빠진 놈아, 하구 혼내줬는디 맘이 좀 안됐어서 딜다보니께 침대에 걸터앉어서 뜨개질을 하고 있슈. 엄마 오토바이 탈 때 따수라고 목도리를 뜬다냐. 저게 사내놈인가 염려시럽잖아요."

얼마 전에 학교 식당에서 기용이의 미술 선생님과 식탁에 마주 앉게 되었는데 미술 선생님이 뜻밖의 말씀을 하셨다. 기용이는 안 그럴 거 같은데 성실하지가 않다는 것이다. 수행 평가 과제물도 안 내고, 축제 전시회에 내려고 일러스트레이션 작품을 하나 해오라 했는데 영 안 해온다는 것이었다. 기용이는 축제 준비 기간 내내 틈날 때마다 도서실에 와서 친구들이 낸 작품들을 손질했다. 녀석이 제 숙제도 못하면서 친구들의 부탁을 거절하지 못한 것이다.

"학교 앞에 솔로몬서점 유리창에 붙은 포스터들 보셨어요? '아주 멋지고 고급적인 털실이 나왔어요.' 이런 거 써 있는 것들, 그거 다 기용이가 솔로몬 아주머니 부탁으로 그려 붙인 거래요. 엄청 바빴을 거예요."

미술 선생님은 얘기를 듣고 기용이를 데려다 혼을 내셨다.

"앞으로는 네 앞가림부터 하고 남을 도와라. 다른 일도 아니고 입시에 관계된 점수가 나가는 일에 그러면 되겠냐?"

기용이는 늘 그렇듯이 예, 하고 바르게 대답하고 나갔지만 그게 마음대로 될까? 친구가 부탁하는 순간 그게 바로 내 일이 되어버릴 텐데. 기용이 아빠가 남에게 도지 줬던 논을 돌려달라고 말하러 갔다가 논에 거름을 퍼넣는 것을 보고는 입이 안 떨어져서 그냥 돌아왔다고 기용이 엄마가 푸념했던 일이 생각나서 웃었다. 기용이가 뜨개질을 하든 수를 놓든 그냥 두라고 말씀드렸다. 기용이는 예술을 하고 있는 거예요. 텔레비전에서 보셨죠? 호텔에서 남자 요리사가 접시를 그림처럼 꾸미는 거요. 기용이 엄마는 그런가, 하셨다.

그리고 겨울 방학이 다가왔다. 교무실 책상 위에 예쁜 상자가 하나 놓여 있었다. 열어보고 우리 모두 놀랐다. 기용이가 '멋지고 고급적인 털실'로 짠 목도리가 얌전하게 그 속에 담겨 있었던 것이다. 목도리를 두르고 마음에 들지 않아서 울상을 짓고 있는 나의 모습을 그린 그림과 편지도 함께 차곡차곡. 정성스러웠다. 그럼 이왕 하는 거 잘 떠보라는 엄마의 격려를 받고 신이 나서 선생님 것도 뭐 하나 만들겠다고 했다더니 그게 이 털목도리였나 보다. 올은 간간 성글고 빠지긴 했지만 갈색 굵은 털실이 탐스러운 게 분위기 있었다. 선생님들이 우리 학교 역사상 처음 있는 일이라고 축하해주었다. 목도리를 두르고 기용이네 반에 가서 "어때, 괜찮니?" 한 바퀴 빙 돌아 보이자 기용이는 고개를 끄덕이면서 환하게 웃고 아이들은 야아, 잘 떴다, 하고 감탄했다.

기용이가 중학교에 들어와 함께 보낸 3년 동안 내게 준 것이 얼마나 많은지 모른다. 시내에 나가 치과에서 이를 치료하고 돌아온 날은 집 안에 고소한 참기름 냄새가 가득했었다. 단하를 데리고 나를 위해 저녁을 차려놓은 것이다. 단하가 엄마는 김치볶음밥을 좋아한다고 해서 김치 한 포기를 봉지에 담아 가지고 와서 김치볶음밥을 했단다. 달걀 노른자로 지단을 부쳐 옷을 입히고 토마토케

첩으로 하트를 그려넣은 김치볶음밥. 그 옆에 서 있는 와인잔엔 보리차가 찰랑찰랑했다. 입안 가득 퍼지는 고소함과 매콤함.

"아, 행복하다."

"선생님 정말 맛있어요? 휴, 다행이다. 맛없을까 봐 얼마나 조마조마했는지."

기용이가 차린 저녁밥을 함께 먹으면서 눈물이 다 나려고 했다. 내가 너무 맹하고 답답해서 하나님은 혀를 차며 좀 보고 배우라고 나를 선생으로 만들었는지 모른다. 그래서 내 삶은 한 발 한 발 훈훈해질 것이다.

함민복

이사

 이삿짐을 실은 트럭 두 대와 승합차가 산골 마을로 접어들었다. 바닷가 마을에 살며 만나던 풍경과 이질적이어서 그런지 산이 유난히 높고 계곡이 협소해 보였다. 띄엄띄엄 마을이 나타났고 고갯마루를 지나며 내려다본 계곡의 물은 푸르렀다.
 "과연, 멀기는 멀군."
 승합차에 타고 있던 일행 중 한 명이 입을 열었다.
 "글쎄, 이삿짐 차량 기사에게 돈을 더 지불해야 하는 거 아닌가 싶네."
 "그려, 몇만 원이라도 더 지불하자고."
 "이렇게 깊은 산골인지는 정말 몰랐어요. 괜히 쓸쓸해지네요."
 차는 몇 굽이 고개를 더 넘어 좁은 계곡 길로 접어들었다. 큰물이 났었던지 군데군데 포장길이 유실되어 있었다. 임시로 급히 개통한 흔적이 남아 있는 길에서 차가 심하게 흔들렸고 일행은 이삿짐 차가 괜찮은가 차창을 살폈다.

"H형이 이사를 간대."

 H형은 동네 궂은일을 마다하지 않았다. 또 그의 집에 모여 마을 일에 대해 논의도 많이 했었기에 청년들은 그가 이사를 하기로 결심했다는 말을 전해 듣고 섭섭해했다. 섭섭한 마음을 어떻게 달랠까 생각하다가 이삿짐 차 한 대 부르자는 제의가 나왔고 쉽게 합의를 봤다.

 H형은 부지런했다. 그는 동네 비어 있던 큰 집을 빌려 이사 왔다. 이곳저곳에서 모아온 자재로 초가집 방갈로를 짓고 민박을 쳤다. 민박 온 아이들에게 볼거리를 제공한다며 사슴, 흑돼지, 칠면조, 오골계, 토끼, 러시아산 기러기 등을 길렀다.

 또 손님들에게 무공해 채소를 서비스로 준다며 텃밭에 농사를 지었다. 길을 가다가 멈춰 그의 집을 볼 때면 그는 늘 텃밭에서 풀을 뽑고 있거나 가축들 먹이를 주고 있었다.

 새벽에 바닷물이 들어오는 어느 날이었다. 낚시대를 메고 지나가다 보니 주위가 어두컴컴해 잘 보이지 않는데 그는 벌써 밭에 엎드려 일을 하고 있었다. 그는 모든 면에서 참 열심인 사람이었다. 그는 술도 잘 먹었다. 막걸리를 통으로 시켜놓고 먹었는데 술을 많이 먹은 다음 날도 영락없이 새벽에 일어나 일을 하곤 했다. 사람들은 그런 그를 독일제 위장을 가졌다고 부러워하기도 했다. 그의 말은 직선적이었으나 항상 정이 담겨 있어 그의 집에는 늘 사람들이 모여들었다. 집에 놀러가면 그는 목에 수건을 두르고 고추밭에서 걸어 나오며 막걸리나 한잔하고 가라고 했다. 수건으로 이마에 흐른 땀을 닦고 있는 그의 모습은 영락없는 농사꾼이었다.

농사를 크게 짓는 친구들보다 그가 더 농사꾼 같아 보일 때가 많았다.

그가 소리치면 형수는 마당에 있는 나무 의자로 막걸리와 김치, 고추 등의 안주를 내왔다. 형수는 순하고 맘이 착해 술 먹는다고 그에게 잔소리 한번 하지 않았다. 형수는 술을 즐겨하지는 않았지만 손님들이 시키면 노래를 부르기도 했는데 그 실력이 아마추어 수준을 넘었다. 동네 일이 있는 날은 그의 집에 있는 장고, 꽹과리, 북을 치며 한판 걸지게 놀기도 했다. 형수는 〈사랑가〉, 〈상주모심기〉, 〈진도아리랑〉, 판소리 대목 중에 〈쑥대머리〉 등등 못 부르는 노래가 없었다.

그렇게 어울려 살던 중 이웃 동네에 대형 민박, 펜션들이 생기자 그의 생활은 어려워졌다. 그는 새로운 돌파구로 텃밭에 소장을 짓고 소를 길렀다. 그런데 소장에 불이 나 낭패를 보게 되었고 결국 이사를 가게 되었다.

차들이 멈춘 곳은 외딴집이 언덕 위로 올려다보이는 길가였다. 마당까지 큰 이삿짐 차가 올라갈 수 없었다. 작은 트럭으로 이삿짐을 실어 나르기로 하고 이삿짐 차에서 짐들을 풀어 길가에 내렸다. 농사지으려면 다 필요한 것들이라고 챙겨 실어 짐이 생각보다 많았다.

짐을 내려놓고 갈 길이 먼 큰 이삿짐 차를 보내기로 했다. 청년회장이 이삿짐 차 기사에게 계약한 액수보다 돈을 더 얹어주려고 했다. 그러자 기사는 웃돈을 사양하며 말을 이었다. 자기도 처음에는 생각보다 거리가 멀어 어떻게 돈을 더 달라고 말할까 고민했었다고 했다. 그런데 산골로 깊이 들어오면서 조금씩 그 생각이

가시더라고 했다. 이렇게 산속까지 어린 자식들을 데리고 살러 오는 사람의 심정을 생각해보니 맘이 짠해지기까지 하더라고 했다. 어떻게든 살아보려는 사람에게 보태주지는 못할망정 야박하게 거리나 따지며 운임 얘기를 꺼내려고 한 자기가 부끄러워졌다고 했다. 자기도 어렵게 살지만 턱없이 야박한 사람은 아니라는 기사의 말을 들으며 가슴이 뭉클해졌다. 돈을 거절하는 기사에게 청년회장은 밥값이나 하라고 하며 돈 몇만 원을 찔러주었다.

이사 간 마을의 반장이 올라와 짐 나르기를 도왔다. 마을 반장은 그 멀리서 이사를 오는데 젊은 사람들이 많이 따라온 걸 보면, 이사 오는 분이 인심은 안 잃고 살았던 것 같다고 하며 열심히 짐을 날랐다. 이삿짐을 다 나르고 이사 온 집에서 좀 떨어져 있는, 형이 잘 아는 집에 가 저녁을 먹었다. 저녁을 먹으며 이삿짐 속에 싣고 온 막걸리도 한 잔씩 마셨다. 이제 막걸리를 누구하고 먹냐며 쓸쓸한 이별을 할 때는 이미 어둠이 내려 있었다.

산골에 그의 식구들을 내려놓고 빠져나오며 우리는 맘이 착잡했다. 그래서인지 누군가 제안을 했다. 이왕 이렇게 늦은 거 동해로 빠져나가 오징어 회에 소주나 한잔 먹고 가자고 했다. 불영계곡을 다 빠져나갈 때까지 우리가 타고 있는 차를 비껴 지나가는 차량은 몇 대 되지 않았다. 우리는 술을 먹으며 그와 있었던 각자의 추억을 말하며 웃기도 했지만 내심 맘이 무거웠다.

그해 늦가을. 그 형이 동네 사람들에게 택배를 부쳐왔다. 정성 들여 포장한 박스 안에는 단호박 몇 개가 들어 있었다. '밭이 비탈져 기계가 못 올라가 부부가 인쟁기를 끌며 농사짓고 있더'라고 했었는데⋯⋯. 호박 한 통을 책상에 올려놓고 한겨울을 같이 나며 나는 생각했다.

 이 호박은 그 형의 땀방울이 호박이 되어 우리 마을 청년들 가슴 속으로 이사를 온 것이다. 마음이 마음속으로 이사를 온 것이다, 라고.

류상진

와따~아 기왕에 뭣을 줄라문

하늘에 짙은 먹구름이 가득하더니 우편물을 정리하여 빨간 오토바이 적재함에 싣고 우체국 문을 나서려고 할 때는 부슬부슬 비가 내리기 시작하였다. '요즘 화천면에서는 감자 수확이 한창인데……. 이럴 때 비가 오면 썩을 수도 있는데…….' 걱정이 앞선다.

화천면 명교마을에 접어들었을 때는 오락가락하던 비가 그치고 먹구름만 가득하다.

"안녕하세요? 오늘은 밭에 감자 캐러 안 나가셨어요?"

골목길로 막 접어들려는 순간, 바구니에 깍지를 깐 풋콩을 담아 가지고 오던 할머니를 만나 반갑게 인사를 한다.

"으째 안 나갔것어? 밭에 나가서 감자 쪼깐 캐고 있는디 비가 와서 그냥 와불었제!"

"그럼 오늘은 비 때문에 쉬는 날이네요."

"아이고! 쉬는 것도 좋제만 어서 감자를 캐내뿔어야 허 꺼인디 큰일이네! 인자 장맛비가 계속 와불문 캐도 못하고 다 썩어불 것인디 걱정이란께!"

"내일과 모레는 비가 오지 않는다고 하니 너무 걱정하지 마세요!"

"꺽정하문 뭣 허 껏이여. 다 하늘에서 시켜는 일인디!"

할머니는 갑자기 무엇이 생각났다는 듯 바구니의 풋콩을 가리킨다.

"아재! 그란디 이것 좋아한가?"

"좋아하지요. 요즘 풋콩이 제일 맛있을 때 아닌가요?"

"그래~에! 그라문 내가 한 주먹 주 껏인께 집에 갖고 가!"

"할머니 해드시지 왜 저를 주려고 하세요?"

"내가 항상 아재한테 심바람만 시켜싼께 미안하드만. 진작부터 뭣을 잔 줬으문 좋겄다 그랬는디 촌에서 줄 것이 뭣이 있어야제. 그란디 오늘 이것이라도 있응께 내가 한 주먹 싸주께 갖고 가서 자셔 잉!"

"밭에서 따와 힘들게 껍질 까고 하셨을 텐데 저를 주시면 되겠어요?"

"와따~아 별소리를 다 해쌌네! 그라지 말고 여그서 쪼깨만 지달리고 있어 잉!"

할머니는 쏜살같이 마당으로 들어가신다. 그런데 집으로 들어가신 할머니는 5분을 넘게 기다려도 나오실 기미가 없다.

'이상하다! 잠시만 기다리라셨는데……. 오늘 우편물이 많아 바쁜데 그냥 가버릴까? 그러면 무척 서운해하시겠지? 어쩌지? 마냥 기다리고 있을 수도 없고…….'

대문을 열고 마당으로 들어서니 할머니는 널찍한 평상 위에 널어놓은 풋콩을 까고 계시는 중이다.

"바구리에 있는 것만 싸줄라고 했는디 너무 째깨워서 여그 있는 것 아조 다 까서 싸줄라고!"

"지금 까놓은 것도 다섯 주먹은 되겠는데요?"

"와따~아! 암만 바빼도 그것 쪼깐 지달리고 있을 시간이 읍서? 그라지 말고 쪼깨만 더 지달려. 금방 까주께! 그래도 기왕에 뭣을 줄라문 한 끄니라도 묵게 줘야제. 안 그래?"

할머니는 부지런히 콩 껍질을 까더니 이번에는 마루 위로 올라가 두리번거리신다.

"내가 이것을 으따가 뒀으까?"

"할머니! 또 무엇을 찾고 계세요?"

"와따~아! 콩을 싸줄라문 비니루봉다리가 있으야 쓸 것 아닌가?"

잠시 후 비닐봉지를 가지고 나온 할머니. 이번에는 풋콩을 가지고 수돗가로 가서 함지박에 붓고 맑은 물로 깨끗이 씻고 계신다.

"할머니! 그건 왜 또 씻고 계세요? 어차피 밥을 지으려면 쌀에 부어 콩도 함께 씻어야 할 텐데요!"

"그래도 기왕에 뭣을 줄라문 묵겠게 해서 줘야 쓴 것이여! 안 그래? 이것 작제만 집에 갖고 가서 애기 엄마한테 밥에 쪼까썩만 놔서 묵으라고 그래 잉! 알겠제!"

씻은 콩을 봉지에 담아주시며, 그제서야 할머니의 얼굴엔 편안한 미소가 떠오른다.

내가 아재를 지달리문 덜 미안하제~에

오늘도 빨간 오토바이와 함께 시골 마을에 우편물을 배달하러 가는 길. 보성 회천면 영천리 양동마을에 접어들었을 때 시간은 벌써 오후 5시가 넘어서고 있었다.

마을 중간쯤 살고 계시는 할머니께서 반가운 표정으로 나를 부르셨다.

"할머니! 무슨 일로 저를 부르셨어요? 혹시 무슨 부탁하실 일이라도 있나요?"

"아니~이! 딴 것이 아니고 엊그저께 아재가 주고 간 편지 안 있어? 그것이 머인지를 모른께 이라고 애가 터지네!"

"그것은 국세청에서 아드님에게 보낸 우편물이던데 무엇이 잘못되었나요?"

"으째 국세청에서 우리 아들한테 그런 것을 보냈으까?"

"잘은 모르겠지만 소득세 신고하라는 내용 같던데요. 혹시 아드님이 무슨 사업이나 장사를 하지 않나요?"

"아이고~오! 그 써글 넘! 장사는 무슨 장사여! 지난봄 은제 갑자기 집에 와서 직장 그만두고 녹차 장사한다고 돈을 잔 해내라고 그라데! 그랑께 즈그 아부지가 그랬제. '니가 지금 정신이 있냐, 없냐? 요새 촌구석에 먼 돈이 있겄냐? 그라고 요새 불경기라고 녹차 장사하던 사람들도 힘이 들어 죽겠다고 야단인디 인자사 뭔 놈의 녹차 장사를 한다고 난리냐, 난리여? 지발 정신 잔 채리고 살아라! 정신 잔 채리고 살아!' 그라고 나무랜께 소리도 없이 사라져불었어! 그라드니 갑자기 세무서에서 이런 것이 날아와 쌌

네! 그란디 이것 안 받으문 안 되까?"
 "그것보다도 아드님에게 연락하셔서 세무서에 폐업 신고를 하라고 하세요. 그렇지 않으면 우편물은 계속 날아오거든요."
 "오~오! 그래! 알았네, 알았어!"
 이야기를 나누고 있는데 옆집 할머니께서 가만히 곁에 오신다.
 "아재! 내일 내가 부탁할 것이 잔 있는디!"
 "무엇인데요?"
 "다른 것이 아니고 주민세 안 있어? 그것을 잔 받아 갖고 가라고!"
 "주민세라면 지금 주시면 되는데 왜 내일 부탁하려고 그러세요?"
 "지금 부탁할라문 미안한께 그라제!"
 "뭐가 미안하다고 그러세요?"
 "내가 집에 가서 갖고 올라문 아재가 나를 지달려야 된께 더 미안하고, 내일은 내가 준비해 갖고 아재를 지달리문 덜 미안하제~에!"
 "그런데 내일 제가 몇 시쯤 여기에 올 수 있는지 알고 계세요?"
 "그것은 몰르제!"
 "그러면 하루 종일 저를 기다리시게요? 그러다 제가 휙 지나가 버릴 수도 있는데 그때는 어떻게 하시려고요?"
 "그라문 모레 또 지달리문 되제 으쨰!"
 "그런데 모레도 저를 만나지 못하시면 그때는 어떻게 하지요?"
 할머니는 빙긋이 웃으며 대답하신다.
 "그라문 글피까지 지달리문 되제 으쨰!"
 "할머니! 그러지 마시고 지금 주민세를 가지고 오시면 안 될까요?"

"아재 지달리게 하문 미안한께 그라제에! 그라고 내가 그것을 으따 둔지 모른께 또 찾아야 되고!"

"할머니 댁이 바로 옆집인데 시간이 걸리면 얼마나 걸리겠어요? 미안하게 생각하지 마시고 지금 가져오세요."

"참말로 그래도 되까? 그라문 여그서 쪼그만 지달리고 있어 봐잉! 그란디 미안해서 어찌까!"

내 절 받은 사람이 누구여?

보성읍 주촌마을 우편물 배달을 마치고 내현마을 입구로 접어들었는데 외현마을에 살고 있는 할머니 두 분이 지나가신다.

"안녕하세요?"

"잉! 우체부 아재구만! 오늘은 여그서 만나네!"

"그런데 어디를 다녀오세요?"

"날이 존께 쩌그 읍에 가서 뭣을 잔 사갖고 오니라고!"

"혹시 무거운 짐은 없나요? 있으면 제가 집까지 가져다드릴게요."

"무건 것은 읍꼬 개보운께 괜찮해! 그란디 오늘 우리 집이 편지 온 것은 읍스까?"

"할머니 댁에는 건강보험 고지서가 나왔던데 이따 집으로 배달해드릴게요."

"그라지 말고 이리 주고 가! 골목질도 쫍고 또 높은 디까지 올라댕긴께 항시 영 미안시럽드랑께!"

"괜찮아요. 그 정도 골목길은 오토바이가 지나다니기에는 넓은 편이거든요."

"그래도 한 걸음이라도 덜 걸어야제! 얼렁 이리 주고 가!"

"귀찮으실 텐데 괜찮으시겠어요?"

"그것이 무거문 을마나 무거우 껏이여? 괜찮항께 그냥 주고 가! 그란디 머시 한 개가 더 있네."

"이것은 금년에 건강진단 받으라는 안내서거든요. 그러니까 잘 놔두셨다 나중에 병원에 가실 때 가지고 가세요."

그때 옆에 계시던 할머니가 묻는다.

"그란디 아재, 금방 쩌그 담안 앞에서 이짝 질로 들어왔서?"

"저는 저쪽 옆길로 다니는데 왜 그러세요?"

"아니~이! 내가 금방 담안 앞에서 우체부 아재가 지나가길래 손을 이라고 옆으로 붙이고 절을 항께 웃음서 지나가드만 금방 여그서 또 만났구만!"

"담안마을 앞에서 저를 만나셨다고요? 정말 저 같아 보이던가요?"

"몰라! 입하고 코는 개리고 또 머리는 뻘간 오투바이 모자를 쓰고 눈만 내놓고 댕긴디 얼굴이 보이간디! 그래도 아재하고 똑같이 생겼드만 그래!"

"그래도 저는 아닌데 아마 다른 집배원에게 인사를 하셨나 보네요."

할머니는 고개를 갸웃거린다.

"참말로 그랬으까? 그라문 무담시 절을 했네 잉! 그라문 으째야 쓰까?"

"왜요? 다른 사람에게 인사하신 것이 억울하신가요?"

"생판 모른 사람한테 절을 했응께 도로 물려주라든가 해야제! 그냥 말어불문 쓰것서?"

"그런데 한번 해버린 절을 어떻게 물려달라고 하지요? 더군다나 그 사람이 누구인지도 잘 모르신다면서요."

"그라문 조사를 해봐야 쓰것구만!"

"무엇을 조사하시게요?"

"그랑께! 나를 잘 모름서 내 절만 받은 사람 말이여! 그 사람을 조사해 갖고 절을 도로 뺏어 갖고 오든가 해야제 무담시 절만 한 자리 손해 보문 안 되제~에!"

할머니는 농담 끝에 껄껄 웃으신다.

"그러면 우체국 집배원들을 모두 모이라고 할까요?"

"참말로 모이라고 하문 모이까?"

"모이기는 하겠지만 할머니 댁으로 모이면 커피 끓여주려면 귀찮으실 텐데요."

"수가 몇이나 된디?"

"보성우체국 집배원만 모두 열일곱 명이요."

"이~잉? 그라고 많애? 그라문 안 되겠네! 내가 그냥 절 한 자리 손해 보고 말아야제!"

최성각

소 한 마리 잡지 못하는 히말라야 사람들

얼마 전 동물들은 어떤 생각을 하는가에 관한 책을 보았다. 아프리카에 사는 '베짜는새(Ploceinae)'가 집을 짓는 이야기였다. 새들은 겉보기에는 유전적인 지령에 기초하여 집을 짓는 것 같지만, 성실한 관찰자들에 의하면, 사람들의 생각과 달리 의식적인 행동에 따라 집을 짓는 패턴이 각기 다르다는 게 밝혀졌다. 실험을 했다. 관찰자가 집 짓는 데 사용되는 재료들을 일부러 제거하거나 혹은 인위적으로 제공했다. 예를 들어, 둥지의 내부를 지탱하는 데 쓰이는 보드라운 깃털을 제거해버리면, 새들은 때에 따라서는 자기 몸에서 털을 뽑아서라도 그 깃털을 보충했다. 그렇지만 이 새가 관찰자가 제공한 자료를 즐겨 사용하거나 그런 사람의 재료를 좀 더 모아두려고 한 적은 없었다고 한다.

나는 '베짜는새'의 이야기를 만나는 순간, 곧바로 히말라야 사람들을 떠올렸다. 그동안 내가 만난 히말라야 사람들이 그랬다.

그들은 베짜는새처럼 산업사회에서 온 관광객들이 슬쩍 빼버린 깃털을 원망 없이 스스로 메우려 했고, 일단 메워지면 잉여물을 애써 만들려고 하지 않았다. 베짜는새와 같은 자족의 태도, 히말라야 사람들 같은 자립적 태도를 바라보며, 나는 곳간에 더 많은 것을 채우려고 하고, 불필요한 것들도 돈만 된다고 하면 의심하지 않고 대량생산하는, 그러면서 참된 평화와 '행복'에서 점점 멀어지는, 우리들 산업사회의 인간들에 대해 생각했다.

헛망치질을 한 사내

그런 생각 끝에 나는 주저 없이 말할 수 있다. 히말라야 사람들의 살림살이는 환경적으로 우리들보다 열 걸음쯤은 선진적이라고. 산업사회로 먼저 진입한 문명국에서 배울 것은 무엇일까. 발전된 기술일까, 배타적 친절일까, 해결할 수 없는 폐기물 문제를 속 깊은 곳에 안고 있는 청결한 겉보기의 현란한 도시 문명일까. 대답은 '모두 아니다'이다. 바꿔야 하는 것은 이른바 잘살고 있다고 스스로 믿는 영국, 프랑스, 독일, 북유럽, 미국, 캐나다, 일본, 그리고 그런 삶을 모델로 질문 없이 열심히 치달려가는 대한민국을 포함한 '북(北, 산업선진국권)'의 국가들인 것이다. 지금까지는 '북'이 힘이 세고 박식해서 늘 '남'을 가르쳐야 한다고 생각해왔다. 하지만 정말 그럴까?

  2년 전 가을이었다. 네팔 히말라야의 안나푸르나 사우스 쪽으로 오를 때였다. 해발 2500미터 가량 되는 높이의 한 구릉족 마을에서였다. 마침 그날은 우리의 추석 같은 축일(祝日)'이었다. 티

베탄들은 바람에 날리는 룽다('옴마니 반베훔'이 새겨진 불자들의 깃발)를 단장해 마당에 세웠고, 힌두들은 마을 입구에 줄을 치곤 히말라야의 작은 산꽃들을 매달아 놓았다.

숨이 차서 느릿느릿 걷고 있는데, 다락논 한쪽 구석에서 한 사내가 말뚝에 바투 묶여 있는 소를 내려다보고 있었다. 사내의 손에는 자루가 긴 망치가 들려 있었다. 오래 생각할 것도 없이 그것은 축제에 쓸 소를 잡으려는 풍경이라는 것을 알 수 있었다.

흔히들 힌두족은 쇠고기를 안 먹는다고 알려져 있지만, 검은 소는 잡기도 할 뿐 아니라 먹는다.

나는 소롯길 돌담에 배낭을 내려놓고 카메라의 잠금장치를 풀었다. "이곳 사람들은 어떻게 소를 잡나", 호기심이 당겼다.

오랫동안 히말라야의 약간 따가운 가을볕 속에서 사내가 소를 내려다보며 자세를 잡았다. 소를 잡기로 작정하자 곧바로 뜯어주었는지 소 앞의 소쿠리에는 먹을 풀이 가득했다. 사내의 자세는 아주 불안정했고, 소는 잠시 뒤에 쇠망치를 맞고 쓰러질 운명을 알고 있는지 모르고 있는지 무심하게 서서 풀을 씹는 일에 몰두하고 있었다.

마침내 사내가 망치를 머리 위로 치켜들곤 소머리를 향해 내리쳤다.

그러나 아뿔싸, 헛치고 말았다.

쇠망치에 헛맞은 소는 앞발을 껑충, 들더니 충격이 그리 크지 않았는지 다시 풀을 먹기 시작했다. 문제는 소가 아니라 사내였다. 망치질을 하다 보면 헛칠 수도 있었건만, 사내는 더 이상 망치를 들지 못하고 어쩔 줄을 몰라 했다. 한참이나 소를 내려다보다가, 생각이나 난 듯이 사내는 다시 풀을 뜯으러 갔다. 그러곤 잔뜩 풀을 뜯어 소에게 준 뒤, 한참을 더 검은 소를 내려다볼 뿐이었다. 그러기를 자그마치 30여 분.

소든 개든, 평소 살상이 일어나는 일을 즐겨 구경하는 취향이 아니었으나 그날따라 나는 이상한 호기심이 발동되어 나지막한 돌담 위에 쭈그리고 앉아 이 일의 끝자락까지 지켜보기로 작정했다.

사내는 다시 허리에 차고 있던 쭈꾸리(반원형의 칼. 농부에게는 낫으로, 도살자에게는 칼로, 병사에게는 무기로 쓰이는 네팔의 전통 칼)를 들고 풀을 베어 와 소에게 주었다. 마치 아까 헛망치질을 한 게 소에게나 풍경에게나 미안해 견딜 수 없다는 몸짓이었다. 멀찌감치 떨어져 지켜보던 동료 구릉족들은 '오늘 꼭 소를 잡아야 하는 것은 아니다'라는 듯이 자기들끼리 쭈그리고 앉아 왁자하게 떠들 뿐, 벌판의 외로운 사내에게는 도무지 관심이 없었다. 소를 잡지 못하는 곤혹스러움으로 어쩔 줄 모르는 사내에게 눈길 한번 주지 않았다. 아마 그날, 그 소는 그 심약한 사내만이 잡도록 약속되어 있었던 모양이다.

"소를 잡느니 차라리 날 잡아먹으라구"

얼마나 시간이 흘렀을까. 한참 후, 다른 사내가 논바닥으로 내려갔다. 그 또한 우리들이 그럴 때 꼭 그러는 것처럼 두 손바닥에 침을 탁탁, 뱉으며 폼을 잡는 데까지는 봐줄 만했지만, 그 역시 망치를 들고 소 주위를 빙빙 돌 뿐 행동으로 옮기지는 못했다. 한참을 소 주변을 돌던 그 사내 또한 나중에는 망치를 내던지고 뒤통수만 긁으며 논바닥에서 길 쪽으로 올라오고 말았다.

얼추 시간을 보았더니 무려 한 시간 이상 그들은 다락논 한가운데에서 그러고들 있었다. 참으로 희한한 풍경이 아닐 수 없었다. 소 한 마리 잡는 데 이토록 뜸을 들이는 그 모습은 우스꽝스럽다면 우스꽝스럽고, 희극적이라면 지독하게 희극적이었다.

한 시간 이상 말뚝의 소를 내려다보며 전전긍긍하던 사내는 끝내 소를 잡지 못했다. 부엌에서 물을 끓여놓고 기다리던 아낙들 중에 성미 급한 아낙이 요란하게 사내에게 달려가더니 들입다 고함을 쳤다.

"소를 잡는다고 폼을 잡은 게 대체 언제냐? 솥의 물이 다 끓었다. 도대체 소를 잡을 거냐, 안 잡을 거냐?"

아마도 아낙의 고함소리는 그런 내용을 담고 있을 것 같았다.

하지만, 이미 망치를 버리고 보리수나무 그늘에 냉큼 들어가 두 무릎을 곧추세우고 앉아버린 사내는 손사래를 칠 따름이었다. 그 사래의 내용은 아마도 "차라리 날 때려잡아 끓는 물에 넣으라니깐, 나는 (죽어도) 못 잡아!"였을 것이다.

갑자기 나는 눈앞에서 일어난 한 시간여 동안의 일이 예삿일이 아니라는 감동에 휩싸였다. 세상에 뭐 이딴 사람들이 있단 말인가? 염소든 소든 돈푼이나 더 받으려고 강제로 물을 먹여 단번에 잡아버리는 사회(문화)에 속해 있는 필자에게 히말라야 산사람들의 '머뭇거림'은 충격, 그 자체였다. 마음속 깊은 곳에서 조용히 차오르는 뜨거움이 사람을 그만 어쩔 줄 모르게 만들었다.

한국인이라면, 산업사회에 속해 있는 다른 '잘난 민족들'이라면 어떻게 했을까. 중인환시(衆人環視) 가운데 헛망치질을 한 데 대한 자기모멸감으로 소의 머리든 몸뚱이든 마구 내려치지 않았을까. 그 일이 혼자 힘에 벅차면 여럿이 달려들어서라도 소 한 마리

쯤의 생명이야 땅에 가느다란 금 한 줄 긋듯이 간단없이 앗아버리지 않았을까. 이곳이 개발되지 않았다는 이유로 누가 이들을 '야만'이라고 멸칭할 수 있을까. 도대체 '발전'은 무엇이고, '개발'은 무엇이고, '성장'이란 또한 무엇인가.

히말라야의 소 잡는 사람들은 느닷없이 내가 속한 사회를 돌아다보고, 생각하게 만들었다.

비록 남루해 보이지만 행복지수는 우리들보다 높아

그들 히말라야 사람들은 자연에 저항하지 않는다. 자연의 위력적인 힘 앞에서는 외경과 함께 두려워할 줄 알고, 자연이 준 은총에 대해서는 겸손한 마음으로 감사하고, 할 수 있는 양껏 만끽한다.

비록 신발도 신지 않은 그들의 겉모습은 남루해 보이지만, 풍요의 수레바퀴가 끝없는 빈곤과 함께 굴러가면서 심각한 갈등을 안고 끝 모를 데까지 맹목적으로 치달려가는 산업사회를 살고 있는 우리들보다 그들의 행복지수가 높다.

우리들보다 덜 일하고, 우리들보다 더 많이 웃고, 우리들보다 더 오랜 시간 휴식을 취하면서, 정을 나누고, '살아 있다는 이 놀랍고도 축복스러운 사건'을 더 알뜰하게 즐기는 사람들, 그들이 바로 히말라야 사람들이었다.

우리들 살림살이에 대해, '행복'에 대해 정말 깊이 생각해볼 때가 아닌가 싶다.

유소림

할머니, 크나큰 어머니

배는 점점 불러오는데 아이를 (싼값에) 봐줄 사람을 여전히 찾지 못하고 있었다. 그런데 너무도 뜻밖의 해결책이 생겼다. 주인집 아줌마가 내 걱정을 듣더니 두말도 않고 함께 계신 친정어머니와 둘이서 아기를 돌봐주마 했다. 북아현 산3번지 달동네에서 가장 따습고 가장 깔끔한 살림을 하고 있던 주인 아줌마에겐 아이라곤 초등학교 1학년 영진이 하나뿐이었고 할머니도 잠시를 쉬지 않는 알뜰한 분이었다.

주인집 부엌 한쪽을 쓰던 나는 종종 설거지통을 방에 숨겨놓고 출근해야 했다. 내가 미처 아침밥 뒤치다꺼리를 못하고 출근하면 할머니가 우리 집 설거지까지 하시는 게 미안스러웠기 때문이었다. 할머니는 비가 오면 내 빨래를 걷어 부엌에 널어두고 다 마른 빨래는 두부모처럼 반듯하게 개서 내 부뚜막 위에 올려두셨다. 물론 우리 집 연탄불도 갈아주셨다. 하루는 혼자서 이불 홑청을 꿰매다 꿰매다 어쩌지 못해 반만 꿰맨 채 마루에 얼렁뚱땅 뭉쳐둔 채 출근했는데 돌아와보니 단정하게 바느질이 끝나 있었다. 내가 메주를 사 오자 할머니는 옥상 우리 집 독에 된장을 담가주셨다. "이런 건 누구나 금방 배우는 일이에요." 할머니는 그 능란한 살림 솜씨를 자랑 한번 하지 않았다.

할머니는 이제 나의 출산까지 기다리셨다. 아이와 함께 병원에서 돌아온 날, 뜨근뜨근하게 불이 들여진 우리 방엔 이부자리가 푹신하게 깔려 있었다. 출산 휴가 한 달이 지나 다시 출근을 시작한 내가 아이를 옆에 누이고 밥을 먹는 둥 마는 둥 몇 숟가락을 뜨고 있으면 할머니께서 아이를 강보에 싸안고 안채로 가셨다.

할머니는 정말 대단하셨다. 내가 기저귀를 채우면 비뚤어지는데 할머니 손만 갔다 하면 기저귀 찬 아이 모습이 단단하고 편안해 보였다. 살집이 좋고 침이 많던 아이가 나무 한 그루 없는 삭막한 산동네에서 땀띠 한번 나지 않고 첫 여름을 난 건 오로지 할머니의 공이었다. 일요일에 나와 함께 지내는 동안 후줄근해진 아이는 월요일 저녁이면 반짝반짝 샛별처럼 되어 돌아왔다. 할머니는 연시를 주무른 아이 손가락을 당신 입으로 깨끗이 빨기도 했다. 아이가 흘리는 침도 여전히 낯선 나에게 그런 광경은 그저 놀랍기만 했다.

할머니는 내가 한 달에 한 번 얼마 안 되는 수고비를 드릴 때마다 신기해하면서도 한편으론 미안해하셨다. 아기를 돌보고 돈을 받는다는 건 어째 사람 사는 일답지 않다고 느끼시는 모양이었다. 큰며느리가 아파 두어 달 동안 부산에 내려가 계시던 할머니가 내게 편지를 보내셨다.

"아기 어머니 보세요. 아기 잘 크고 있겠지요. 참 튼튼하고 예쁜 아기인데 요즘 볼 수 없으니 눈에 삼삼합니다…….”
 할머니는 한 지붕 밑에 산다는 인연만으로 아이를 그렇게 지성으로 거두셨다. 내 아이, 네 아이 따로 있는 게 아니라 아기라면 세상의 어떤 아이에게도 그러는 게 당연하다고 여기시는 것 같았다. 할머니는 어떤 종교하고도 가깝지 않았지만 당신 생활 자체가 보살도였고 말 그대로 크나큰 어머니셨다.

이정록

어머니의 한글 받침 무용론

어머니의 첫 편지는 아버지가 보낸 군사우편에 답장을 보낸 거라신다.

"시월에 군대 가서 이듬해 이월에 네 누나를 낳았으니, 아버지가 얼마나 폭폭했겠냐?"

긴 한숨을 쉬신다.

"그래도 그때가 그중 행복했어. 마음이 숯불 같았으니께."

말해놓고 부끄러운지 눈길을 돌리신다.

"내가 한 통 쓰면 아버지는 대여섯 통 보내왔어야."

빙그레 웃으며 자랑하신다.

"휴가 나왔을 때마다 시부모님 눈치 때문에 없는 빨래를 모아서 냇가로 가면, 문지방에 까치발 딛고 서서 휘파람을 날리곤 했어야. 못 들은 척 빨랫방망이만 두드린 게 지금도 후회가 돼. 돌아보기라도 해줄걸. 내 가슴만 방망이질 쳤지."

볼 붉어지신다.

"내가 보낸 편지에 받침이 하나도 없어서 아버지가 근무하는 전방부대에서 괴뢰군이 보낸 암호문인 줄 알았다고 농담도 하셨지. 충청도 사투리를 다 늘여서 써놓으면 세종대왕이 스산 태안 분이라도 해독 불가여."

내가 군대 생활 할 때도 어머니는 편지를 두 통이나 보내주셨다.

"네 동생이 불러주는 대로 받아 적은 거라 맘하고 다른 것도 썼다."

"뭔데요?" 하고 여쭈니, "사랑하는 내 아들아"라고 쓴 거란다. 물론, 내게 쓴 편지에도 받침은 장판 밑 방고래에다 깔아두고 초성과 중성만으로 암호 문자를 보내왔다. 나도 아버지의 아들이므로 해독하는 데 별 어려움이 없었다. 눈물을 잘 말려서 뽀송뽀송하게 보내주었건만 군대라는 습진 곳에 와서 홍건해지는 것은 어쩔 수 없는 노릇이었다.

제대 후 어머니의 편지 때문에 눈물깨나 뿌렸다고 했더니 뜬금없이 "요즘 군대가 빠지긴 빠졌구나" 하신다.

"그래도 내가 지금까지 사랑한다는 말은 너한테 처음 쓴 거야."

짐짓 얼굴을 돌리신다.

어머니는 요즘도 아버지께 편지를 쓰신다. 몇 년 전에 내가 두고 온 교무수첩에 쓰신다. 교무수첩에 어머니가 적어나가는 지렁이 꿈틀체는 몽땅 아버지를 그리워하는 연애편지다.

"좋은 종이 놔두고 왜 하필 교무수첩이래요?"

"아버지 돌아가실 때쯤에 니가 노조 헌다고, 좀 속 썩였냐? 니가 아직 선생질 잘헌다고 안심시켜드릴라고 그런다."

"그럼 왜 가끔 달력 뒷장에다가도 쓴대요?"

"돌아가신 지 10년도 넘었응께 눈이 안 좋으실 거 아니냐? 그러니께 달력 뒷면에다 핵심만 댓 글자 크게 쓰는 겨."

"핵심이 뭐래요?"

"연애결혼 헌 놈이 편지의 알맹이도 모르냐?"

"뭔데요?"

"보고 싶어유."

어머니가 굵은 손가락을 꼽으며 다섯 글자를 센다.

"아마도 아버지는 저승에서 학교 선생을 헐 겨여."

"어떤 선생?"

"그야 물론 국어 선생이겠지. 어미가 보낸 편지에 빨간 펜으로 받침을 달며 무식하다고 욕허고 있겄지."

"수업 말고는 어떤 업무를 맡고 있을까요?"

"그야 물론 술, 담배에 쩐 학생들 꼬드겨서 같이 술 마시는 일을 하고 있겄지. 아버지가 사실 알코올중독 아녔냐? 편지 온 거 읽어주며 어미에게 보낼 답장 대필시키고 있겄지."

"근데 왜 답장이 안 와요?"

"꿈결에다 보내. 꿈속에서는 자주 읽어."

"뭔 내용인데요?"

"깨면 다 잊어버려. 그래도 매일 밤 잠들라고 하면 막 설레고 가슴이 두근거려. 너한테도 편지 오냐?"

"아뇨."

"꼬박꼬박 받침을 쓴 네 편지는 못 읽는 거여. 받침 없는 교무수첩만 보다가 한글을 다 잊어버린 거여."

"어머니께 오는 답장에는 받침이 없어요?"

"당연허지. 넌 영어로 온 편지를 언문으로 답장허냐? 받침 없는 글에는 받침 없이 보내는 게 당연한 거여. 나만 혼자 남겨놓고 간 양반이 무슨 낯으로 글자마다 받침을 들이밀겠냐?" 하면서, 밤 늦도록 어머니는 한글 받침 무용론을 펴신다.

"세종대왕이 나를 먼저 만났으면 받침을 아예 읎앴을 텐디."

저 쓸쓸한 웃음. 아버지가 아니면 그 누구도 해독할 수 없는 눈가의 주름살, 저 상형문자에도 받침이 없다.

코 고는 소리도, 개구리 소리도, 받침 하나 없는 여름밤이다.

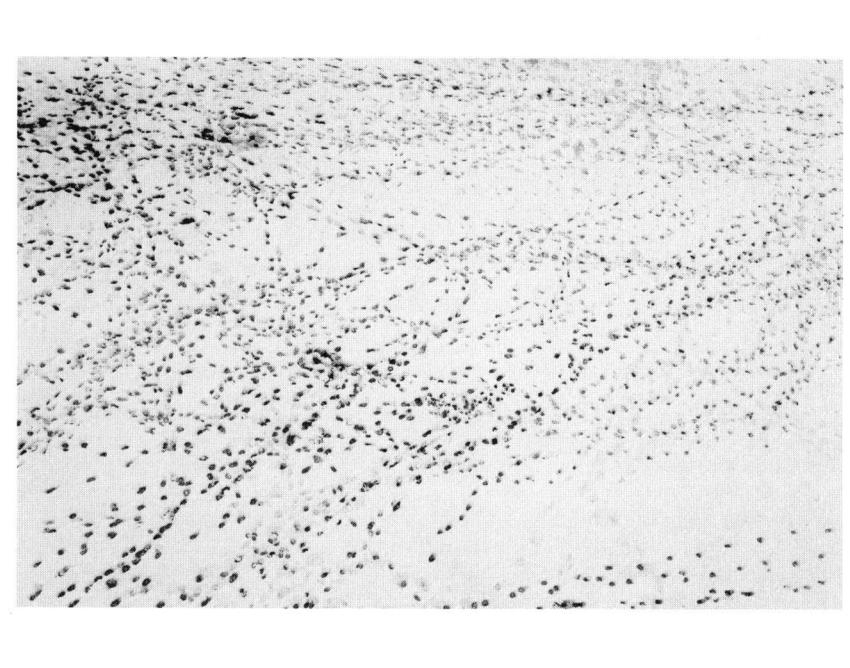

이혜경

그해, 벌판에 내리던 눈

고향으로 가는 길은 언제나 아득하게만 느껴졌다. 내게 고향은 그립고도 그립지 않은 곳이었다. 대문만 나서면 아는 사람투성이인 작은 읍, 그곳 사람들에게 나는 '아무개집 딸'이었다. 그리고 그 집 딸답게 처신해야 했다.

불행히도, 어른 말씀 잘 듣고 시키면 시키는 대로 하는 착한 딸 노릇을 하기엔 내게 호기심이 너무 많았다. 지나치게 엄격하고 가부장적인 집안 분위기에도 나는 순응하지 못했다. 나는 부모에게 이해 불능의 별종이었다. 소읍 기준으로는 괜찮은 편인 대학을 마치고 고등학교 선생이 되었을 때까지만 해도 부모님의 자랑스러운 딸일 수 있었다. 어른들이 납득하기 어려운 이유로 학교를 그만두면서 나는 아버지의 애물단지가 되어버렸다. 책 만드는 일을 하겠다는 내게 아버지는 말씀하셨다. 출판사, 거긴 건달들이나 모여드는 데다.

아버지의 눈엔 어째 세상 사람들이 다 걷는 길을 버리고 샛길로 들어서는 것처럼 보였던 모양이다. 세월이 흐르면서 '삼종지도'를 강조하던 아버지에겐 남들처럼 가정을 꾸리지 않는 내가 또 큰 걱정거리였다. 바쁜 일을 핑계로 집안 모임에 빠지는 횟수가 늘어났다. 못 가서 죄송하다고 말씀드리면서도 나는 속으로 가슴을 쓸어내리곤 했다.

그래도 아버지의 생신날만은 빠질 수 없었다. 40대에 나를 두신 아버지에게 남은 시간이 얼마나 되는지 알 수 없었다. 해마다 어쩌면 이번이 아버지의 마지막 생신일지도 모른다는 생각으로 뵈러 갔다. 그리고 아버지의 말씀에 곤죽이 되어 고향을 떠났다.

그해 생신날에도 나는 진이 다 빠진 채로 차 뒷좌석에 깊게 몸을 묻었다. 아버지를 만난 뒤면 으레 그러하듯, '남들처럼' 살지 않는다는 자책감의 도가니에 빠져버린 것이다. 눈을 감고 마음에 인 흙탕물을 겨우 가라앉히는데, 같은 차에 탄 식구 중의 한 사람이 말했다. 밖을 내다봐. 눈 온다. 지난해에도 아버지 생신에 왔다가 첫눈 만났는데.

주저하듯 파슬파슬 눈이 내리고 있었다. 국도변 삭막한 벌판에 하얀 점들이 온기를 주고 있었다. 벌판 가운데 외롭게 엎드린 아주 작은 집이 어쩐지 덜 춥게 느껴졌다.

오래전 이처럼 추운 날, 가난해서 더 한기가 돌았을 집에 태어난 한 아기가 떠올랐다. 의지가 못 되는 부모 슬하에서 홀로 서야 했던 아이. 영민함과 부지런함으로 한 집안을 일구고 당신이 이룬 것에 자부심을 숨기지 않던. 그러니 남들이 인정하는 것에 그토록 가치를 둘 수밖에 없었을 것이고, 세상의 가치에 무심한 것처럼 보이는 막내딸이 안타까워 볼 때마다 말씀이 길어졌을 것이다. 세상이 첫눈의 기미로 차게 가라앉은 날, 따뜻하게 잠겨 있던 양수에서 차가운 세상으로 내던져져 주먹을 꼭 쥐고 와앙 울었을 갓난아기를 떠올리자 내게 늘 거대한 존재이던 아버지가 비로소 객관적으로 보이기 시작했다. 아버지의 큰 목소리 바닥에 깔린 두려움이며 힘에 대한 동경이며 뭇시선을 의식하는 일이 어디에서 연유한 것인지 알 것 같았다. 먼지를 뒤집어쓴 국도변의 나뭇가지들이 눈꽃을 달고, 제법 정갈한 모습으로 변하고 있었다.

백가흠

아버지와 나는 이제, 페친이다

기억의 시작은 이렇다. 나는 신이 나서 뛰어다니고 있었다. 우리에게도 우리 집이 생긴 순간이다. 그 전에는 작은 월세방에서 살았다는데, 전혀 기억이 없다. 내가 네 살, 여동생은 두 살, 막내 동생은 아직 세상에 나오기 전의 일이다. 그러니까, 35년 전 1977년의 일이다. 나무로 된 마루를 뜯어내고 새로운 마루를 깔고 있는 풍경이 떠오른다. 분주하게 움직이던 부모님의 모습도 생각난다. 아버지와 엄마에 대한 최초의 기억도 그 풍경 안에 있다. 마치 한 장의 스틸 사진처럼 남아 있다. 사실 그것 말고는 아주 어렸을 적 기억이 별로 없다. 천성이 뭔가를 잘 기억하지 못하는 것이겠고, 별 관심이 없어서일 수도 있겠고, 참, 그것 말고 또 막 태어난 막내 동생을 바라보던 기억이 난다. 그 집에서였다. 그게 참, 신기했던 일이라.

그렇게 넓게만 보였던 최초, 우리의 집은 세월이 지나면서 쪼그라들기 시작했다. 집이라는 것이 원래 그런 것인가. 집은 살아 있는 생명처럼, 사람처럼, 세월이 지나고 늙으면 늙을수록 작아져갔다. 넓었던 방은 크면서 비좁고, 작아져서 답답해졌다. 반대로 점점 비대해지는 것이 그 집에는 있었는데, 바로 책들이었다. 아버지의 책장과 책들은 점점 작아지는 아버지의 몸집과 쪼그라드는 엄마의 가슴과 커져가는 형제들의 패배감을 먹고 쑥쑥 자라났다. 아버지는 나름 독서광이었다. 서재가 따로 없었으니 아버지의 책들은 안방, 여동생이 쓰는 작은방, 남동생과 둘이 쓰던 방, 방들의 벽, 모든 벽들을 먹어치우고, 오직 홀로 아랑곳없이 비대해졌고, 거대해졌다. 우리 가족은 모두 아버지의 책에 파묻혀 아무리 커도 책이 커가는 속도를 잡을 수 없었다.

아버지는 전주의 고등학교 국어 선생이었는데, 지금 돌이켜보면 선생을 하고 싶어 한 것은 아닌 것 같다. 시골에서 어떻게든 먹고살아야 하니까, 주렁주렁 우리들이 그 집의 책들과 함께 아버지의 등에 매달렸으니까, 아버지는 선생을 그만두지 않고, 정년퇴임까지 40여 년 동안 교편을 잡았다. 어쨌든 우리는 잘 살아남았는데 아버지는 별로 남는 게 없어 보였다. 정년퇴임식은 화려하면 할수록 더욱 쓸쓸한 풍경을 만들어내는 것이 분명했다. 퇴임식 하는 날, 그간 고생했다고, 학교에서 이름이 '춘미'라는 진돗개 강아지 한 마리를 주었는데, 그것은 참, 난감한 일이 되었다. 엄마는 개털이 집에서 날리는 것을 절대로 용인할 수 없다면서, 받을 수 없다고 했고, 가끔 집에 들르는 우리 삼형제는 그냥 집에서 키웠으면 했다. 아버지는 그냥 별 생각 없는 듯 보였다. 퇴임식을 마치고, 학교 운동장 귀퉁이에서 개새끼를 어떻게 할 것인지에 대해

가족회의를 했다.

 저물녘, 서쪽 하늘은 붉은빛에서 푸른빛으로 변하고 있었다. 결국에는 그 강아지를 나와 남동생이 차에 싣고 서울로 데리고왔다. 그날 밤, 시인 장석남 선배의 집에 춘미를 데려다주었다. 이후 황구 '춘미'는 성장하여 성북동 일대를 평정, 동네의 개들은 골목길 외출은커녕, 장석남 시인의 집 근처만 다다라도, 춘미의 춘 자만 담 너머 흘겨들어도, 자기 이름은 알아듣지 못해도 춘미라는 이름을 알아듣고 오줌을 지린다 했다. 그야말로, 아버지의 40년 교직 생활의 노고가 성북동 일대의 골목을 평정했다고 아니 말할 수 없겠다. 아버지의 그간 고생이 성북동 일대의 전설로 남을 것이다. 개건, 개를 키우는 사람들이건. 어쨌든 남모르는 동네 골목에서라도 그러한 인생의 노고에 대한 상징이 살아 있다는 것은 아들로서 반갑고도 고마운 일이다.

 우리는 아버지의 꿈이 무엇인지 잘 알고 있었다. 집 안에서 홀로 무럭무럭 크는 책들이 그것을 알려주었다. 왜 책들만 그 집에서 그렇게 비대해지는지에 대해 우리는 아주 어렸을 적부터 알고 있었다. 그래서 그랬는지, 우리는 책들이 아주 싫었다. 책들과 경쟁해서 살아남아야 한다는 것이 말이 되는 일인가. 하지만 우리 삼형제도 엄마도 어떻게든 책들과 경쟁해서 살아남아야만 했다. 엄마는 책들과 정면으로 대치하여 적으로 살아남는 현실적인 방법을 택했고, 우리는 아버지의 책들을 슬슬 눈치 보며 적절하게 살아남는 법을 터득해야만 했다. 그 책들은 아버지의 비애를 먹고 크는 것들이어서, 굉장히 불손하고 불온한 인생이었다. 삼형제 모두 키가 자라는 만큼 밑에서부터 아버지의 책들을 먹어치웠다. 실제로 가장 밑 칸에는 우리들이 읽던 삼중당문고의 동화책이 땅을 향해 자라고 있었다. 손에 닿지 않는 곳에 가장 야한 소설이 무력무력 자라나고 있음을 의심치 않았다. 고등학생이 되었을 때, 천장 가까이 가장 높은 곳에 꽂혀 있는 책을 모조리 먹어치우기까지 오랜 시간 동안, 나는 아버지의 문학에 대한 열망에서 떨어진 비애를 읽어야만 했다. 동생들도 마찬가지였을 것이다.

아버지는 쓰고 싶었으나 쓰지 못했다. 아버지의 문학적 비애가 조금 위안받은 순간은 내가 신춘문예로 등단했던 바로 그때였을 것이다. 내가 소설 쓸 줄 몰랐으니까, 등단할 줄 몰랐으니 조금 기뻤을까. 아버지는 실제로 내게 기쁨을 직접 표현한 적은 없었다. 마찬가지로 소설을 쓰면서 정말 기뻤던 적은 당선 통보를 받았던 날밖에는 없는 것 같다. 그날, 오후에 통화하던 일이 생각이 난다. 학교로 전화를 걸어 소식을 알렸는데, 금방 다시 전화를 하니 이미 학교에 안 계셨다. 집에 전화를 걸었더니 엄마가 전화를 받았다.

"야, 느네 아버지, 학교 조퇴하고 와서, 방에서 운다."

엄마는 등단이 뭐고, 소설 쓰는 게 뭔지 별 관심이 없는 양반이다. 아버지도 좋아하고, 나도 기뻐서 쿵쿵 뛰니 잘된 일인가 보다 하는 정도였지만, 아버지는 달랐다. 아버지는 술 한 모금도 하지 않는 사람인데, 대학 때 은사에게 아버지가 술을 산 모양이었다. 둘은 고등학교 동문이라 일면식 정도는 있던 사이였다.

"야, 얼마나 좋았으면 교회 장로가 술을 사더라니까. 자기는 술도 안 마시면서."

은사님이 제자들 있는 자리에서 우리 아버지 얘기를 했다.

그때, 단 한 번 나를 자랑스러워했을 것이다. 아들이 소설을 쓰며 산다는 게 그리 기뻐할 수만 없는 일이라는 것을 이후에는 부모 된 입장, 자연스럽게 터득하시었다. 지금도 나는 그들에게 걱정거리다. 아들이 나이는 먹어가는데, 문학한다고 남들처럼 살지 못하는 것이 촌에서는 흉이다. 하나, 내가 아직 결혼도 안 하고, 하물며 아버지가 되지 못한 가장 큰 이유는 내 아버지 때문이다. 내 아버지 같은 아버지가 될 자신이 없다.

어렸을 적 잊지 못할 소꿉친구 하나는 있기 마련이건만, 우리 삼형제는 그런 친구 기억이 없다. 어렸을 적 가장 좋은 친구는 아버지였다. 세상에서 아버지가 가장 재미있었다. 우리 형제는 아버지하고 놀았다. 아버지가 엉덩이를 흔들며 춤을 추는 게 가장 웃겼고, 읽어주는 동화책이 가장 흥미진진했다. 나란히 턱을 괴고 엎드려 흑백 TV와 주말영화를 보던 일이 가장 신나는 일이었다. 이제는 아버지가 우리하고 놀고 싶어 하지만, 참 힘들다. 왜, 이렇게 됐을까. 아버지는 여전히 나와 문학 얘기하는 것을 좋아하고, 남동생과 사진 얘기하는 것을 기쁘게 생각한다. 아버지가 재미없어진 것인가, 나와 남동생의 허세가 는 것인가.

요즘, 아버지는 합창을 한다. 매일 한 시간을 통근하며 몇십 년을 살았던 양반이니, 퇴직 후에 얼마나 쓸쓸할까, 짐작, 그러나 나도, 동생도 바쁘다는 핑계. 아버지가 뭘 하며 시간을 보내는지 나는 한동안 알지 못했다. 몇 년 전 엄마에게 물었더니 합창하러 다니느라 바쁘다 했다. 서정주의 시 〈상가수(上歌手)의 소리〉가 실제론 우리 아버지의 얘기다. 옛날, 푸세식 화장실이 마당에 있을 때, 아버지는 볼일 보러 가서 웬만해선 나오지 않았다. 〈옛날의 금

잔디〉나 〈옛 동산에 올라〉 같은 가곡에서 헨델이나 바흐, 독일 가곡, 찬송가까지 흘러나왔다.

  우리 형제는 화장실 앞에 쭈그려 앉아 아버지의 노래를 들으며, 신청곡을 부탁하곤 했다. 얼기설기 베니어합판으로 만든 화장실 문을 사이에 두고 우리는 아버지의 노래를 들었다. 우리 형제가 클래식광이 된 연유. 아버지가 화장실에 볼일을 보러 간 것인지, 노래를 부르러 간 것인지 궁금하기도 하던 시절이 있었다. 아직도 목소리 상하지 아니하여, 바리톤의 음성을 쫙쫙 뽑아내는 아버지를 보면 아마도 노년을 준비하여 젊은 날 화장실에서 그리 노래 연습을 하시었나, 보다. 그나저나 민망한 글을 쓰긴 하였는데, 하나 걱정인 것은 아버지가 나와 페친(facebook 친구)이어서 일거일수를 파악하고 계신데, 혹 이 글을 보고 민망함이 서로 늘지 않을지 걱정이다.

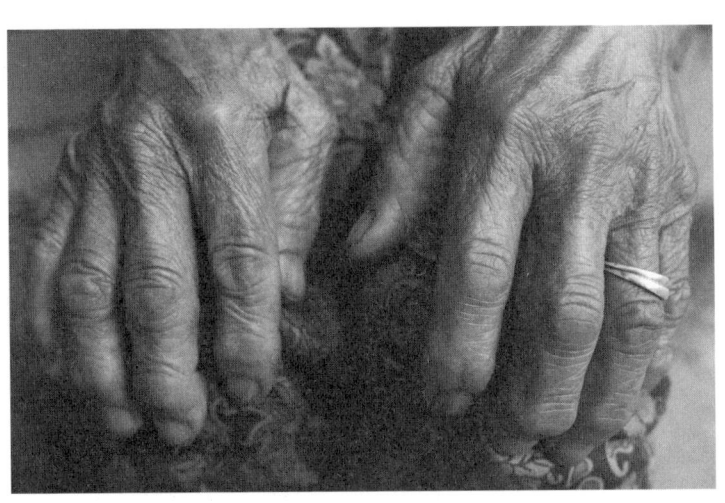

김별아
———
아버지라는 이름의 남자

 고향에 계신 엄마와 아버지와 그곳을 떠나 사는 나와 남동생은 '무소식이 희소식'이라는 속담을 믿으며 특별한 용건이 있지 않는 한 연락을 하지 않는 맹맹한 가족이다. 안부 전화가 없어도 섭섭해하지 않으며 각자 알아서 잘 챙기고 잘 살자는 주의이다. 한동안 고향 집에서 전화를 받지 않아 궁금해하노라면 부모님은 계꾼들과 여행을 다녀왔다고 뒤늦게 통보하고, 내 근황이 궁금하면 부모님은 인터넷을 뒤져 신간이 나왔다거나 이런저런 활동으로 바쁘다는 것을 확인하는 식이다. 우리 가족이 이렇게 '쏘-쿨'하게 된 것은 애초에 타고난 성정이 관계에 애면글면하지 않는 탓도 있으려니와 평생토록 직장 생활을 해온 부모 밑에서 어려서부터 독립적인 생활에 익숙해진 자식으로 이루어진 전형적인 핵가족이기 때문일 것이다.
 얼마 전 무슨 예감이었던지 아무런 용건도 없이 갑자기 고향 집에 전화를 걸었다. 그리고 오랜만의 통화에서 아버지가 이튿날 백내장 수술을 받는다는 소식을 듣게 되었다. 그 연배에 백내장은 흔한 증상이고 수술도 간단하다지만 일면 죄송하고 걱정스런 마음에 방귀 뀐 놈이 성내는 격으로 불퉁거렸다.

"그런데 왜 우리한테는 말을 안 했어요?"

"너희에게 이야기를 하면 뭐가 달라지고, 하지 않으면 뭐가 달라지니?"

틀린 말은 아니었다. 어쨌거나 아버지는 양쪽 눈에서 백내장을 적출하는 수술을 받는 동시에 노안까지 해결하는 신기술인 신형 렌즈를 삽입했다고 했다. 그런데 수술이 끝나고 며칠 후 전화를 해보니 왠지 아버지의 목소리에 기운이 없었다.

"수술은 무사히 끝났고 경과도 좋다면서 왜 그러셔요?"

"수술이 잘되어서 돋보기 없이도 신문을 읽을 수 있을 정도로 시력이 좋아지긴 했는데……. 눈이 침침할 때는 보이지 않던 웬 백발노인이 거울 안에 들어앉아 있구나!"

풀 죽은 아버지의 말에 문득 가슴이 먹먹해졌다. 아버지가 스스로 늙어가는 것을 몰랐던 것처럼 나도 아버지의 노화를 잊고 있었다. 은퇴한 지 다섯 해가 지났지만 여전히 현역 못잖게 정력적인 사회 활동을 하고 있으며 새로운 것을 배우려는 의지 또한 왕성하기에 아버지가 곧 70대가 된다는 것을 실감하지 못했다. 내 마음 속의 아버지는 언제나 젊었다. 강강한 기질에 성취 지향적 성격으로 항상 일에 파묻혀 그것을 즐겼다. 아버지를 빼쏜 딸인 나는 고집이 세고 쉽게 타협하지 않는 것까지 닮아 사사건건 아버지와 부딪히기도 했다. 나는 아버지를 부정하며 저항했다. 정치학자 전인권의 책《남자의 탄생》에 표현된 대로 아버지는 권위주의와 자기 중심주의의 동굴에 갇혀 있는 '동굴 속의 황제'와 같은 한국 남성이라고 생각했다. 지금도 전화를 하면 아버지와는 할 말이 없어 건성으로 몇 마디를 주고받다가 엄마를 바꿔달라고 하고, 집안의 평화를 위해서는 엄마가 아버지보다 오래 살아야 한다는 요망한 말을 내뱉기도 한다.

돌이켜보면 아버지는 사랑의 표현에 익숙지 않고 그 방법이 달랐던 것뿐이다. 다른 집 애들처럼 애교스럽지도 싹싹하지도 않은 외동딸이 소설을 쓰기 위해 체험이 필요하다며 버스 안내양으로 취직시켜달라고 했을 때 그 강짜를 받아주고, 시커먼 물을 들인 야상점퍼를 입고 다니는 게 안타까워 슬그머니 옷을 사 입을 용돈을 건네고, 결정적인 상황에서는 누구보다 확실한 내 편으로 응원과 지지를 보내주셨다. 하지만 이제 인정할 수밖에 없다. 아버지는 늙어간다. 밝아진 눈으로 백발이 다가오는 현실부터 바라봐야 한다. 그러기 전에 아버지라는 이름의 한 남자와 좀 더 일찍 대화할 수 있었다면 얼마나 좋았을까? 아버지라는 이름을 넘어선 한 사람을 더 많이 사랑하고 이해할 수 있었다면 얼마나 좋았을까? 안타까운 마음을 달래면서 가만히 수화기를 들어본다.

* * *

젊은 아버지는 합기도 4단에 태권도 3단, 합이 7단이었다. 그래서 어린 딸은 '남자라면' 당연히 세상과 맞설 단단한 '주먹'을 가져야 한다고 생각했다(정작 '주먹'을 가진 남자는 만나본 적이 없지만). 젊은 아버지는 냉철하고 단호하고 오만했다. 어린 딸은 기를 쓰고 그에 맞서 팽팽한 자존심 대결을 벌였고, 아버지와 딸은 서로 가장 많이 닮았으면서도 서로를 가장 모르는 상대였다.
 지난번 아버지 생신 날짜를 홀딱 까먹고 넘어갔다. 헷갈리기 딱 좋게 어떤 해는 두 번 끼고 어떤 해는 아예 없는 음력 동짓달인지라 예사로운 실수로 눙치고 지나가려니, 전화 너머 정말로 섭섭하고 노여워하시는 아버지의 목소리가 들린다. 모든 것을 녹슬게 하는 시간의 흐름에도 기억만은 좀처럼 늙지 않는다. 아버지는 더 이상 젊지 않은데, 어린 딸의 원군이자 맞수였던 젊은 아버지는 어느덧 세월 속에 가뭇없는데.

이영주
───
빛의 통로

누군가는 인도를 다녀왔고 누군가는 이태리를 거쳐 튀니지로, 누군가는 남아공 케이프타운으로 사라졌다. 나는 매일 매일 하늘에서 가장 가까운 방, 옥탑방으로 갔다가 하늘에서 가장 먼 방, 내 안으로 들어온다.

전기가 깜박거리다 꺼진다. 오랜 시간을 항해하던 아버지가 들어와 내 안의 전기선을 통째로 갈아엎는다. 나는 아버지가 어디쯤을 항해하는지 모른다. 떨어져 살게 된 지 15년째. 이따금 아버지가 만든 배 안으로 나는 초대되지만, 그 배는 내가 없는 사이 어느 바다와 어느 숲속, 어느 도시를 돌아다니는지 짐작할 수 없다. 다만, 우리는 매일 전화를 통해 서로의 존재를 확인한다. 그러나 그것은 목소리이다. 아버지가 아닌, 아버지라는 목소리인 것이다. 그리고 내가 아닌, 나라는 목소리인 것이다. 우리의 목소리는 해

후한다.

나는 아버지가 부럽다. 아버지에게는 아름다운 항해사, 어머니가 있기 때문이다. 이 세계 밖으로 걸어가기 전에는, 이 세계 안에서 항해하는 동안은, 어머니가 낡은 키를 잡고서 어떤 공간이든 함께 헤엄쳐 나갈 것이다. 비록 가끔은 서로를 세계 밖으로 밀어내고 싶은, 극도의 증오감 속에서 각자 고통받고 있더라도.

나는 홀로 앉아 항해하는 자이기보다는 고여 있는 자로서 있다. 내가 머무는 방은 내 육체로 기능한 지 오래다. 우리는 모두 스스로를 만질 때 안쪽의 장기들은 만질 수가 없는 운명. 나, 라는 이름으로 일생을 살다 가지만 나, 라는 이름 안쪽에 어떤 물질들이 있는지 나는 알 수 없다. 나는 그저 내 피부만을 만지다 사라질 뿐이다. 내 안의 물질, 그 질감을 상상하다 죽는 것. 내가 나를 안다고 할 수 있을까? 내가 죽고 나면 누군가가 내 장기들을 만지면서 나를 상상해줄 가능성. 그렇게 피부만을 만지며 웅크리다가 떠돌지도 못하고 고여 있는 자. 어느 순간부터 방문을 열고 드러나는 사물의 그림자들이 몸속의 장기처럼 나와 밀착되기 시작했다.

전기선을 바꾸는 아버지. 실체로서의 아버지. 혼자서 해결하고 싶었는데, 원인을 알 수 없어 어둠 속에 있었어요. 조용히 나사를 끼우는 아버지. 네가 어떻게 이것을 해결한단 말이냐? 내 눈을 마주보고 아버지는 거대한 나사못이 되어 내 심장에 빛을 불어넣는다. 백발의 사내 밑에서 나는 전선줄을 펀치로 뜯어내며 숨을 멈춘다. 언제까지 아버지가 전선줄을 갈아주겠어요. 촛불 속에서 얼굴을 버리고 나는 뒷모습으로 있다.

10분 만에 아버지는 내 어둠을 가지고 내 세계 밖으로 떠난다. 전기선을 통째로 갈아엎자 거짓말처럼 빛이 쏟아져 들어온다. 나는 갑자기 부패한 내장을 들킨 동물. 콜록거리며 어깨를 움츠리고 허리를 굽힌다. 이제야 네 표정이 보이는구나. 백발의 아버지는 벌에 쏘여 퉁퉁 부은 눈가를 문지른다. 썩어가는 내부를 들켰을 때, 나는 어떤 표정이었을까.

조금씩 떨어지던 빗줄기가 갑자기 장대비가 되어 내 방을 부술 듯이 두드린다. 몸속이 축축하고, 뒤틀리는 기분. 나는 더듬거리며 방 안의 사물들을 만진다. 딱딱하고 차갑다. 피부 안쪽은 이렇구나……. 내가 내부의 나를 느끼는 최초의 감각도 이렇지 않을까. 얼굴을 찾지 못하고 나는 '뒤'가 되어 휘청거린다.

자신이 아닌 타인의 죽음을 들여다보기 위해 아버지는 내 안을 들여다본다. 친구의 부고를 듣고 마지막 인사를 하러 가기 전, 잠깐 들른 딸의 방은 온통 어둠 속에 잠겨 있었던 것이다. 아버지는 장대비를 뚫고 천천히 장례식장으로 흘러간다. 죽음으로 가는 통로에 불을 켜두신 것이다. 아무것도 아닌 내가 그 통로가 된다는 사실이 너무 아파서 나는 조금씩 사라진다. 아버지의 차가 보이지 않을 때까지 마지막 남은 손을 흔들고 또 흔든다.

배병삼

권우 선생님을 그리며

'스승의 날'을 앞두고 내겐 그리운 분이 있다. 편찮을 때는 옳게 찾아뵙지도 못했으면서, 돌아가시고 난 후 세월이 흐를수록 더 간절히 뵙고 싶은 스승이 있다. 권우 홍찬유 선생님.

나는 정치학 전공자다. 20년 전, 서양 사정으로 가득 찬 공부 말고 따로 우리만의 정치학도 있지 않을까 싶어, 한학을 배우려 찾아든 것이 선생님의 문하였다.

머리숱도 없고 자그마해서 눈에 띄지 않았던 칠순의 노인. 서당 면접시험 때 한복을 위엄스럽게 차려입은 다른 선생께 예를 꼬박꼬박 차렸던 기억이 지금도 부끄럽게 내 마음가짐을 비춘다.

어렵사리 생신 날짜를 알아내 떡이라도 차릴 양이면 "조선 천지에 생일 없는 사람이 어디 있어!"라며 짐짓 역정을 내곤 하셨다. 여러 대학을 돌아다니며 한문을 가르쳐 얻은 돈으로 집세를 충당하고, 우리들에겐 공으로 가르친다는 것을 안 것은 한참 지나서였다.

고작 국수로 저녁을 대신하면서 세 시간을 내내 서서 가르치던 선생님. 의자에 앉은 채 졸다가도 제자들의 인사를 받으면 환하게 웃으시곤 했다. 내 스스로 초로의 나이에 접어들고서야 노인의 몸으로 피곤에 절어 그런 줄을 알게 되었으니, 젊은 시절의 무지와 무신경이 마음을 아리게 한다.

부산에서 직장을 얻고서 첫 월급으로 음식을 대접하려고 모셨던 식당. 막상 계산을 하려 드니 선생님께서 먼저 값을 치르고 난 후였다. "먼 데서 나를 찾아온 사람에게 인사가 그렇지 않다"는 말씀 앞에서 또 옛 어른들의 사람 대하는 마음가짐을 엿볼 수 있었다.

돈 너머에 사람다움이 있음을, 돈이란 사람과 사람 사이의 예를 차리기에 적당하면 그만이라는 것을 알려주셨다. 시대가 변하면 복식도 바뀌고, 풍습이 변하면 결혼 예식도 바뀌며, 환경이 달라지면 상례도 변한다고 하셨던 선생님. 그럼에도 세월이 흘러도 변치 않는 것은 '사람이 그 무엇보다 소중하다'는 가르침이었다. 몸소 보여주신 이 가르침이 아니었다면 나는 아직도 고작 글자 속에서 전통을 찾고 있을 것이다.

하염없는 시간강사 생활에 지쳐 앙앙불락 눈에서 핏발이 서던 날들. 그러나 그분이 계신 서당에서 글을 읽고 나면 차분히 마음이 가라앉고 사납게 치켜떴던 눈길도 바로 내려앉곤 했다.

남보다 뒤늦게 집을 마련했을 때, 당신 자신의 성취인 양 기뻐하시던 모습이 지금도 눈물 속에 아련하다. "주어진 환경에 내내 만족하며 살아라"는 뜻으로 써주신 합우완미(合又完美)라는 글귀가 평소 선생님 모습처럼 조촐하게 벽에 걸려 있다.

오늘 저녁, 그분께는 올려보지 못한 옷 선물을 받았다. 배운 것을 고작 흉내 내어 한문을 가르치는 자리. 여러 교사들로부터 분에 넘치는 인사를 듣고 또 선물도 받았던 것이다. 어쩌면 좋을까. 선생님께는 한 번도 제대로 인사드리지 못한 처지인데.

내가 학생을 꾸짖을 때 내는 말투에서 문득 나를 꾸짖던 선생님의 쉰 목소리를 느낄 적에, 또 부지불식간에 선생님의 글 읽으시던 흉내를 내고 있음을 느낄 적에 선생님이 내 곁에 계심을 안다.

봄이 무르익어가는 적막한 이 한밤에 권우 선생님의 가르침을 평생을 두고 간직하리라 다짐해본다. 고전을 읽을 적에는 "한 글자도 빼놓지 말고, 한마디 말도 섞지 말라"던 말씀. 낱낱이 글을 해석하되 함부로 뜻을 섞어 오독하지 말라는 경고였다.

힘에 겨웠던 척박한 세월을 살아내면서도 돈 너머 사람다움이 있음을 몸소 보여주고 떠난 자리. 늙어가는 인간의 몸에서도 향기가 날 수 있음을 알게 해준 분이었다. 막상 '선생은 많아도 스승은 없다'는 시대라서인지 더욱 선생님이 그리운 5월의 봄밤이다.

김선주

자장면과 삼판주

아름다운 글 한 편을 읽었다. 건축가 김원 선생이 돌아가신 대학 시절의 은사를 그리워하며 쓴 글이다. 그 교수는 정년퇴직하고 집에서 책 읽는 것으로 소일하셨다고 한다. 건축가 교수라면 은퇴하여 당연히 서울시나 건설부의 자문위원, 전문위원, 심의위원이라는 자리에 앉아 대형 건설 프로젝트의 수주에 직간접적으로 막강한 영향을 끼치는 것이 보통인데 일절 그런 자리를 마다한 분이라고 한다. "은퇴는 은퇴여야지……" 하셨다는 것이다. 〈자장면과 삼판주〉라는 글의 일부를 옮겨본다.

…… 아마 꽤 심심하셨을 것이다. 그래선지 가끔 나에게 전화를 거셔서 "김군, 나 점심 좀 사주려나. 자장면도 좋고……" 하셨다. 나는 이분이 '짜장면'이라 하지 않고 '자장면'이라고 천천히 발음하시는 게 듣기 좋았다. 내가 차로 모시러 가겠다고 하면 "아니야, 내가

나가서 버스를 타면 되네" 하셨다. '뻐스'를 '버스'로 하시는 것도 듣기 좋았다. 어느 핸가 정초에 세배를 드리려고 가뵙겠다고 전화를 드렸더니 무척 좋아하시면서 집을 알겠느냐 얼마나 걸리느냐 물으셨다. 그날은 폭설이 내려서 그 집까지 가는 데 애를 먹었다. 골목길에 들어서니 교수님이 부인과 함께 우산을 쓰고 대문 밖에 나와 기다리고 있었다. 집에 들어가니 썰렁했고 난방도 시원치 않았다. 음식 준비나 누가 다녀간 흔적도 없었다. 그날 밤 교수님은 내가 사간 샴페인을 다 잡수시고 기분이 좋아서 "여보, 김군이 가져온 삼판주가 아주 좋구먼" 하셨다. 샴페인을 '삼판주'라고 하는 것이 아주 듣기 좋았다. 몇 년 뒤에 교수님은 조용히 돌아가셨고 장례식도 조촐히 치러졌다…….

누구나 어렸을 때 꿈을 꾼다. 나는 숲 속에 작은 집을 짓고 살고 싶었다. 서울 한복판에 살고 있던 탓에 아버지 쪽으론 강원도에서, 어머니 쪽으론 북에서 무조건 밀고 쳐들어온 친척들 때문에 마당에 군용텐트까지 쳐놓고 북적거렸다. 돈 달라고 하면 일단 자동적으로 "없다"라고 하셨던 어머니는 쌀이 떨어졌다고 하면서도 무슨 요술을 부렸는지 집에 온 숱한 친척들 밥을 지어 먹였다. 외롭고, 쓸쓸히, 고상하게, 살아보자는 것이 내 꿈이었다.

그 꿈은 부잣집 맏며느리로 바뀌었다. 부잣집이라면 친정어머니처럼 쌀 사랴 연탄 사랴 허둥대고, 평생 내복을 기워 입고 살지 않을 수 있을 것 같았고, 딸들이 목욕탕 가게 돈 달라고 할 때마다 "너희들이 기생이냐 목욕을 자주 하게" 야단치지는 않을 것 같아서였다. 《현대문학》에 연재되던 〈토지〉를 읽고 이 결심은 굳어졌다. 여자로서 가장 파워 있는 것은 맏며느리 같았다. 《토지》의 윤씨 부인이 곳간 열쇠를 거머쥐고 친척과 주변 사람들을 두루 살피며 서릿발 같은 권위를 갖는 모습이 바로 내가 할 일이다 싶었다. 동학군 장수와의 사이에 불륜의 아들을 두었다는 것도 아슬아슬하게 매력적이었다.

대학을 나와 직장을 갖고 결혼을 하고 아이를 낳고 먹고사는 일을 걱정하며 세상풍파를 겪는 동안 이러한 꿈은 까맣게 잊었다. 철없는 시절의 부질없었던 꿈 대신에 어떤 노년을 맞을까가 숙제가 된 나이가 되고 말았다. 늙을수록 노욕이 심해진다는데 재수 없으면 백 살까지도 산다는 그 긴 노년에 어떻게 내 안의 노욕을 다스리며 살 것인가라는 문제가 코앞에 닥친 것이다. 〈자장면과 삼판주〉를 읽고 이거다 싶었다.

은퇴하여 책과 영화로 소일하다가 그도 심심하면 《씨네21》에 전화를 걸어 "허문영 편집장, 혜리 기자, 소희 기자, 나 점심이나 사주려나. 자장면도 좋고" 이렇게 이야기하면 되지 않을까. 혹시라도 연초에 폭설을 뚫고 삼판주라도 사들고 물어물어 집을 찾아올 후배가 한두 명은 있지 않을까. 그래도 쌀과 밀가루와 멸치, 김치, 된장, 몇 가지의 푸성귀만 있으면 요술처럼 잔칫상도 차려내던 친정어머니의 솜씨는 물려받았으니 따뜻한 밥상 정도는 차려낼 수 있을 터이다.

청빈이 무능의 소치가 아니고, 검박한 삶이 누추하지 않은 그런 삶은 우리 시대엔 불가능한 것일까. 그런 꿈을 꾸는 것 자체가 또 다른 허영이고 부질없는 짓일까. 젊은 날의 꿈은 이루지 못했으니 노년의 꿈이라도 이루고 싶다. 후배들, 자장면과 삼판주 부탁해요.

살아간다는 것

이기호

아현정보산업고

처녀 총각 시절, 아현동 고시원과 옥탑방에서 자취를 하고 있던 아내와 나는, 주로 아현역 근처 커피 자판기 앞에서 연애를 했다. 학생과 학생이 만나 연애를 했으니, 주머니 사정은 뻔할 터. 아내와 나는 커다란 은행 계단에 쪼그리고 앉아 아현 고가 아래 비둘기들과 플라타너스를 보며 시간을 흘려보내곤 했다. 어떤 날은 그 자리에서 꼬박 밤을 지새우고 아침을 맞기도 했는데, 그때마다 아현정보산업고로 등교하는 학생들과 마주치기도 했다. 아현정보산업고 담 옆에는 포장마차들이 즐비하게 늘어서 있었는데, 학생들은 등교를 할 때마다 길거리에 함부로 누워 있는 취객들과 곧잘 마주쳤고, 종종 시비가 붙기도 했다. 그때마다 나와 아내는 학생들에게 좀 미안한 감정이 생기곤 했다. 괜스레 우리가 술을 마신 듯한 기분이 들기도 했다. 동네에 공고가 있으면 집값이 떨어진다고, 자사고나 초등학교로 바꿔달라는 민원이 하나둘, 들어오고 있다고 한다. 아현정보산업고도 그중 하나로 지목되었다고 한다. 그 동네엔 얼마 후에 뉴타운이 들어선다고 한다. 지금은 어쩐지 몰라도,

예전엔 모두 가난한 연인이었던 사람들이 민원을 넣고 있다. 무엇이 사람을 변하게 만드는가? 학생들이 보기에, 우리들은 어쩌면 모두 길거리에 누워 있는 취객들인지 모른다. 그와 다르지 않다.

반딧불이

늦은 밤, 베란다에 나가 바로 앞 동 아파트를 바라보면, 반딧불이 깜빡깜빡 점멸하는 게 보인다. 청정 지역도 아닌 이곳에 반딧불이가 서식할 리 없으니, 그것이 곧 가장들이 피우는 담배 불빛임을 깨닫게 된다. 가장들은 행여 자식들이 볼까, 베란다에 불도 켜지 않은 채로, 어두운 아파트 단지를 무연히 내려다보며 담배를 피운다. 모두 각자 쓸쓸한 도깨비불이 되어, 깜빡깜빡 알지 못하는 그 누군가에게 조난 신호라도 보내듯, 천천히 담배를 피운다. 이제는 쉬이 볼 수도 없고, 만나볼 수도 없는 도깨비불 같은 존재가 되어버린 가장들은, 도깨비들의 존재를 믿지 않는 아이들의 눈치를 봐가며 베란다로, 베란다로 쫓겨나와 있다. 모두 어린 시절, 잡히지 않는 도깨비불을 쫓아 허방 같은 어둠을 헤매던 사람들이다. 그 사람들이 이제 스스로 도깨비불이 되어, 스스로를 태우고 있다. 그리고 그 작은 도깨비불들 위로, 거대한 아파트의 네온사인이 번쩍번쩍 빛을 발하고 있다. 그 불빛 아래에서, 연약한 도깨비불들은 초라해질 수밖에 없다. 어쩌면 도깨비불들은 사라진 게 아닐지도 모른다. 단지, 더 큰 빛들에 가려 보이지 않게 되었을 뿐. 도깨비들이 그리운, 그런 밤들의 연속이다.

가난하고 어린

가난하고 어린 후배의 어머님이 돌아가셔서, 무더운 오후, 검은 양복을 입고 땀을 뻘뻘 흘리며 병원 영안실로 찾아갔다. 가난하고 어린 후배는 현재 한 초등학교에서 공익근무요원으로 일하고 있었다. 가난하고 어린 후배의 어머님은 오랫동안 중풍을 앓았고, 자주 정신을 놓았으며, 결국은 그 때문에 돌아가시게 되었다. 가난하고 어린 후배를 만나기 전, 나는 병원 입구에 서서 지갑과 부의 봉투를 양손에 들고 한동안 고민해야 했다. 지갑엔 10만 4천 원이 들어 있었다. 나는 부의 봉투에 5만 원을 넣었다가 다시 10만 원을 넣었다가, 다시 8만 원만 넣었다가, 계속 그렇게 혼자 다투었다. 가난하고 어린 후배였기에 내 다툼은 더욱더 치졸해 보였고, 치졸한 것을 잘 알면서도 계속 부의 봉투를 만지작거렸다. 그러다가 나는 병원 로비 의자에 앉아 우선 부의 봉투에 내 이름 석자를 크게 써넣었다. 써놓고 보니 그 이름이 더욱더 부끄러웠다. 자꾸 무언가를 바라는 듯한 이름이었다. 망인을 기억하는 이름이 아닌, 산 사람을 의식하는 이름이었다. 가난하고 어린, 그러면서도 애써 그것을 감추려 드는, 완강한 고딕체 이름 석 자였다.

최용탁
───
초상집 풍경

어릴 적부터 속내를 털어놓고 사는 친구의 아버지가 돌아가셨다. 아흔을 넘긴 향수(享壽)에 마나님의 병구완을 받다가 졸하셨으니 호상이라 할 만했다. 내 아버지가 서당에 다닐 때 망인이 훈장을 한 적이 있어서 아버지와 함께 나란히 조문을 갔다. 망인의 장자는 일흔이 다 된 노인이고 내 친구는 막내아들이다. 6남매를 두어 증손까지 가지가 뻗친 벌열한 집안이라 문상객으로 발 디딜 틈이 없고 무엇보다 검은 양복 입은 상주들만 해도 숫자가 엄청났다. 형제뿐인 나로서는 내심 부러운 광경이었다.

오랫동안 보지 못했던 고향의 어른들이며 이웃해 살던 이들을 다시 만나본 것도 즐거운 일이었다. 상가에 웃음소리가 드높았던 것도 호상이란 이유 말고 멀게는 수십 년 만에 만난 고향 사람들 간의 반가움이 컸던 까닭이었다.

이미 30년 전에 충주댐으로 수몰된 고향을 떠났던 이들의 얼굴

속에는 긴 세월의 풍파도 미처 씻어내지 못한 향수가 드리워져 있었다. 번잡하고 소란스러운 상가 분위기에서도 얼굴을 알아본 옛 이웃들이 다가와 손을 잡고 안부를 물었다. 나는 옛 고향 이야기를 소설에 자주 써먹는 편이라 꽤나 많은 사람들을 기억에 저장해 놓았다고 생각했는데 전혀 기억에서 밀려나 있던 사람들이 순식간에 망각의 자물쇠를 풀고 내게로 들어오는 것이었다. 자산이라고 해야 할 그 무엇을 얻은 듯해 약간의 흥분조차 밀려왔다.

나는 꼭 가야 할 자리가 아니면 경조사에 그다지 발길을 하는 편이 아니다. 크나큰 나의 악덕 중 하나인데 앞으로 살면서 고쳐지려는지 모르겠다. 어쨌든 아니 갈 수 없는 자리라 오랜만에 상가에 발걸음을 했던 것이고 10대 이후로는 보지 못했던 고향 친구들을 만나 얼굴조차 기연가미연가하며 술잔을 나누었다. 상가일지언정 즐겁지 않을 도리가 없었다. 그런데 이게 웬일인가. 우리야 웃고 떠들지라도 그래서는 안 될 우리의 친구인 상주조차 얼굴에 웃음을 달고 때로는 호탕하게 홍소조차 터뜨리는 것이었다. 마냥 좋게 보아줄 광경은 아니었다. 옆구리를 찌르며 너무 웃음기를 띠고 있으면 네 아버지가 벌떡 일어날지도 모른다고 한마디 했지만 술기운까지 알알한 상주는 영 말귀를 못 알아듣는 눈치였다.

어렸을 적에 마을에 초상이 나면 큰 구경거리이자 일종의 잔치였다. 애 어른 할 것 없이 초상집에 모여 세 끼니를 해결해가며 질펀한 사나흘을 보내기 마련이었다. 집이라야 다들 옴팡간이라 아래위로 이웃한 집까지 덩달아 마당에 솥을 걸고 차양을 쳤다. 멀리서 온 객들은 그대로 묵새기며 삼우까지 보고서야 비로소 들메끈을 죄었다.

상가에서 온종일 끓여 진국이 우러난 돼지국밥을 얻어먹는 것도 즐거웠지만 상주들을 훔쳐보는 재미가 더욱 쏠쏠했다. 지금이야 대개 검은 양복에 삼베 쪼가리를 다는 것으로 상주임을 표시하지만 그 시절엔 굴건제복을 제대로 갖춰 입고 지팡이까지 짚었다. 게다가 새끼줄과 한지로 온몸을 휘감다시피 하여 마치 망자를 북망으로 이끄는 사자와도 같은 느낌을 주었다.

　10여 명쯤 되는 상주들이 똑같은 복장으로 곡을 하는 모습은 장엄하기조차 했다. 마당에서 먹고 마시며 떠들다가도 상주들의 곡소리가 높아지면 아낙들을 시작으로 눈물 바람이 일곤 했다. 나는 상주들의 복장이 주는 기이한 아름다움과 끝없이 이어지는 곡소리에 취해 상가 근처를 떠나지 못했다. 하긴 마을에 초상이 났는데 달리 갈 데가 있을 리 없었다. 상여가 나가는 광경은 또 얼마나 애절하고도 근사했던가. 상두꾼이 부르는 구성진 노래와 간단없이 딸랑거리던 요령소리는 아직 어른이 아니었던 우리들에게도 죽음이라는 음험한 장막 한 자락을 엿보게 하는, 어쩔 수 없는 마지막 이승의 가락이었다.

　장지까지는 가지 못하고 밤늦게 돌아왔다. 그런데 다음 날 정오쯤 상주에게서 전화가 왔다. 잔뜩 울먹이는 목소리로 친구는 내게 말하는 것이었다.

　"지금 아부지 떼 옷 입으신다. 진짜 울 아버지가 돌아가셨는갑다. 어쩌냐, 어쩌냐."

　친구의 울음에 나도 눈물 한 줄기를 보탰을 뿐, 아무 말도 하지 못했다.

김언

봄날의 노인병원

완연한 봄날이다. 노포동 지하철역에서 내린 어머니와 나는 택시를 잡아타고 양산으로 향한다. 20여 분을 달렸을까. 택시에서 내린 곳은 양산의 어느 조그마한 노인병원. 그곳에 올해로 일흔여섯을 넘긴 큰고모가 계신다. 작년부터인가 노인성 치매로 슬슬 고생을 하시더니 급기야 병원 신세를 지게 되었다는 소식을 들은 지가 제법 되었지만, 그동안 나의 발걸음은 애써 그곳을 피해왔다. 바쁘다는 핑계로 차일피일 미루다가 이제야 찾아뵙는 내 마음이 달리 무슨 말로 변명을 할 수 있을까. 언제 가야지, 가야지 하면서 내내 무거운 마음만 싸매다가 이제야 찾아가는 이 조카의 얼굴을 알아보기는 하실까.

황사 때문에 이리저리 불투명한 하늘처럼 그 정신은 이제 온전히 고모의 것도 아니고 또 남의 것도 아닌 듯이 흐릿하다. 사람이 몸만 있고 정신이 없다면 미물과 다름없겠지만, 그 정신 때문에 늘 괴로운 것이 또한 사람의 인생이다. 때문에 늙어가면서 주름이 깊어지는 건 얼굴만이 아니다. 칠십 평생 노구를 이끌어온 그 정신에도 골 깊은 주름이 새겨지면서 이상하게 골짜기를 만든다. 정신의 어디쯤일까. 뿌리 깊은 기억까지 다 잡아먹는 깊고도 어둑한 그 골짜기에서 우리는 난처한 병명과 마주한다.

병명이라고 해야 할까, 변명이라고 해야 할까, 치매를 대하는 가족들의 입장은 난감하다. 치매를 껴안고 사는 노인들의 얼굴은 종종 딴사람 같다. 딴사람처럼 말을 하고 딴사람처럼 가족을 대하고 그러다가도 어느 순간 망각의 골짜기를 빠져나와 가족들을 애타게 찾는다. 밥 달라고, 때로는 옛날 옷을 차려입고 집으로 데려가달라고, 집에서도 집을 찾는 이 이상한 병명 앞에서 가족들은 달리 해명할 도리가 없다. 변명처럼 노인병원에 모셔다놓는 그 마음이 구구하고 불편해서 편한 잠을 못 이룬다.

제 부모를 요양원이나 노인병원에 모셔다놓고 오는 그 길만큼 또 긴 길이 있을까. 그 길고도 착잡한 시간을 어느 작가는 소설로 옮겨놓기도 했다. 말로 다하기 힘든 그 마음을 시로 옮겨놓은 걸 본 적도 있다. 직계가족에서 한 다리 건너 있는 처지라지만, 고모를 찾아가는 조카의 마음이 편치 못한 것도 그 이유에서 그리 멀지 않을 것이다.

고모는 3층 병동에 있었다. 엘리베이터 문이 열리면서 병동 내부가 환히 눈에 들어왔다. 밝고 깔끔하게 꾸며놓은 인테리어가 눈에 들어오는가 싶더니 어느 순간 확 하고 지린내가 풍겨온다. 고모가 계신 방으로 발길을 들여놓자 예상대로, 보지 않았으면 싶었던 광경이 눈앞에 펼쳐진다. 족히 50여 평은 되어 보이는 널찍한 방에 서른 명 남짓한 할머니들이 이리저리 누워 있거나 앉아 있거나 아니면 뒹굴고 있다. 한 할머니는 아랫도리 밑으로 기저귀를 갈아넣는 간호사 손에 맡겨져서 꼼짝도 않고 누워 있다. 나무토막처럼 비쩍 마른 허벅지 위로 볼기짝이 깊이 패어서 엉덩이가 아니라 무슨 웅덩이 같다. 어떤 할머니는 간신히 채워놓은 기저귀를 빼내려고 바지춤을 자꾸 끌어내린다. 제 손으로 끌어내리는 환자복 바지를 비집고 부끄러운 밑살이 언뜻 보인다. 사랑하는 사람 앞이 아니고서는 결코 보이지 않았을 그 은밀한 여성(女性)을, 감당하기 힘든 나이가, 아니 정신이 아무렇지도 않게 내비치고 있는 것이다.

할머니들 틈에서 마침내 고모를 발견한다. 가까이 가보니 일흔여섯 살의 할머니가 아니라 조그만 아이 같다. 원래 두툼한 살집이 있었던 그 몸이 못 보던 사이 그렇게 줄어버린 것이다. 영화 〈축제〉에서 나온 장면처럼 정신도 몸도 이제는 정말 아이로 돌아가는구나 싶었다. 어머니는 이번이 두 번째 걸음이지만 그 모습에 마음이 또 짠한지 눈물이 그렁그렁하다.

다행히도 고모는 어머니와 내 얼굴을 알아보신다. 겨우 몰골만 남은 그 정신이 더듬어서 풀어내는 말은 그러나 절반은 알아듣겠고 절반은 입안에서 웅얼거리는 탓에 무슨 뜻인지 알아듣기가 힘들다. 내 입은 어느새 "네, 네"만 반복하고 있다. 싸들고 간 과자 봉지를 풀어놓자 멀찍이 있던 할머니 한 분이 다가와서 한 움큼을 앗아간다. 그걸 나무랄 수 있는 사람이 누가 있을까. 성욕도 아니고 식욕만 남은 저 정신과 몸뚱어리를 물끄러미 바라보다 밖으로 나와서 잠시 담배를 태웠다.

병원 밖의 하늘은 여전히 봄날이다. 계절은 다시 돌아오지만, 사람은 오로지 늙어가기 위하여 살아 있는 것만 같다. 죽기 직전까지 늙어가는 사람들. 혹은 젊어서 죽는 사람들. 이 모든 사람들 틈에 우리들의 몸이 있고 이상하게 정신이 있다. 그 정신을 사이에 두고 우리는 만났다가 헤어지고 헤어져서는 오래 기억이란 걸 한다. 그 정신 때문에 사람들은 외모를 가꾸고 여자들은 인생에서 가장 아름다운 시간을 가진다. 여자에겐 늙어간다는 것 자체가 참혹한 일이라던 어느 여시인의 말이 스치듯이 지나간다. 어디 여자뿐인가. 왕성한 힘을 자랑하던 남자들의 우람한 체격과 정신도 볼품없이 쪼그라드는 사태를 어느 순간 맞이하게 된다.

남자든 여자든 인생이 깊어질수록 정신에 새겨지는 골도 깊어진다. 그것은 상처이기도 하고 한편으로 인간으로 태어난 업이기도 할 것이다. 차이가 있다면 남자들은 그걸 바깥에서 폭음과 폭언과 담배로 풀지만 그래서 오래 제 수명을 못 채우는 것으로 그 대가를 지불하지만, 여자들은 (대부분의 우리 어머니들이 그러했듯이) 속으로 삭이고 속으로 쟁여두고 그만큼 안쪽에서 더 깊이 골짜기를 만들어낸다. 노인성 치매를 앓는 노인의 다수가 할머니라는 사실도 그와 무관하지는 않을 것이다. 고모도 그중의 한 분이었고 돌아가신 할머니도 그중의 한 분이었다. 두 분 다 이 세상에서 가장 깊은 골짜기를 당신의 뇌에 심어두었던 것이다.

젊어서 남편을 잃고 이제껏 고생으로 일관해온 고모의 삶과 그 가족사를 일일이 입에 담을 필요도 없이 고모는 애가 많은 분이다. 널찍한 방에서 같은 잠을 자고 같은 음식과 기저귀를 끼고 사는 저 안의 저 노인들도 얼굴에 박힌 깊은 주름만큼이나 더듬어 펼칠 수 없는 곡절을 어딘가 간직한 분들이다. 한때는 가장 아름다웠을 그 몸을 정신과 함께 잃어버린 사람들. 죽기 전까지 늙어갈 뿐인 그 몸과 정신을 위해서 내가 또 무슨 말을 동원할 것인가.

다시 찾아와서 푸르러가는 병원 밖의 이 봄날을 이상하게 원망 섞인 눈으로 쳐다볼 뿐이다. 그 하늘과 내 눈빛을 들여다보며 고모는 또 무슨 생각을 하고 있을까.

성석제

서럽고 아련한 외로움, 갱죽

초저녁부터 발밑에서 얼음이 서걱거리는 이맘때쯤이면 늘 생각나는 음식이 있다. 그것은 내가 어릴 때 어른들이 '갱죽' 또는 '갱시기'라고 부르던, 죽도 아니고 밥도 아닌 그 무엇이다. 식은 밥과 남은 반찬, 묵은 김치를 썰어 솥에 대충 붓고 물을 넣어서 끓인 음식인데 여유가 있는 집에서는 거기다 참기름을 몇 방울 떨어뜨리고 계란 노른자를 터뜨려 저어 먹기도 했다. 반드시 식은 밥이라야 하고 또 반드시 푹 삭아서 신 김치, 남은 반찬이라야 했다. 그러지 않고서는 제맛이 나지 않았다. 뜨거운 갱죽을 후후 불며 한 그릇 먹고 나면 호롱불을 켜야 할 만큼 캄캄해졌고 사랑방에서는 동네에 하나밖에 없는 라디오 소리가 나기 시작했다. 기나긴 겨울밤에 더 이상 나올 음식이 없으니 다시 배가 고파지기 전에 얼른 잠을 자는 게 상책이었다.

갱죽을 끓이기 전에 어머니, 또는 할머니는 열 살에서 열서너 살 난 우리에게 양동이를 들려서 삼이웃을 돌며 쌀을 씻고 난 뜨물이며 구정물을 얻어오게 했다. 그 양동이에 구정물을 얻어오면 거기다 집에서 나온 구정물을 보태서 돼지우리에 갖다준 뒤에야 갱죽 한 그릇을 얻어먹을 수 있었다.

갱죽은 맛있었다. 보통의 끼니와 달리 노동의 대가라서 맛있었고 운동을 한 뒤라서 맛있었고 그냥도 맛있었다.

그런데 그 구정물을 가지고 오는 일이 쉽지 않았다. 하필이면 구정물이 많이 나오는 집은 언덕 위에만 있었는데 땅바닥이 얼기 시작할 무렵 무거운 양동이를 들고 언덕길을 오르내리다 보면 미끄러지기 일쑤였다. 빈 양동이를 들고 있을 때보다는 구정물이 가득 차서 무거운 양동이를 들고 있을 때 균형을 잃거나 미끄러지기 쉽다. 애써 얻어오던 구정물을 땅바닥에 쏟고 옷은 옷대로 버리고 너는 왜 늘 그 모양이냐는 잔소리는 잔소리대로 듣고 손가락은 곱아 아파오고 돼지는 배고프다고 꽥꽥거리고 갱죽은 끓고……. 사람이 약이 오르면 머리에 김이 날 수도 있다는 것을 그때 깨닫게 되었다.

빈 양동이를 들고 돌아가면 옷에 묻은 구정물에서 나는 냄새 때문에 방에 들어갈 수가 없었다. 그렇다고 목욕을 하고 새 옷으로 갈아입은 뒤 방 안에 좌정하여 새로 내오는 밥상을 맞는 일은, 나를 포함해 식구들 그 누구에게도 해당되지 않는 일이었다. 식구들은 바닥이 뜨끈한 방 안 두레상에 둘러앉아 서로의 얼굴을 정답게 마주보며 갱죽을 다 먹고 난 뒤였다. 귀퉁이 떨어진 상도 없이 마루에 앉아 식은 갱죽 밥알을 씹다 보면 버림받은 아이라도 되는 양 서러워지기도 했다.

왜 갱죽일까. 갱은 제상에 올리는 '메와 갱(羹)' 할 때의 그 갱인 것 같다. 메는 밥이고 갱은 무 같은 야채와 고기를 넣고 오래 끓인 국이다. 죽은 말 그대로 죽인데 물이나 국에다 밥을 넣고 끓여서 만든 죽이다. 쌀알을 넣어 끓이는 죽과 달리 이건 한번 밥이 된 것을 다시 끓인다는 게 다르다. 갱죽의 다른 말인 '갱시기'는 '갱식'에서 나온 말이다.

초등학교를 졸업하고 서울로 올라온 뒤에는 집에서 돼지를 키우지 않았다. 따라서 구정물 얻으러 다닐 일이 없었고 겨울이 와도 갱죽이 식탁에 오르는 일이 드물어졌다. 전기밥솥이 등장하면서 식은 밥이 없어졌고 냉장고는 아주 푹 신 김치를, 일부러 푹 시게 한 것 말고는, 사라지게 만들었다. 구정물 냄새 때문에 방에 들어가지 못하는 아이가 걸터앉을 마루도 없었고 불어터진 밥알이며 아이의 서러움도 있을 리 없었다.

10여 년 전에 집안에 상사가 나서 출상(出喪)을 하던 새벽, 문득 갱죽이 다시 등장했다. 나는 상주의 신분을 잠시 잊고 그 맛에 매달려 있었다. 아니 매달리고 싶어 했는지도 모르겠다. 그때는 5월이어서 겨울에 먹는 갱죽의 진미는 느껴지지 않았다. 갱죽을 후후 불어가며 바쁘게 먹는 사람들을 바라보면서 이제부터 내가 어른이 되었다는 느낌으로 목이 메었더랬다.

김광준

박찬호와 2001년의 어느 식당 아주머니

박찬호가 돌아왔습니다. 메이저리그에서 동양인 최다승을 기록한 전설의 투수가, 한국 나이 마흔이 되어 고향 팀인 한화 이글스에서 선수생활을 이어가고 있습니다. 벌 만큼 벌었고, 이룰 건 다 이룬 박찬호가 여전히 우리 앞에서 특유의 기합을 넣으며 공을 뿌리고 있다는 사실 자체가 그저 감격스럽습니다.

박찬호만 보면 생각나는 사람이 있습니다. 박찬호가 메이저리그 최정상급 투수이던 2001년에 저는 대학 3학년의 복학생이었습니다. 수업과 취업 준비와 아르바이트로 지쳐 있던 고학생의 유일한 낙은 한국 시간으로 오전에 생중계되던 박찬호의 선발등판 경기를 보는 것이었습니다.

제가 박찬호의 경기를 보던 장소는 정해져 있었습니다. 복학한 뒤로 매일 점심을 먹으러 다니던, 중년의 부부가 운영하던 대학 도서관 '개구멍' 뒤의 조그만 식당이었습니다. 손님도 없고, 식탁도 세 개밖이며, 수용 인원이 열 명 남짓한 작고 깨끗한 식당이었습니다. 싸고 조용하고 정성이 가득한 식당이라, 졸업하기까지 근 2년 동안 매일 점심시간에 들러 저녁을 먹다 보니 주인 부부와도 꽤 친해졌고, 저도 내 집마냥 편해서 밥을 한 시간 동안 먹을 때도 있고, 도서관에 자리가 없으면 앉아서 공부를 하기도 하고, 식당으로 배달된 신문을 다 읽고 나갈 때도 있었습니다. 무엇보다 박찬호의 경기가 있는 날이면 저는 항상 그 식당을 찾아, 직접 TV를 켜서 세 시간 동안 죽치고 앉아 야구를 봤습니다. 주인아주머니는 제가 식당을 찾을 때면 "학생, 오늘 또 박찬호 나와?"라며 사람 좋은 웃음을 지으셨지요.

항상 궁금했던 것은, '이 두 분은 왜 학생들이 잘 다니지 않는 이런 외진 곳에 식당을 냈을까?'와 '식당이 주인 부부의 집인 것 같은데 왜 자식들이 안 보일까?'라는 거였습니다. 그러던 어느 날, 주인아주머니와 얘기를 하다가 사정을 들어버렸습니다.

어느 뜨거웠던 여름날, 여느 때처럼 점심을 먹고 나가려는 저를 붙잡고 주인아주머니께서 수박 한 쪽을 먹고 가라 하십니다. 그냥 수박만 먹고 있기가 머쓱해서 옆에 앉아 계시던 아주머님께 "근데 자식들은 다 어디 갔어요?"라고 물었더니 "아들놈 하나 있었고…… 타지에서 대학 다녔는데, 방학 중에 내려오다가 교통사고 당해서 잃었어요……"라는 답이 돌아와버렸습니다. "아마 학생하고 비슷한 나이쯤 될 거예요. 여기 식당도 돈벌이로 하는 게 아니고, 학생들 얼굴도 보면서 살려고 그냥 있는 거랍니다. 다 내 아들 같고 해서……"라며 말을 이어가십니다.

"내 아들내미 밥해주는 심정이라서, 절대로 해로운 조미료는 넣지 않아요. ……그런데 생각을 잘못했나 봐요. 이런 데서 식당하면서 살면 다 잊을 줄 알았는데, 밥 먹으러 오는 학생들 얼굴 보면 아들 생각 더 나고 그러네요"라며 결국 눈물을 보이십니다. 그러고 보니, 아주머니가 식당일을 오래 해오신 분 같지는 않으십니다. 아주머니는 유난히 손이 고왔거든요.

평평 울고 있는 아주머니 앞에서 제가 어쩔 줄 몰라 하고 있는데, 동네 산책을 하고 돌아온 주인아저씨가 아주머니의 눈물을 보셨습니다. "오늘 밤도 덥겠네. 저 윗동네 절에 발 담그러 갑시다"라고 딴청을 피우며 아주머님의 어깨를 토닥여주십니다. 식당 문을 나서며 "아주머니, 저 졸업할 때까지 점심 잘 챙겨주세요. 졸업하고 나서도 꼭 들러서 인사드리고 싶어요"라고 말씀 드렸더니 아주머니는 말을 잇지 못하고 아예 엎드려 통곡을 하십니다.

엉망이 되어버린 마음으로 식당을 나섰다가, 문득 뒤를 돌아 그 식당을 쳐다보았습니다. 그때까지도 몰랐었는데, 그 식당 간판에는 이름이 없이 그냥 '식당'이라고만 쓰여 있었습니다. 마치 엄마가 기다리는 주방처럼, 골목식당, 이모식당, 대학식당이 아니라 그냥 '식당'이었습니다.

밥 먹고 가거라 내 아들들아. '식당'이라는 간판이 그렇게 말하고 있었습니다.

시간이 흘러 졸업을 하고 취직을 하고 난 후, 그 식당을 찾았을 때 식당이 없어지고 자그마한 동네 슈퍼가 들어와 있었습니다. 슈퍼 주인께 여기 식당 하시던 부부 어디 가셨냐고 물었더니 오래전에 이사를 가셨다 합니다. 졸업하고 나서 꼭 찾아뵙겠다고 약속했었는데요. 졸업하면 선물 하나 사들고 가서, 아들내미가 제 집 찾아가듯 "오랜만이에요"라는 인사도 없이 "돌솥비빔밥 한 그릇 주세요"라고 아주 태연하게 말하며 찾아뵙고 싶었는데요.

아주머니. 매일 당신이 해주신 점심을 먹던 대학생이 지금 30대 중반을 넘긴 직장인이 되었습니다. 지금은 어디 살고 계시는지요. 또 어디서 세상의 아들들에게 밥을 해먹이고 계신지요. 이제 눈물은 좀 마르셨는지요. 박찬호를 볼 때마다, 저는 당신을 떠올립니다.

유소림

세상에서 가장 끈질긴 것

나는 전철을 좋아한다. 처음엔 교통수단으로 좋아했지만 어느새 20년 이상을 타고 다니다 보니 그 속에서 만나는 이런저런 풍경을 가만히 구경하는 것도 좋아하게 되었다. 전철 속에서는 우리가 서로 부대끼면서도 어찌어찌 살아가는 모습이 고스란히 드러난다.

언제나 열렬한 한국의 전도사들은 줄기차게 예수 천국, 불신 지옥을 외치고 지구상의 누구보다 기발한 우리네 장사꾼들은 '조용한 차중에 잠시 실례하면서' 흘러간 팝송부터 일회용 반창고까지 팔고 있다. 또 으레 몇 명은 대한민국 국민의 '자비심'을 시험하면서 차량을 누빈다.

그런 시험관들에게 몇 푼이라도 건네는 이들은 대개 중년 아줌마들이다. 자식들 다 길러놓고 조금씩 늙어가기 시작하는 중년 아줌마들은 아무리 평범하고 별 볼일 없는 인생일지라도 한세상 산다는 건 쉽지 않음을 체득하고 있기 때문이다.

그날도 할아버지가 전철에 나타났다. 그 할아버지는 말도 없이 그저 불쑥 빈 모자만 내밀고 다닌다. 옛적부터 과부는 은이 서 말이요 홀아비는 이가 서 말이라더니 바로 그런 홀아비 꼴로 초로의 아줌마들 앞에선 유독 청승을 떨며 시간을 끈다. 거렁뱅이가 되었을망정 자기 동년배들에겐 무언가 친밀감을 느끼기 때문일까, 아니면 언젠가 함께 살았을 마누라 연배라 손 내밀기가 더 쉬워서일까. 하지만 남에게 더러운 손을 내밀고 그 위에 떨어지는 몇 푼의 동전으로 연명하게 되기까지 노인은 얼마나 처참한 경험을 했을까.

얼굴도 들지 않는 젊은 처녀 앞을 스쳐 지나간 할아버지는 이번엔 반대편에 나란히 앉은 꼬마 셋에게 모자를 내민다. 그가 만약 인생에 성공했다면 그 재롱을 즐기면서 멋진 선물을 가득 안겨주었을 손녀뻘이나 되는 꼬마들에게까지 모자를 내미는 꼴을 보니 노인에겐 자존심이라곤 그야말로 티끌만큼도 남아 있지 않은 듯했다. 나는 꼬마들이 그렇게 비참한 인생을 보게 된 것에 공연히 조바심을 치고 있었다. 그런데 정말 뜻밖의 일이 벌어졌다.

애들이 제 엄마가 건네준 동전을 할아버지 모자 속에 조심스레 넣으며 노인에게 잠시 웃어 보인다 싶었는데 할아버지는 어느새 아이들 손을 하나씩 쥐어보고 있었다. 그는 아이들 볼까지 쓰다듬더니 그중 제일 어린 꼬마의 손에 입을 맞추었다. 그 순간, 인생의 막바지에 굴러떨어진 거렁뱅이 노인은 성공한 노인과 하나도 다르지 않게 행복하고 너그러운 얼굴을 하고 있었다.

아아, 우리 산 것들이란 사소하고 희미한 것에서도 희망을 잡아내려고 얼마나 기를 쓰는 것일까. 그런데도 우리는 서로에게 그런 하찮은 것들을 주지 못한다. 우리의 어린것들이 우리에게 최후까지 희망으로 남아 있는 것은 그런 작은 것, 조그만 웃음과 조심스런 손, 그런 것들을 보여줄 수 있기 때문일 게다.

유병록

간판

나는 시골 마을에서 자랐다. 우리 동네에서는 간판이라는 걸 찾아보기 어려웠다. 그렇다고 가정집에 들어가서 자전거 수리를 해달라고 하거나 슈퍼마켓에 들어가서 옷 수선을 맡기는 사람은 없었다. 누구네 집이 무얼 하는지 다 알고 지낼 만큼 작은 동네였다. 사실, 삼동네를 돌아다녀도 자전거 수리점이나 세탁소를 찾을 수 없을 만큼 궁벽한 곳이었다. 우리 동네에서 굳이 간판을 찾자면 빨래판만 한 게 하나 있긴 했는데, 거기에는 '담배'라고 쓰여 있었다. 하지만 칠이 다 벗겨져서 가까이에서 들여다보지 않으면 잘 보이지도 않았다.

중학 시절은 소읍에서 보냈다. 나는 학교가 끝나면 친구들과 함께 읍내를 쏘다녔다. 나와 자주 마주치던 간판이 ○○ 서점이었다면 부모님이 참 좋아하셨겠지만, 나는 조명이 휘황찬란한 오락실 간판이 좋았다. 오락실 간판에 쓰인 이름은 금성, 아폴로, 코스모스, 스타 등등이었다. 이른바 '우주과학 시대'였던 것이다. 물론 오락실처럼 그럴듯한 간판도 제법 있었지만, 흰색 페인트를 칠한 나무판에 ○○ 방앗간, ○○ 철공소라고 써서 붙여놓은 곳도 드물지 않았다.

  소읍을 떠나서 도착한 서울은 바야흐로 '간판의 진격'이 벌어지는 곳이었다. 간판과 간판이 빼곡하게 붙어 있는 거리. 나는 한동안 취미 삼아 한밤중의 거리를 산책했다. 새벽 2시나 3시 즈음, 나는 인적이 드문 길을 걸으며 허공에 매달린 간판을 읽는 게 좋았다. 처음에는 큰길에 선 건물의 간판을 읽었다. 세상에는 참 많은 간판이 있었다. 그렇지, 이름을 달지 않으면 무슨 재주로 찾을 수 있을까, 하는 생각도 들었다. 어울리지 않는 간판이 이웃한 장면도 참 많았다. 지하에 술집, 1층에 편의점, 2층에 교회, 3층에 모텔이 있는 건물도 있었다. 모두 화목했는지 산책을 한 몇 년 동안 그 간판 중 어느 하나도 바뀌는 걸 보지 못했다.

  나의 산책은 얼마 지나지 않아 골목으로 방향을 틀었다. 그곳에는 담백하고 조촐한 간판이 드문드문 매달려 있었다. 이를테면 동네 이름을 붙여서 지은 ○○ 슈퍼, ○○○ 세탁소, ○○ 철공소가 좋았다. '삼거리 이발소'나 '모퉁이 빵집'이 좋았다. 도시의 이름보다는 동네 이름이, 동네 이름보다는 골목 이름이 붙은 간판이 좋았다. 간판을 보면 그 집 아이의 이름을 짐작할 수 있는 ○○네 반찬가게, ○○네 순댓국집이 좋았다. 철 지난 맞춤법으로 서 있는 오래된 간판도 반가웠다.

  나는 간판을 읽을 때마다 가게의 주인이 얼마나 어렵게 저 이름을 지었을지 상상해보았다. 그들은 단 한 문장을 쓰기 위해 오랫동안 고심하고 또 고심했을 것이다. 아이의 이름을 넣어서 지어볼까, 동네 이름을 붙여서 지을까, 요즘 유행하는 말을 넣어볼까, 하면서 고민했을 것이다. 그럴듯한 이름을 몇 개 지어서 주변 사람들에게 물어보았다가 면박을 당하고 작명소에 찾아간 이도 있었을 것이다. 흔치야 않겠지만, 이름을 짓기 위해 시집을 펼쳐본 이도 없지는 않았을 것이다. 수많은 간판 주인들은 창작 혼을 불태워 이름을 지었을 것이다. 그러니까 간판은 주인이 한 줄의 시를 써놓은 곳이었다. (요즘에야 프랜차이즈 방식이 널리 퍼져서 주인이 간판에 넣을 한 줄의 시를 고민하는 일은 많이 줄었겠다.)

나는 간판을 읽으며 그 주인을 상상해보기도 했다. 저 식당의 주인은 분명 수염이 덥수룩한 사내일 거야, 저 슈퍼마켓의 주인은 실한 몸집에 웃는 인상일 거야, 저 식당은 살가운 부부가 일하는 곳이겠지, 저 이발소에서는 안경을 쓴 나이 든 이발사가 일하고 있을 거야……. 한밤중에 산책하던 거리를 대낮에 돌아다니다가 간판의 실제 주인을 대면하기도 했다. 간혹 내가 상상했던 모습과 흡사한 주인을 만나기도 했지만, 대개는 전혀 다른 얼굴이 나를 맞이하곤 했다.

그런 건 아무래도 좋았다.

박수정
―――
기억 속 집

다닥다닥 낡은 집들이 붙어 있는 좁은 동네 골목을 걷다 보면 시큼한 김치찌개 냄새며, 고등어조림 냄새가 콧속을 파고든다. 간이 딱 맞는 냄새, 진하기가 딱 맞는 냄새, 삶이 저래야 할 듯한. 냄새는 순간 기억하게 한다, 오래전에 살았던 집들을.

1

마루 밑에는 먼지 내려앉은 검은 남자 구두, 굽 높은 여자 비닐 구두, 운동화, 슬리퍼가 뒤집어져 있거나 포개져 있었다. 제대로 자기 자리를 잡고 짝을 맞춰 놓인 것은 없었다. 꽤 많은 신발들이었다. 신발들 위로 햇살 한 줄기가 쏟아졌다. 먼지가 움직이지 않고 그 안에 꼼짝없이 갇혔다. 그날은 바람도 없었고, 들어가는 사람도 나오는 사람도 없었으며, 소리도 없었다.

　내 돈 내놔! 갑자기 튕기듯 일어나 소리치는 사내, 어느새 그는 아버지의 목덜미를 낚아챘다. 사내의 아내가 아기를 업은 채 사내를 말리려 일어섰다. 여보, 이 손 놓고 말해요. 사내는 고개를 돌려 아내를 보았다. 사내는 팔을 뒤로 한 바퀴 돌려 어깨에 올라와 있는 여자의 손을 떼어냈다. 잔말 말고 있어. 그게 어떤 돈인데.

사람들이 일어나 아버지한테서 사내를 떼어냈다. 여기저기서 사람들이 말했다. 곗돈 타먹고 도망간 사람들을 잡아오자. 하지만 그들은 이미 멀리 사라지고 없는 터였다. 고만고만한 사람들이 목돈을 만들어보고자 모인 계가 깨졌다. 먼저 돈을 탔던 사람들이 나 몰라라 사라지거나 돈이 없다고 대책 없이 나왔다. 모든 책임은 계를 꾸렸던 아버지에게 돌아왔다.

책임져야 했다. 아버지는 도망가지 않았다. 사람의 도리였을까. 그건 아마도 시집간 큰딸을 빼고 남은 자식들, 하나둘도 아닌 여섯이라는, 커가는 자식들 때문이었을 것이다. 남의 눈에 눈물 나게 하면 자식들한테도 화가 있을 거라는, 아버지와 어머니, 두 분이 지닌 믿음이었을 것이다.

쓸 만한 가구가 있었던 건 아니다. 있으나마나 했던, 딱 열 달 동안 좁은 방구석을 차지했던 피아노, 누군가 빚 대신 가져다놓은 소리 나지 않는 구식 전축과 금성 냉장고, 동네 사람들의 탈수기였던 대한전선 세탁기, 벗겨진 서랍장……. 그 위로 어른 손가락 두 개만 한 분홍색 직사각형 딱지가 하나씩, 하나씩 붙었다. 딱지를 떼면 큰일 난다는, 집달리가 던진 말 한마디가 우리들 가슴에 떼어낼 수 없는 딱지처럼 착 달라붙었다. 만질 수 없었다. 이제 그 물건들은 우리 게 아니었다. 아버지가 경기도로 올라와 몇 년간 월세방에서 살면서 장사해 모은 돈으로 직접 만들었다는, 대문 없는 집도 우리 집이 아니었다. 집과 물건을 처분해 빚잔치를 하였다.

꿔준 돈, 받을 돈은 받지 못했다. 돈 받으러 가보면 이해하지 못할 상황도 아니었다. 병들어 구들장을 등에 진 사단 앞 아저씨(군부대가 있던 그 동네를 사람들은 '사단 앞'이라 불렀다), 얼굴 한가득 버짐 꽃을 피운 아이들이 주렁주렁 달린 사람, 암에 걸려 부을 대로 부은 몸으로 죽을 날만 기다리는 아주머니. 번번이 어머니와 아버지는 맨손으로 돌아오셨다. 아버지! 할머니를 그 집에 모셔다가 누워 있게 하세요. 돈 줄 때까지는 못 나간다고 아버지가 들어가 앉으세요. 일주일 동안 아기 둘을 데리고와 먹고 자면서 돈 달라고 했던 젊은 부부 생각이 났던가. 나는 큰 소리로 우리도 그렇게 해서라도 돈을 받아내자고 했다. 그 집 네 식구에게 작은방을 내주고 온 식구가 한방에 끼여 자야 했던 일곱 날은 쉽게 눈 감을 수 없는 밤들이었다.

떠나야 했다. 남은 게 없었다. 새로 시작하는 수밖에. 선택할 길이 따로 없었다. 삶이 우리 등을 자꾸 떠밀었다. 어디로든 떠나야 했다.

일요일이었다. 언덕 위에 있는 교회에 갔다 오니 어느새 짐이라고 할 수도 없는 짐이 다 꾸려져 떠나고 없었다. 아버지만이 나를 기다리고 계셨다. 147번 버스 타고 증산시장에서 내려라. 증산국민학교 뒤편으로 올라가면 2층 건물에 하얀색 페인트칠을 한 집이 있을 거야. 거기 2층 맨 끝이야.

손바닥에 길을 그려가며 이사 갈 집 길을 가르쳐주는 아버지의 손이 덜덜 떨렸다. 늑막염으로 병원에서 고생하신 지 그리 오래되지 않았기 때문이었을까. 어쩌면 젊은 날, 망한 집을 일으키는 데에 걸린 20여 년이라는 세월을 다시 시작해야 하는 막막함이 아버지의 손을 떨리게 만들었는지…….

아버지 얼굴을 쳐다볼 수 없었다. 속없이 교회에 다녀온 내가 미웠다. 태어나 15년을 살면서 함께 자란 친구들을 버리지 못하고, 이 동네에 줬던 마음을 수습하지 못한 내가 미웠다. 이날도 바람 한 점 없이 햇빛만 쏟아졌다. 차마 고개를 들어 바라볼 수 없을 정도로 햇빛은 눈부셨다.

2

이사 간 집은 쉽게 찾았다. 집은 산에 붙어 있었다. 집 앞으로 넓은 공터가 있었다. 한 아이가 고무타이어를 팔에 끼고 다리를 질질 끌며 놀았다. 삐쩍 마른 몸, 땟국 흐르는 얼굴, 나중에 알고 보니 주인집 아들이었다.

1층과 2층, 유리 달린 나무 문이 나란히 있었다. 우리 집으로 올라갔다. 방 하나에 딸린 부엌은 간신히 한 사람이 몸을 펼 정도였다. 낮은 천장 아래 책상 하나, 서랍장 하나, 버리지 못하고 가져온 몇십 년째 쓰는 나무 찬장 하나, 이게 살림의 전부였다.

가난은 식구들을 헤어져 살게 했다. 아홉 식구가 함께 살 만한 공간을 얻을 형편이 안 되었기 때문이다. 증산동, 일명 고씨 아파트(말이 좋아 아파트지 난 나중에 그 집이 닭장집이라는 걸 알았다)에서는 부모님과 막내 오빠, 셋째 언니, 나, 이렇게 다섯 식구가 살았다. 할머니, 큰오빠, 둘째 오빠, 둘째 언니는 둘째 언니가 다니는 경기도 파주군 지산읍 운정면에 있는 국민학교 사택으로 들어갔다. 큰오빠는 방위를 받았고, 둘째 오빠는 혼자 일을 해보겠다고 알아보러 다니고, 그래서 우리 집 살림은 교사인 둘째 언니 월급으로 꾸려졌다.

쉰다섯을 넘긴 어머니는 파출부 일을 나가셨다. 어느 택시회사

사장 집이라고 했다. 어머니는 그 집 식구들 속옷 빨래와 닦아도, 닦아도 끝이 없는 운동장 같은 집 청소로 하루를 시작하고 하루를 마치셨다. 건강이 안 좋은 아버지는 연탄 값을 아끼려고 뒷산에서 나무를 해오거나 술을 마시며 하루를 보내셨다.

20여 가구가 사는 고씨 아파트 사람들은 다 형편이 고만고만했다. 보통 자식들 두세 명과 부부가 살았다. 식구가 좀 많은 집 같으면, 그리고 그나마 돈이 좀 여유가 있는 집이면 방 두 개를 얻어서 살았다. 그렇게 많은 사람들이 한 건물에 산다 해도 기껏해야 옆집 몇 가구와만 알고 지내는 형편이었다.

아침 일찍 공장으로, 파출부로 일을 나가는 여자들, 그이들 얼굴은 늘 깨끗하게 화장이 돼 있었다. 촌스럽지 않았다. 맑고 화사했다. 부지런함이 자식들을 먹이고 입히고 공부시켰다. (아, 아들이 국가 대표 축구 선수가 되기를 꿈꿨던 옆집 장씨 아주머니는 그 꿈을 이루었을까?)

어느 날 같은 반 친구가 만화책을 빌려준다고 동네 버스 정류장에서 만나자고 했다. 만화책만 받아들고 올 생각이었는데 친구가 말한다. 야, 우리 너희 집에 놀러가자. 우리 집! 다음에 가자. 치우지도 않아서 집이 지저분해. 볼 것도 없어. 당황한 내 입술은 할 말을 찾기에 바빴다. 그 친구는 막무가내로 가보자고 했다. 말이 통하지 않았다. 아니, 나는 솔직히 데리고 가고 싶지 않다고, 우리 집을 보여주고 싶지 않다고 말할 수 없었다. 어쩔 수 없었다. 그 아이를 데리고 집으로 올라오는 길, 머리와 마음이 복잡했다. 왜 쓸데없이 만화책을 빌린다고 했을까. 유리가 떨어져 비닐로 막아놓은 문을 열쇠로 따고 들어갔다. 다 보이고 나니 후회와 자책이 멈추었다. 그때 내가 진정 부끄러워해야 할 것은 무엇이었을까?

아버지께서 주신 10원짜리 동전 열 개. 어느 일요일 내 손에 있던 전 재산이다. 그 10원짜리 동전 열 개를 받으면서도 난 아버지께 미안했다. 친구에게 공중전화로 전화 한 통 하고, 남은 돈은 쓸데가 없었다.

다 삭아 무너지기 일보 직전인 철대 난간에 널어놓은 빨래를 걷으면서 하나둘 켜지기 시작하는 바깥세상 불빛들을 쳐다보았다. 언뜻 머릿속으로 언젠가 텔레비전에서 본 영화의 베네치아 거리 풍경이 떠올랐다. 고씨 아파트를 베네치아에 있는 어떤 아파트라고 생각하니 그런대로 멋있었다. 밤이 더 깊어오면 낮에 보였던 산 아래 부(富)와 산 위 가난이 드러나지 않았다. 창밖 어둠 속으로 불빛 찬란한 세상을 내다본다. 제일 높은 곳에 있는 우리 집에서 내려다보는 어둠 속 세상은 그나마 좀 평등해 보였다.

어느 토요일 오후 비가 온 뒤였다. 언니가 한 방울 두 방울 떨어지던 빗방울을 더는 참지 못하고 의자를 갖고 가서 30센티미터짜리 플라스틱 자로 천장에 조그맣게 구멍을 냈다. 주르륵 빗물이 얕은 대야에 떨어졌다. 물방울이 튄 곳을 내가 걸레를 가져다 훔쳤다.

어머니는 운정에 있는 식구들한테 가져다줄 김치며 반찬들을 챙기셨다. 나는 어머니를 따라나섰다. 거기 가족들은 어떻게 지낼까. 여든 살인 할머니께서 살림을 하시는데 통 눈이 어두워 반찬도 만들기 힘들다고 하셨다.

기차에서 내리자 사방은 이미 어둑어둑했다. 아무것도 보이지 않았고, 논만 있는 허허벌판을 가로지르는 바람은 차가웠다. 발이 푹푹 빠졌다. 비포장도로여서 비 내린 뒤의 땅은 진흙탕이었다. 무릎까지 차가운 진흙이 달라붙었다. 멈췄던 비가 다시 내리기 시작했다. 되돌아가서 기차를 타고 싶었다. 어떻게 이 길을 간단 말인가. 한 발을 떼어 앞으로 내딛기가 어려운 이 길을. 하지만 어머니는 무거운 짐을 든 손에 더 힘을 주고 앞으로, 앞으로 발을 내딛으셨다. 아무 말씀도 하지 않으셨다. 보통 때 걸어서도 20, 30분은 가야 하는 길을 어머니와 나는 얼마나 오랫동안 걸었을까.

이사 온 뒤로도 남은 빚이 있어서 가끔씩 빚쟁이들이 찾아오곤 하였다. 산에 붙은 집이라 밤이면 무척 캄캄했다. 그 밤에 연주 엄마, 아빠가 왔다. 연주는 나보다 한 살 아래인 여자아이인데 그 애 부모가 우리 부모를 원수같이 생각하지 않고 환히 웃으며 만날 수 있던 때, 손톱만 한 소꿉 장난감(커피잔 세트)을 집으로 가져온 적이 있다. 난 처음 보는 그 물건이 무척 신기했다.

언니와 나는 문밖에 있었다. 갑자기 방 안에서 험악한 소리가 나더니 어느새 연주 아버지가 손에 부엌칼을 쥐었다. 도대체 저 칼은 어쩌자고 저 사람 손에 쥐어져 있는가? 저 사람은 칼을 가지고 무엇을 하려고 하는가, 무엇을 할 수 있을까?

언니와 나는 황급히 집을 나와 파출소로 달려갔다. 국민학교 때 동네 산에 떨어진 삐라를 주워 파출소에 갖다준 것 말고는 파출소에 가본 적이 없었다. 뭐라고 말해야 할까? 과연 우리 입이 떨어질까 싶게 언니와 나는 덜덜 떨었다.

유리문을 밀치고 들어갔다. 어째서 왔느냐. 저희 집에서 싸움이 나서요. 칼을 들고…… 같이 좀 가주세요. 지금 우리 아버지가……. 경찰 한 사람이 따라나섰다. 어두운 골목길을 올라가면서 나는 어쩌자고 파출소를 찾아갔던가 후회했다. 언니도 나와 같았을 것이다. 나쁜 사람. 싸움 얘기를 물어보면서 그 경찰은 재미있다는 듯 빙긋이 웃었다. 이미 늙고 힘없는 아버지는 그 칼날 아래 잡혀 있는데 지금 경찰은, 그 칼날 아래에서 우리 아버지를 구해줄 것이라 믿었던 경찰은 웃는 게 아닌가. 즐거운 표정으로. 아, 다시는 경찰에 도움을 청하지 않으리라 마음먹었다.

  2년쯤 시간이 지나, 다시 떠나야 했다. 갈 곳이 마땅치 않아도 떠나야 했다. 고씨 아파트를 헐고 빌라를 짓는다고 했다. 물론 주인이 짓는 것은 아니다. 그는 적당한 가격에 집을 팔 뿐이었다. 20여 가구 중 우리만 빼고 다른 집은 다 살 곳을 찾아 떠났다. 우리 남매들이 서울에서 학교를 다니는 처지라 겨울방학 하는 대로 언니, 오빠들이 있는 경기도로 가기로 하고 우리 집만 남았다.

  밤이면 앞집 빈방에 쥐새끼들이 삭삭 훑고 다니는 소리 때문에 잠을 못 잤다. 어느 날은 쥐새끼들 소리가 아니라 남자아이들과 여자아이들 소리가 잠을 못 자게 했다. 무서웠다. 겨울 찬바람이. 밤에 누우면 공중에 우리 다섯 식구만 붕 떠 있는 것 같았다.

3

기차 통학이 시작되었다. 언니 학교 사택이 있는 경기도에서 서울로 학교를 다녔다. 불편은 해도 다시 모든 식구가 함께 모여 살 수 있다는 것만으로 행복했다.

  어느 날 이른 아침, 바쁘게 학교 갈 준비를 하고 나서는데, 큰오빠가 첫 월급 탄 기념으로 사준 분홍색 잠바 위로 시뻘건 코피가 쏟아졌다. 놀랄 시간이 없었다. 대충 닦는데 피는 쉽게 멈추지 않았다. 휴지로 코를 틀어막고 언니, 오빠와 뛰기 시작했다. 추운 새벽길, 등줄기에 땀이 흘러 옷이 후줄근해질 정도로 뛰었다. 벌써 저쪽 끝에서 기차 불빛이 희미하게 보였다. 충분했다. 기차에 오르고 나서 그제야 한숨을 내쉬었다. 이내 땀이 식으면서 온몸에

찬기가 확 돌았다. 언니와 가좌역에서 내려 버스를 타고 각자 학교로 갔다.

돌아오는 길은 항상 혼자였다. 어느 날 수색역 바로 앞에 사는 친구가 기차 오기 전까지 자기 집에 가자고 했다. 친구 방에 들어가니 따뜻한 온돌방이 몸을 풀어헤쳤다. 잠이 왔다. 시간이 되어 역으로 향할 때 친구는 내 손에 반니 사탕 몇 알을 쥐여주었다. 입 안에서 살살 녹았다. 광대뼈가 나와 네모진 친구 얼굴과 내 손 안에 있던 반니 사탕이 지금도 또렷이 떠오른다. (그 애는 내게 주었던 반니 사탕을 기억할까? 그때도, 그리고 지금도 내가 참 고마워하는 걸 그 애는 알까?)

한가한 기차 안에서 자리를 잡고 앉았는데 내 또래쯤으로 보이는 여자아이들 몇이 다가왔다. 순간 나는 긴장했다. 너, 잠깐만 나와봐. 왜? 우리 언니가 와보래. 싫어. 몇 번 더 말을 붙이던 아이들은 내 거절에 순순히 물러갔다. 나는 그 아이들을 깡패라고 생각했다. 나중에 알고 보니 나처럼 기차 타고 서울로 통학하는 아이들일 뿐이었다. 깡패면 어떤가. 사귀어볼걸, 후회한 건 뒤늦게였다. 그 아이들은 마음이 참 예쁜 아이들이었을 게다. 날마다 혼자 다니는 나를 생각해 사귀자 했을 테니. 저들은 여럿이 함께 다녀 누가 더 필요한 것도 아니었을 테니.

4

다시 서울로 왔다. 대경이네 집, 진달래 연립, 1층에 누가 사는지 이사 가는 날까지 알 수 없었던 이층집, 장씨 아주머니네 집, 형관이네 집. 어릴 적 소원이 이루어진 걸까? 국민학교 때 항상 전학 오고, 가는 친구들을 보면 참 부러웠다. 얼마나 좋을까? 우리도 이사 한번 가봤으면. 말이 씨가 된다고, 뒤늦게 나는 그때 그 말을 하지 않았더라면, 하는 생각을 해봤다.

왜 그랬을까? 그때 우리 식구는 모두 선인장 가시처럼 신경이 삐쭉빼쭉 날카롭게 서 있었다. 그 가시는 조금이라도 틈만 보이면 서로 찔러댔다. 누군가 건드리면 연이어 이쪽저쪽으로 전달되었다. 밥을 먹을 때면 아무도 말을 안 하거나 상을 뒤엎거나 둘 중 하나였다. 그 시절 내 소원은 단 한 가지, 평온하게 밥을 먹는 것이었다.

아버지의 큰소리에 공업고등학교에 다니던 한창 사춘기의 막내 오빠가 주먹을 벽에 내질렀다. 사람도 때로는 말 못하는 짐승이 될 수 있나, 내쉬는 숨이 자꾸만 목에 걸리고 진정하지 못하던 막내 오빠는 금방이라도 쓰러질 듯하였다.

건강도 나빠지고, 집도 없어지고, 모든 것을 잃은 아버지는 삐쩍 마른 얼굴을 일그러뜨리며 욕을 하셨다. 아버지께서 내실 수 있는 가장 큰 소리로, 가장 심한 욕으로 하루하루를 살아나가셨다.

싸움에 나도 빠지지 않았다. 싸움 한가운데에는 항상 돈이 있었다. 가장 앞에서 싸우다 나는 지쳤다. 언제부터인가 나는 입을 다물었다. 누군가 싸워도 끼어들지 않았다. 모른 척하면 그만이다. 입안에서 밖으로 내뱉을 소리가 맴돌았다. 침을 삼켜 목 뒤로 그 소리를 넘겼다. 무관심이 최고라는 생각이 머릿속에 박혔다. 왜냐하면 모른 체하면 신경 쓸 일이 없기 때문이다. 하지만 '그러려니 해야지, 저러다 제풀에 꺾이지' 하는 생각이 어느새 주위 사물과 사람, 그 모든 것에 무관심한 나를 만들어버렸다.

언니, 오빠들과 싸울 때면 무슨 협박처럼 집 나가겠다는 말을 수도 없이 했다. 정말이지 못 살겠어. 도대체 내가 뭘 잘못했다는 거야. 관둬. 그만해. 내가 나가면 될 거 아냐. 학비 좀 대준다고 그러는 거야?(난 정말 안 해야 할 말을 참으로 많이도 했다.) 악을, 악을 질러대면서도 나는 가출을 시도해본 적이 전혀 없다. 보따리 싸는 시늉도 내본 적이 없다. 집을 나가지는 못했지만 식구들에게 속내를 감추었던 건 어쩌면 그때부터였는지도 모르겠다.

중·고등학교 다닐 때 집에는 항상 일거리가 있었다. 피에로 인형을 만들어보기도 했고, 전기장판을 만들기 위해 전선을 박다가 날카로운 대바늘에 넓적다리 살점을 뜯기기도 했다. 종합장 겉표지 만드는 일, 옷에 반짝이나 구슬을 다는 일, 퓨즈에 덧씌워진 끈적끈적한 빨간색 비닐을 떼어내는 일. 동네에 큰 가발공장이 있어서 가발 뒤처리를 해보기도 했다. 일한 삯은 너무도 적었다. 항상 끊이지 않고 일감을 가져오는 어머니가 미웠다. 공부해야 되는데, 그렇다고 혼자 그 많은 일을 다 하는 어머니를 모른 척할 수도 없고. 그렇다고 내가 아주 많이 일한 것은 아니다. 내 노동은 잠시였지만 어머니의 노동은 끊이지 않았다.

아버지께서 다시 쓰러지셨다. 항상 겨울 찬바람이 불기 시작할 때면 쓰러지셨다. 하지만 이번에는 위독하다는 검사 결과가 나왔다. 고3이었기 때문에 밤늦게까지 야간 자율학습을 하고 돌아온 어느 날이었다. 큰언니는 아버지가 위독하다며 병원에 가보자고 했다. 가방을 든 채 병원으로 갔다. 혼수상태에 빠진 아버지는 숨이 가빴다. 그날 밤이 고비였다. 고모와 큰언니는 장례 문제를 의논했다. 난 그들이 야속했다. 아직 숨을 저렇게 쉬는 아버지 앞에서 어떻게 죽음 뒤 얘기를 할 수 있단 말인가.

고비를 넘기고 아버지는 일어나셨다. 사람들은 모두 기적이라고 했다. 그 뒤, 아버지는 전에 술을 끊었던 것처럼 담배도 끊으셨다. 퇴원하고 나서는 할아버지가 다 되셨다.

5

이사는 계속 이어졌다. 전세 계약이 2년이니 집 없는 사람 누구나 그러할 것이고, 1년에 한 번씩 이사하는 사람도, 몇 달에 한 번씩 이사해야 하는 사람도 허다할 것이다. 이사를 많이 하다 보니 토박이라 불리는 사람들이 부러웠다. 그곳에 무엇이 많이 나는지, 뭐를 기억해둘 만한지, 동네 누가 어디 아프다든지, 무엇이 문제라든지, 어느 길이 어떻게 변했다든지, 이러한 것들을 속속들이 알고 내 문제인 양 신경 쓰고 길 가다 만나는 사람들과 인사 나눌 수도 있는……

그래도 화전 살 땐 그런 게 있었다. 파리약 가게 주인아저씨가 중풍으로 쓰러졌다, 깨박사네 아들이 학교에서 유리창을 깨뜨렸다(깨박사네 아줌마의 넓은 얼굴에는 주근깨가 별처럼 났다), 어젯밤 저 옆집 화자와 지선이는 깨끗이 안 씻었다고 아줌마한테 두들겨 맞았다, 앞집 보라 언니가 항공대생과 눈이 맞았다, 보라네 엄마는 생선을 하나도 남기지 않고 다 팔았다, 집 나간 추옥이가 오늘 들어왔다, 칠성이는 커서 아마 유명한 농구 선수가 될 것이다, 윗집 아들이 장한 학생으로 텔레비전에 나왔다 등등. 화전을 중심으로 왼쪽(서울 방향) 새마을, 덕은리, 향동리까지, 오른쪽 화전2리, 벌말, 사단 앞까지 소식을 다 알 수 있었다. 지금은 옆집에 누가 사는지 관심 갖지 않는다. 애써 가지려 해보아도 문이 꽉 닫혀 있어 이야기 하나 새어나오지 않는다. 어쩌다 마주쳐 인사를 건네면 받는 쪽에서 이상하게 쳐다본다.

가끔, 아주 가끔, 화전에 계속 살았다면 어쨌을까 생각해본다. 눈으로 확인하진 않았지만 들리는 말로 우리가 살던 집은 찻길이 되었다고 한다. 담도 없고 문도 없던 우리 집. 언덕 아래 첫 집, 그래서 길이 담처럼 되어 그 흙담에 나팔꽃이 한가득 피었던, 할머니께서 갈퀴손으로 나팔꽃을 일구던 그곳은 영영 길 속에 묻혔다.

어찌 되었든, 뿌리내리기란 단순히 한곳에서 오래 산다는 것만은 아닐 것이다. 몸만 있을 뿐 마음이 없다면 뿌리내리지 않고 잠시 발 걸치고 있을 뿐일 것이다. 그런 의미에서 내게 뿌리내리기는 바람이며 동시에 두려움이다.

옛날보다는 지금 생활이 더 나아졌다고 느끼지만 생각해보면 그때도 그랬고 지금도 지금에 맞게 걱정해야 할 일들이 있다. 아마도 사는 동안에는 계속 그러하겠지. 어떤 마음으로 맞아들이고 어떻게 풀어나가야 할까. 골목 어느 집에서 풍기는 저 김치찌개 냄새만큼, 고등어조림 냄새만큼 내 삶도 진할 수 있을까.

김중혁
———
빵차 습격 사건

그러니까, 때는 바야흐로 1970년대였다. 내가 태어난 1971년에 새마을운동이 시작되었고, 1972년에는 남북공동성명이 발표됐으며, 1974년에는 지하철 1호선이 개통됐고, 1977년에는 100억 달러를 수출하는 '경제 강국'이 되었으며, 1983년에는 삼성반도체통신이 국내에서 처음으로 64KD램을 생산했음에도 불구하고, 나는, 그리고 우리 동네 아이들은 언제나 배가 고팠다. 그도 그럴 것이 우리들 대부분은 지방 소도시 중에서도 변두리 동네 중에서도 가난한 집 아이들 중에서도 최고로 꼬질꼬질한 녀석들이었으니까.

우리는 "빵이 아니면 빵 부스러기라도 달라" 하는 표정을 지으면서 골목골목을 누비고 다녔는데, 어떤 형들은 도저히 배고픔을 참지 못하고 급기야 범행을 저지르기에 이르렀다. 그 시절엔 '빵차'라고 하는 특이한 형태의 운송 수단이 있었다. 삼륜차 뒤에다 커다란 철제 박스를 달고 동네방네 빵을 배달하던 차였는데 그 차의 구조에 조금 문제가 있었다. 차의 바로 뒤쪽이 사각지대였던 것이다. 간이 부을 대로 부은 형들은 빵차 뒤에 매달린 채 철제 박스 안의 빵들을 뒤로 던졌고, 어리고 순진한, 나 같은 어린애들은 빵을 들고 뒤로 내달리는 역할을 맡았다.

빵차에 싣고 다니던 빵은 대부분 분식 장려 정책의 거대한 흐름 속에서 지속적으로 성장을 했던 몇몇 거대 제빵회사의 제품들이었기 때문에, 우리는 '부의 재분배'라는 거대한 구호를 내세우며 이른바 '빵차 습격사건'을 감행하게 됐던 것이다, 라고 이제 와서 얘기하지만, 명백히 도둑질이었으며, 집이 가난하면 효자가 나고 나라가 어지러우면 충신이 난다는 옛말을 전면 부인하는 반사회적인 짓이었다. 빵차에 실린 크림빵, 단팥빵 등의 '비닐봉지 빵'도 참을 수 없는 달콤한 유혹이었지만 아무래도 그 시절 우리에게 최고로 유혹적인 먹을거리는 '도나스'였다.

세월이 한참 흐르고 영어를 배운 다음에야 도나스가 도넛의 일본식 발음이란 사실을 알게 됐지만, 내 머릿속에서 도넛과 도나스는 명백히 다른 음식이다. 밀가루를 반죽하여 고리 모양으로 만들어 기름에 튀긴 미국식 과자가 '도넛'이라면, 어쨌거나 밀가루를 범벅해서 기름에 튀긴 모든 먹을거리를 우리는 '도나스'라고 불렀던 것이다.

국민학교에 들어갈 때쯤 나의 빵 인생에 일대 전환점이 마련되는데, 바로 우리 집에서 도나스를 팔기 시작한 것이다. 당시 어머니는 축대거리라 불리는 가건물에서 자그마한 무허가 분식집을 하고 있었는데, 벌이가 영 시원찮자 포장마차 한 대를 구해서 도나스 장사를 시작하게 됐다. 그동안 떡볶이와 어묵 등을 주력 상품으로 내놓았던 어머니는 당연히 도나스 만들기에 애를 먹었고, 포장마차 전 주인에게 도나스 만들기 특강을 받은 다음에야 먹을 만한 도나스를 만들 수 있었다.

어머니는 그 포장마차를 끌고 초등학교 운동회나 군 체육대회 등 사람들이 많이 모이는 장소를 돌며 밀가루 도나스, 찹쌀 도나스를 팔기 시작했다. 그 인기가 가히 폭발적이었다. 도나스 하나의 가격이 5원이었는데 다 튀겨지지도 않은, 거의 생가루나 마찬가지인 도나스도 없어서 못 팔 정도였다고 한다. 나는 뜻하지 않게 도나스집 사장의 아들이 됐고, 친구 녀석들의 부러움을 샀다. 그런데 도나스를 많이 먹었던 기억은 나는데, 친구들에게 그 도나스를 나눠준 기억은 거의 없다. 아마도 주지 않았던 모양이다. 그럼 그렇지, 나 먹을 것도 모자라는데. 기름에서 막 건져낸, 럭비공 모양을 한 갈색의 도나스. 그리고 그 위에 내려앉은 하얀 설탕을 떠올리면 지금도 입에 침이 고인다.

또 하나 잊을 수 없는 것이 옥수수빵이다. 당시 집안이 어려운 아이들에게 학교에서 무상 배급 해주던 것이 바로 이 옥수수빵이었다. 나보다 집안 사정이 어려운 아이들이 그렇게 많다는 사실을 그때 처음 알았다. 당연히 옥수수빵을 먹을 수 있을 만큼 가난하다고 생각하던 나는 커다란 충격에 휩싸였지만, 옥수수빵에 대한 나의 갈망은 역시, 어머니가 해결해주었다. 학교에 옥수수빵을 공급하는 사람에게 가서 옥수수빵을 사온 것이다. 물론 정상적인 부분이 아닌, 귀퉁이의 지저분한 부분을 썰어서 파는 것이었다. 50원만 주면 부스러기 옥수수빵을 산더미처럼 줬다고 한다. 온 가족이 둘러앉아 옥수수빵을 먹던 기억이 난다. 가끔씩 동네 시장을 돌다 보면 여전히 옥수수빵을 파는 곳이 있는데 그 강렬한 냄새만

맡으면 어린 시절의 풍경이 거짓말처럼 되살아난다. 옥수수빵의 냄새를 맡으며 어머니를 생각한다. 학교에서 옥수수빵을 받게 하지 않고, 부스러기 옥수수빵이라도 사서 나를 키워준 어머니를 생각한다.

서울에 올라와 생활하다가 아버지가 제빵회사에 다녔다는 사람을 만난 적이 있다. 빵 이야기라면 어딜 가도 뒤지지 않는다고 자부하기 때문에 오랜 시간 그 사람과 빵 이야기를 했다. 그러다 재미있는 얘기를 듣게 됐다. 사정이 어렵던 회사가 월급 대신 빵을 준 적이 있는데 아무것도 모르던 형제들은 그 빵을 먹다가 먹다가 지쳐 빵으로 할 수 있는 온갖 놀이를 개발하면서 신나게 논 적이 있다는 것이었다. 빵을 던지고 부수고 쌓고 하다가 싫증이 나면 그냥 아무 데나 던져두고 집으로 돌아왔다고 한다.

참으로 부러운 이야기였고 가슴 아픈 이야기였지만, 나는 그 이야기를 듣다가 깜짝 놀랐다. 어린 시절 동네 형들과 습격했던 빵차가 바로 그 회사였던 것이다. 그럴 리 없겠지만, 우리가 빵차를 습격했기 때문에 회사의 사정이 어려워진 것은 아닐까 하는 생각이 들었다. 빵차를 습격했던 우리의 무용담이 널리 퍼져 다른 동네에서도 빵차를 습격하게 되고, 빵차 습격이 유행처럼 번져 회사 사정이 어려워졌을지도 모른다는 생각을 하면 정말이지……. 이 기회를 빌려 제빵회사와 임직원 여러분께 심심한 사과를.

김중일

나를 먼저 살다 간 사람

　지금도 나는 물을 무서워하고 수영을 못한다. 그럼에도 불구하고 어렸을 때부터 무엇이 되고 싶냐는 물음에 어김없이 배를 탈 거라고 대답하곤 했다. 무엇이 되는 건 중요치 않았다. 배를 타는 게 중요했다. "무슨 배?" "먼바다로 나가는 배." "해적선이라도 타겠다는 거야?" 친구는 대단한 농담이라도 던진 듯 배꼽을 잡았다. "그 배가 먼바다로 나간다면!" 물론 나는 뱃사람이 되지 않았다.

　백주에 길을 걷다 보면, 공중이 난파선처럼 뒤집어질 때가 있었다. 뒤이어 커다란 파도처럼 멀미가 나를 덮쳤고 어린 나는 종종 그 자리에 풀썩 주저앉곤 했다. 그럴 때면 나는 생각했다. 그가 나를 대신해 지금 먼바다로 나가는 중이구나. 나는 그것을 예감이라고 불렀다. 시나브로 그 예감은 믿음이 되었다. 그가 참다랑어를 갑판 밑에 가득 채워 먼바다에서 돌아오고 있구나.

내가 열두 살 때의 일이다. 당시에 그는 적어도 이미 쉰이 넘은 사내였으며, 진종일 진청색의 거친 바다를 떠돌다가 새벽이면 수염에 갯바람을 잔뜩 묻힌 채 내가 잠든 방 문지방에 배를 댔다. 그리고 잠든 내가 깔고 누운 작은 쪽문 같은 그림자를 빼꼼히 열고 들어와 나를 한참 내려다봤다. 내 이마를 짚어보고, 코끝에 손가락을 대고 숨소리를 느껴보기도 하며, 과감하게도 어떤 날은 내 어깨를 살짝 흔들기도 했다. 사실 그 순간 나는 이미 깨어 있었으나 잠자코 눈을 감고 있었다. 왠지 그의 얼굴을 대면할 용기가 생기지 않았다. 그는 도통 한마디 말도 없었고 그래서 목소리도 전혀 기억에 없지만, 이상하게도 그가 내게 전달한 몇 마디의 소소한 말들은 비교적 선명하다.

"꿈속의 네가 누군지 궁금해서 견딜 수 없다. 바다는 네 방의 천장보다도 훨씬 더 깊다. 오늘은 참다랑어의 날카로운 이빨에 팔뚝이 좀 패었다. 어제는 폭우 속에서 억센 그물과 사투를 벌이는 사이 새끼손가락이 순식간에 어디론가 달아났다" 따위의 이야기들.

그리고 그는 다시 나를 방문하지 않았다. 나는 그를 이해했고, 이렇게 생각했다. 그가 나를 대신해 아주아주 먼바다로 나가는 중이구나.

"어젯밤 아빠 꿈을 꾸었어요." 할머니에게 말했다. 그 말을 듣고 할머니는 내게 천 원이나 주셨다. 처음에는 그가 내 꿈속으로 찾아오는 아버지인 줄 알았다. 당시 아버지는 먼 이국의 건설현장으로 나가 귀국 없이 꼬박 3년을 거의 다 채우고 있었다. 비행기삯도 아껴 하루빨리 작은 아파트라도 한 채 장만하기 위해서였다.

아버지가 아니라면, 외할머니라고 생각했다. 열두 살 무렵 나는 외가에 의탁되어 있었다. 방과 후 마당 평상에 앉아 외할머니의 말벗을 하며, 개미를 잡거나 완벽한 정사각형으로 딱지를 접으며 시간을 보냈다. 세 자매의 일원인 어머니는 대체로 부산했다. 어린 나이였으므로 나보다 두 살이나 아래인 여동생은 같이 어울리기에는 아무래도 너무 어렸다. 나는 외조부모 사이에서, 백주부터 어두컴컴한 부엌 안에 숨어든 고양이처럼 조용히 나이를 훔쳐 먹었다. 열두 살의 나는 새벽에 오줌이 마려워 일어날 때마다, 한 번씩 할머니의 가슴에 가만히 귀를 대보곤 했다. 굳이 알려주는 이는 없었으나, 그즈음 나는 시나브로 죽음의 질감을 조금씩 감각하기 시작했다.

결론부터 말하자면 그는 아버지도 할머니도 아니었다. 내 유년의 한 계절 밤마다 조우했던 중년의 뱃사람. 잠든 내 이마 위로 가만히 올려지던 그의 젖은 손. 나는 그 손의 형상과 감촉을 생생히 기억한다. 마치 절단된 자신의 손을 주워 든 것처럼, 무척 낯익으면서도 어딘지 모르게 등골이 서늘하도록 낯선 손. 그 억센 손의 묵직한 온기. 어쩌면 일이 이렇게 된 게 아닐까. 밤마다 나는 그를 엿보았고, 그는 나를 몽유병자처럼 찾아왔으며, 서로 그것을 꿈이라고 치부해버렸을 것이다. 그가 존재했던 공간이 내게는 꿈이라면, 내가 존재하는 이 현실의 공간 역시 그에게는 꿈의 공간이지 않았을까. 아무튼 1988년 서울올림픽이 한창이던 어느 달뜬 밤을 마지막으로 그는 더 이상 찾아오지 않았다. 나는 곧 그를 잊었다. 당연하지 않은가? 그건 그저 꿈이었으니까.

그리고 서른 살이 되던 정월에 나는 무척이나 기이한 꿈을 꾸었다. 첫 시집 원고를 정리하다가 깜박 잠든 밤이었다. 전후 맥락도 없이 나는 누군가의 손을 부여잡고 서럽게 흐느끼고 있었다. 나는 대번에 그의 손을 알아봤다. 동시에 그가 임종을 앞두고 있다는 강한 확신이 들었다. 공간은 온통 하얗게 지워져 있었고, 눈앞에 보이는 건 손가락이 네 개뿐인 그의 거친 한쪽 손이 유일했다. 꿈이 번번이 그래왔듯, 이유 불문 나는 무릎을 꺾고 엎어져 그의 손을 꼭 부여잡은 채 처음부터 끝까지 그저 펑펑 울었다. 살면서 크고 작은 슬픔이 없었던 바는 아니었으나, 적어도 지금까지는 내가 실제로 겪어보지 못한 깊이의 순전한 슬픔이 그의 손을 통해 생생한 질감으로 전해져 내 온몸에 차올랐다.

그것은 온몸의 털 한 올까지 일제히 떨리는 서러움이었다. 내 안에 그토록 사나운 슬픔이 은신해 있었다니. 얼음같이 천진하고 단단했던 정수리가 녹아내려 어깨 위로 떨어지고 어깨도 금세 허물어져 급기야 엎질러진 한 잔 물처럼 내 온몸과 마음이 바닥에 흥건히 흘러내린 듯한 그 황망한 기분이라니. 수년이나 지난 지금도 나는 단 한 컷의 그 꿈을 생생히 떠올리곤 하는데, 그때마다 그의 손을 부여잡았던 두 손이 저릿저릿하다.

내 나이 서른이 되던 그날 밤. 그는 아무래도 죽음을 맞은 것 같다. 그때 나는 그의 임종을 지켰던 유일한 유족이다. 꿈속에서 잡았던 그 손의 감촉은 아직도 내 손끝에 묻어 있다. 엷은 습기와 소금기가 손금마다 깊이 배어 있는 손. 손등 위로 불거진 푸른 힘줄을 따라 당장이라도 사그라질 듯한 가는 숨소리만 타전해오는 병든 칠십 노인의 창백한 손. 손가락이 네 개뿐이던 그의 차가운 손.

참다랑어 지느러미 같은 그의 푸른 손. 처음부터 나는 눈치채고 있었다. 내가 꼭 부여잡았던 그의 손은, 나를 나보다 반평생 먼저 살다 간 나의 손이었다.

박찬일

여름 음식의 서정
우물가 음식, 국수

잔등에 땀이 고이고, 시원하게 엎드려 등목이라도 하고 싶어지면 생각나는 정경이 있다. 여름의 서정(抒情)이 자욱하게 일어난다. 덜 여물어 푸른빛이 도는 참외가 어느 차가운 계곡 바위 밑 소(沼)에 둥둥 떠 있는 장면이다. 태양이 작열하듯 등판을 지져도 까짓, 더울 테면 더워보라지, 하는 마음으로 그 여름을 견디게 된다. 푸른 참외에 기대 여름에 맞서본다고나 할까. 그 장면은, 실제 내가 겪었던 어린 시절의 기억 한 토막이다. 안동 고모 댁에서 보리 한 되를 얻어 들고 원두막에서 바꿔 온 참외가 그렇게 고모 댁 앞 계곡 물에 푸르게 떠 있었던 것이다. 멱을 감고 뜨거운 바위 위에 앉아 엉덩이를 말리며 먹던 덜 익은 참외의 맛!

요즘처럼 사철 배추가 나오던 때가 아니어서 이른 여름에 배추김치를 만날 수 없었다. 봄에 김장은 떨어지고 봄배추는 잠깐 나오다 말았을 때, 조금 기다리면 열무가 나왔다. 지금은 아파트촌으로 변해버린 일산에서 열무가 잘 자라 모래내시장에 쏟아지면 어머니는 열무김치를 담갔다. 우물가에 함지를 놓고, 시원한 우물물을 길어 열무를 씻었다. 하얗게 솜털이 일어난 빳빳한 열무 이파리가 언제 그랬는가 싶게 숨이 죽으면 새콤한 맛이 들었다. 어머니는 그 열무김치로 들기름 떨궈 비빔밥을 만들었다. 양푼에 써억썩 비빈 비빔밥을 입이 미어져라 우겨넣으면 열무 이파리가 입가로 튀어나와 볼에 양념을 묻혔다. 먹어도 먹어도 한정 없이 비빔밥이 들어갔다. 새콤 매콤한 열무 비빔밥, 어머니가 해주는 그 비빔밥! 비싸다고 손톱만큼 넣은 깨소금이 우연히 잇새에서 튀어나와 고소하게 여운을 주는 것처럼, 그 비빔밥의 맛이 지금 생생하게 되살아나 입안에 막 번진다.

　비빔밥도 하기 귀찮으면 국수를 말았다. 열심히 길어 올린 우물물에 갓 삶은 국수를 헹구는 어머니 모습이 지금도 눈에 선하다. 양철 지붕 옆으로 햇빛은 쏟아져 내리고 국숫발은 차가운 물을 뒤집어쓰면서 역광을 받아 반투명하게 아름다웠다. 대나무 채반에 놓인 국수를 사리로 만들어 그릇에 담는다. 열무김치를 올리고, 김칫국과 깨소금을 뿌렸다. 그렇지, 내가 심부름 해온 얼음 50원어치를 바늘로 톡톡, 깨뜨려 얹는 일은 누가 했더라. 귀한 달걀도 반씩 잘라 그릇에 올렸다. 어머니가 딸자식들 몰래 달걀 반 개를 내 그릇에 더 얹어주는 걸, 누이들은 모른 척했다.

　국수는 어느 작가가 '혁명가의 음식'이라고 했다. 세상을 바꾸려는 자들이 한 그릇 바쁘게 뚝딱 해치우는 음식이라는 뜻일 테다. 나는 그런 국수에게 '우물가의 음식'이라고 한 줄 더한다. 펌프든 우물이든, 그 습하고 더운 여름날의 오후, 국수 한 그릇을 마당에서 말아 먹을 수 있었던 우리는 행복했다. 지금 다시 그 국수를 먹을 수 있을까. 나는 암담하여 체념하게 된다.

　콩국수는 또 어떤가. 백태를 푹 삶아 껍질을 골라내는 일부터 은근히 손이 많이 가는 음식이었다. 파는 콩물이 못 미더워 어머니는 간혹 콩국수를 말았다. 그 정이 무서워서 내 콩국수 그릇은 비지처럼 뻑뻑했다. 얼음이 다 녹아야 그 콩국이 먹을 만한 농도가 되었는데, 그걸 기다리는 내가 어머니는 못마땅해서 연신 어서 먹으라고 재촉을 했다. 그래서 나는 으레 콩국수는 그런 음식인 줄 알았더랬다. 어른이 되어 직장 동료들과 콩국수를 먹으러 가서 깜짝 놀라고 말았다. 제법 진하다고 소문난 집에서 주는 콩국의 농도가 내게는 겨우 다 먹은 콩국수에 물 부어 헹궈놓은 것처럼 보였기 때문이었다. 콩국수란 국수를 감아올리면 진득한 콩국이 국숫발에 처덕처덕 붙어 따라올 정도가 되어야 진국이 아니냐고, 그런 황당한 표준이 내게는 있었던 것이다. 내 동료들은 그런 나를 놀리느라 "콩국수란 모름지기 숟가락을 써야 하는 건가?" 하고 농담을 했다.

　여름의 국수라면 또 냉면이다. 콩국수나 열무국수 따위, 냉면이 더 윗길이라고 할 분도 있겠다. 협수룩하게 대충 말아 먹는 그런 국수에 비하면, 냉면이 손도 많이 가고 재료비도 더 든다. 시내의 냉면 명가들의 자존심과 위신도 드높다. 그렇지만 난 그런 쪽 냉면집보다는 시장 통의 데면데면한 집들이 더 기억난다. 번듯한 양복쟁이들은 도저히 오지 않는, 시장 상인들과 주머니 가벼운 월남 인사들이 향우회 하듯 모이는 남대문시장 통의 '부원집'이 그것이다. 지금도 한결같이 문을 열고 있는데, 값도 헐고 맛은 평양의 그 맛이라고 했다. 여름이 바짝 고삐를 조이면 어머니는 겨울 동안 몇 번 다녀오고 잊고 있던 이 집을 다시 찾았다. 겨울 냉면이 제격이지만, 그래도 한여름 더위에 냉면도 괜찮았다고 생각하셨을 것 같다. 남대문시장이 나른한 오후가 되고 노점상에서 팔고 있는 복숭아가 물러서 향기를 잔뜩 내는 시간이면 냉면집에 닿았다. 그때쯤이어야 좀 한가해서 눈치 안 보고 냉면을 먹을 수 있기 때문이었다. 앞섶에 비닐 앞치마를 댄 요리사들이 바쁘게 움직이는 모양이 액자만 한 주방 창으로 보이는 그런 집이었다. 우리 식구는 주인네에게 참 고마운 존재였을 텐데, 한가한 시간 골라 오지, 거기에다가 냉면을 먹고 일어서기까지 딱 5분이면 족했기 때문이었다. 냉면은 그야말로 순식간에 젓가락에 부러지도록 말아서 먹는 음식이라고 어머니가 누누이 강조한 까닭이었다. 냉면이 목에 걸려 눈물이 날 지경이어야 진짜 냉면 맛을 안다고, 나의 요상한 냉면론은 거기서 출발한 셈이다. 선풍기가 털털거리며 돌아가는 홀에서 숨이 막히도록 냉면을 우겨넣고 가게를 나서면 잠깐 아랫도리가 휘청거렸다. 농익은 여름이 냉면집이 있는 아동복 상가의 좁은 골목에 가득 차 있었다.

얼마 전, 어머니를 모시고 그 냉면집에 들렀다. 메밀 삶은 물에 예의 간장을 타서 드시면서 어머니가 혼잣말처럼 중얼거렸다.

"그때는 이 집이 참 컸는데……. 너희들은 참 작았고……."

그러고 보니 어머니가 앞서 걸으시던 그 시절의 냉면집 골목길도 어머니의 치마폭도 참 넓었더란 생각이 들었다.

김현진
―
들어갈 때 실컷 마셔라

세상에는 절대 혼자서 밥 못 먹는 얌전한 아가씨들도 있지만, 나는 식당 식탁 위에서 빈대떡이라도 부칠 수 있을 정도로 두꺼운 낯짝을 가지고 태어났으므로 밥은 물론 혼자 술도 잘 마신다. 게다가 진짜 술은 자고로 낮술, 이라는 불량한 사고방식을 갖기도 했는데, 그렇게 된 까닭은 여름이든 겨울이든 언제 찾아가도 봄날 같았던 그 순대국집 때문이었다. 어떤 아가씨는 맛있는 마카롱을 판별할 줄 알고, 어떤 아가씨는 질 좋은 와인을 판별할 줄 안다지만, 나로 말할 것 같으면 순대국의 감식가다. 약수시장 안에 있는 '나주순대국'은 여러모로 완벽했다. 회사를 다니는 3년 동안 자랑은 아니지만 항상 공휴일이나 주말 전날에는 술에 떡이 되었다. 제 자리라고 마음대로 정해놓은 구석 자리에 앉아 대낮부터 술국과 막걸리를 청해 마신다. 그러면 조그만 마루에 앉아 계신 할머니 옆으로 슬그머니 엉덩이를 붙이고 앉아 괜히 이것저것 묻는다.

40년 동안 같은 자리에서 순대국을 끓여온 할머니의 대답은 늘 명쾌했다.

"할머니, 회사 대리가 괴롭혀요."
"아가야, 속 좁은 놈들은 별것도 아닝게 무시해버려라잉."
"할머니, 저 회사 그만뒀어요. 인제 어떡해요?"
"아가, 앞으로 돈 벌 날 하고많응게 쪼매 안 벌어도 돼야. 안 굶어 죽는다."
"할머니, 저 이렇게 술 많이 마셔서 어떡해요?"
"아가, 걱정하지 말아라. 들어갈 때 실컷 마셔라. 안 들어갈 날이 곧 온다."

안 들어갈 날이 곧 온다는 그 말은 주벽으로 시달리고 있던 나에게 실낱같은 구원이었다. 영원히 이렇게 쓰레기처럼 살까 봐 덜컥덜컥 가슴이 내려앉으면, 안 들어갈 날이 곧 온다고 이를 악물고 외웠다. 아직 그날이 안 왔지만 언젠가는 올 것이다. 할머니는 그동안 수천 병이 넘는 술을 팔아왔으니까, 나 같은 주정뱅이를 40년이나 봤으니까. 그러니까 할머니 말은 믿어도 된다. 재개발로 자취방이 철거된다는 통보를 받고 나서, 내키지 않는 이사 준비를 마친 다음 할머니에게 인사를 드리러 갔었다.

"할머니, 멀리 이사 가는 거 아니고 가까운 데 가니까 자주 올게요."
"아가야, 그래도 이사 가면 여기 살 때랑 같나?······."

5천 원어치만 포장해달랬는데 터질 듯한 봉지를 할머니는 건네 줬다. 그걸 안주 삼아 산꼭대기 내 방에서 마지막으로 술을 마셨다. 순대는 오병이어의 기적처럼 먹어도 먹어도 줄지 않았다. 그제서야 알 것 같았다. 그 집에서 내가 먹어온 것은 순대만이 아니었다는 사실을. 차마 감당이 안 돼서 펄펄 날뛰다 못해 미친개 같던 젊음을, 고달프고 외롭고 거친 혼자살이와 돈벌이의 어리광을 그 식탁 위에 조용히 내려놨었다는 것을. 아이고 이쁜이가 왔구나, 아가야 많이 먹어라, 하는 그 말에 넘치도록 위로를 얻어왔다는 것을. 아무리 추운 겨울이라도 그 집에서 내 맘대로 정한 내 지정석에 앉아 있으면 아무리 가난하고 춥고 외로워도 꼭 따사로운 봄날 같았다. 그토록, 따사로운 순대국이었다.

김광준

2루로 출근하는 어느 직장인의 이야기

영준이 아빠는 유니폼 대신 수의(囚衣)를 입고 있었습니다. 이제 돌이 막 지난 아들이 사무치게 보고 싶었지만, 6개월의 수감 생활 동안 매일 면회를 오던 아내에게 절대 영준이만은 구치소에 데려오지 않도록 신신당부를 했습니다. 아들의 기억 속에 수의를 입은 아빠의 모습을 남기고 싶지 않았기 때문입니다. 출소하던 날, 영준이 아빠는 집으로 달려가 잠든 영준이 옆에 팔을 괴고 누워 미치도록 그리웠던 아들을 지그시 바라봅니다. 잠자던 영준이가 갑자기 아빠 쪽으로 돌아눕더니 눈을 뜹니다. 6개월 만에 처음 본 아빠를 보고 영준이가 씩 웃습니다. 그 웃음 한 방에 병역법 위반자, 서른 살의 전과자인 영준이 아빠는 파괴된 인생을 다시 시작할 이유를 발견합니다. 그렇습니다. 이것은 프로야구 롯데 자이언츠의 2루수, 영준이 아빠, 조성환의 이야기입니다.

관중석에 앉은 서른의 공익근무요원

프로야구 롯데 자이언츠 팬들에게 자이언츠의 2루는 눈물과 한이 가득한 땅입니다. 10년간의 홈인에 실패하며 결국 돌아오지 못한 2루 주자 임수혁을 자이언츠 팬들은 가슴에 묻었습니다. 1990년대 자이언츠의 영혼 박정태가 2루 슬라이딩을 하다가 조각나버린 발목에 철심을 박아넣고 10년을 지켜낸 땅이 2루입니다. 임수혁이 쓰러지고 박정태가 박살난 발목으로 지켜온 그 땅, 자이언츠의 2루는 아무도 대신할 수 없을 것 같았고, 자이언츠 팬들은 박정태 이후의 2루수에게 쉽게 마음을 열지 않았습니다.

2000년 4월 18일, 임수혁이 2루에서 급성 심장마비로 쓰러지던 순간 타석에서 선배가 쓰러지는 모습을 바라보며 굳어버린 신인 선수가 있었습니다. 전설의 2루수 박정태 선배와 더그아웃에 같이 있는 것만으로 행복했던 스물네 살의 신인 선수 조성환은 세월이 흘러 자이언츠의 주전 2루수가 됩니다. 신인 지명 순위 꼴찌로 프로 무대에 턱걸이한 선수. 국가 대표 및 각급 대표 경력이 전무한 그저 그런 백업 선수. 아무도 이 선수가 10년 뒤 자이언츠의 역사가 될 것이라 생각하지 않았습니다.

프로 데뷔 후 타고난 성실함으로 선천적 재능을 압도하며 팀의 주축 선수로 급성장하던 조성환은 2000년대 초반, 팀의 유일한 3할 타자로서 박정태 이후의 2루를 책임질 선수로 각광받았습니다. 한 번도 성공한 야구 선수로 살아보지 못한 스물다섯 살의 조성환은 영원히 이 행복한 시간을 붙잡고 싶었습니다. 그러나 노력으로 어찌할 수 없는 병역 문제가 발목을 잡고 있었습니다. 야구 선수에게 현역병으로서의 군복무는 인생을 걸어야 하는 일입니다. 국가 대표가 되어 국제대회 입상을 통한 병역 면제 혜택은 남의 이야기였습니다. 결혼한 아내와 막 태어난 아이 생각에, 영준이 아빠는 순간 잘못된 유혹에 무너져버립니다. 2004년 세간을 떠들썩하게 했던 프로야구 선수 집단 병역 비리에 연루됐습니다. 도주와 자수와 재판의 과정을 거치며 결국 영준이 아빠는, 글러브 대신 수갑을 찼고, 유니폼 대신 수의를 입었으며, 더그아웃 대신 구치소에 앉았습니다.

사람들은 영준이 아빠를 잊었습니다. 그리고 자이언츠는 4년 연속 꼴찌라는 기나긴 암흑기를 통과하는 중이었습니다. 출소한 영준이 아빠는 나이 서른에 공익근무요원이 되었습니다. 부인과 아이를 생각하면 살길이 막막했습니다. 모아둔 돈도 없었고, 평생 야구만 해온 사람이니 야구장 바깥에서의 어떤 밥벌이에도 자신이 없었습니다. 결국 돌아갈 곳은 야구장뿐이었습니다.

공익요원으로서의 하루 근무가 끝나면 사직야구장 관중석에 앉아 경기를 지켜봤습니다. 모자를 눌러쓰고, 일반 관중들 사이에 섞여, 경기가 끝나면 야구장의 쓰레기도 주우며 반드시 돌아가야 할 곳을 두 눈에 담았습니다. 죗값은 다 치렀습니다. 야구 선수로서 최전성기의 나이를 야구 관중으로 보낸 영준이 아빠는 몸을 만들기 시작합니다. 반드시 돌아가야 했습니다. 힘들 때면 자신 때문에 상처받은 사람들의 얼굴을 떠올렸습니다. 야구로 지켜내야 할 게 많았습니다.

소집 해제가 된 후, 구단을 찾아가 등번호도 없는 유니폼을 입고 훈련에 합류했습니다. 그리고 마침내 2008년, 4년을 기다린 그라운드에, 보통의 선수들이 은퇴를 준비할 서른셋의 나이로 영준이 아빠는 신인처럼 복귀했습니다. 그해 4월, 연장전에서 무적의 마무리 삼성 오승환을 상대로 때려낸 기적의 역전 끝내기 2루타는 조성환 야구 인생 후반전의 신호탄이었습니다. 그리고 그해 여름, 잊혀진 야구 선수였던 병역법 위반의 전과자 영준이 아빠는, 자이언츠의 주장이 되었습니다. 그리고 로이스터 자이언츠의 만화 같던 3년을 함께 일궈갑니다.

야구장으로 출근하는 성실한 직장인

타격 3위와 8년 만의 포스트시즌 진출로, 더 이상 화려할 수 없는 복귀에 성공한 다음 해 2009년 4월. 상대 투수가 던진 150킬로미터의 직구가 영준이 아빠의 얼굴을 강타했습니다. 영준이 아빠의 광대뼈가 박살나버렸습니다. 피눈물 끝에 이제야 자리를 잡고 제2의 인생을 시작하는 순간 다가온 잔인한 운명이었습니다. 얼굴에 공을 맞고, 그것이 평생의 트라우마로 남아 선수 생활이 끝나버리는 선수도 많습니다. 그러나 파괴되고 돌아오는 것에 익숙해진 이 선수. 수술이 끝나고 눈두덩에 피멍이 가시지도 않은 상태에서 두려움을 숨긴 채 다시 타석에 섰습니다. 그리고 2개월 만의 복귀전에서, 자신의 얼굴에 공을 맞힌 그 팀을 상대로 두 개의 안타를 때려냈습니다.

1년 뒤 2010년 가을, KIA 타이거즈 윤석민의 실투가 영준이 아빠의 헬멧을 다시 맞혔습니다. 투수의 손에서 공이 빠져버린, 누가 봐도 명백한 실투였습니다. 상대 투수의 고의가 아님은 영준이 아빠도 알고, 자이언츠 팬들도 다 압니다. 그러나, 저 남자, 영준이 아빠가 어떤 공포와 싸우고 있는지를 알기에 자이언츠 팬들은 윤석민을 원망했습니다. 그 남자의 머리는 자이언츠 팬들에겐 성역이었습니다.

　2011년, 영준이 아빠는 우울합니다. 지난 3년간 두 번이나 타격 3위를 했던 리그 최정상급 타자의 슬럼프가 길어집니다. 사람들은 으레 그의 나이를 얘기합니다. 그러나 자이언츠 팬들은 조성환의 타율에 관심이 없습니다. 지금 저 선수의 타석은 2할 4푼을 치는 그저 그런 나이 든 2루수의 타석이 아닙니다. 1할을 치든, 2할을 치든, 자이언츠 팬들에게 그것은 몇 번이나 파괴되면서 모두가 "끝났다"고 할 때마다 기어이 돌아온 우리 캡틴의 타석입니다.

　영준이 아빠는, 힘든 시절 자신을 다시 받아준 구단에 대한 의리를 지키려고, 여전히 연봉 협상을 가장 일찍 마무리하는 주전 선수 중 하나입니다. 이미 고인이 된 임수혁 선수의 아내에게 아직도 연락을 하는 유일한 야구 선수입니다. 지난겨울 교통사고로 운명을 달리한 팬의 장례식장을 사흘간 지킨 선수입니다. 이것이 조성환이 캡틴인 이유입니다. 야구는 누구든 잘할 수는 있지만 아무나 캡틴이 되는 건 아닙니다. 조성환은, 박정태 이후의 시대를 짊어질 자격이 있는 사람이었습니다. 무엇보다 그는 자신의 직업으로 지켜내야 할 게 많은, 야구 선수라는 직업을 가진 훌륭한 직장인입니다. 이젠 거의 연예인 같은 젊은 선수들 사이에서 유독 영준이 아빠가 눈에 밟히는 이유는, 어쩌면 저 사람도 그저 나와 같이 하루하루 가족을 지키려고 매일 공포와 불안을 심장에 품고 달리고 있는 직장인이라는 동질감 때문입니다.

　영준이 아빠의 꿈은 한국시리즈에서 자이언츠가 우승한 날, 아빠의 등번호가 새겨진 유니폼을 입은 영준이를 목마 태우고 흩날리는 꽃가루 속에서 그라운드를 달리는 것입니다. 먼저 운명을 달리한 선배와 팬에게, 자신으로 인해 아팠던 사람들에게 우승 트로 피를 바치는 것입니다. 그것은 모든 자이언츠 팬들의 꿈이기도 합니다. 그저 영준이 아빠가 오래오래 자이언츠의 2루에 출근해주길 바랍니다. 아직 우리는 조성환 이외의 2루수를 상상하기가 어렵습니다. 자이언츠의 2루는 당신이 그렇게 부서지면서 기어이 지켜낸 땅입니다. 자이언츠의 2번은, 오직 당신만의 등번호입니다.

"네 아빠는 800만 팬의 캡틴이었어"

영준이에게. 네가 커서 네 아빠가 야구하던 시절을 찾아보면 올림픽 금메달에도, 아시안게임 금메달에도, 월드베이스볼클래식(WBC) 준우승 명단에도, 아빠의 이름은 없단다. 하지만 영준아, 아직 어려서 잘 모르겠지만, 네 아빠는 존경받는 직장인이자, 자이언츠 팬 800만 명의 캡틴이었어.

※ 이 글을 쓰기 전 조성환 선수와 전화 통화를 했습니다. 병역 비리 사건에 대해, 죗값도 다 치른 상태에서 이제 잊혀져가는 지난 얘기를 언급하는 건 예의가 아닐 것 같았지만 조성환 선수 본인께서 오히려 적극적으로 써달라고 요청하셨습니다. 그는 그 문제에 관한 한 누가 언제 다시 물어봐도 사과할 의지가 있는 사람이었습니다.

서효인
———
이종범, 여전히 전성기

누구에게나 전성기는 있다. 그리고 그것이 누구의 전성기이든, 그것은 곧 끝나기 마련이다. 시간은 결국 순간이 모여 만들어진 서사이며, 우리는 서사의 어떤 파편을 함께한다. 그의 전성기를 우리가 같이 보았다면, 그것은 당신과 내가 동시대를 살았다는 확연한 증빙이 된다. 당신도 보았는가? 나도 보았다. 1990년대 중반의 이종범. 그는 역사상 가장 화끈하게 불타오른 선수이고 동시대의 증빙이다.

누구는 그 때문에 잠실구장에서 '목포의 눈물'의 구슬픈 멜로디를 환희롭게 부를 수 있었다. 누구는 그 때문에 혈압이 오르고 애가 탔다. 그는 관중석에서 뛰어! 하면 2루로 뛰었고, 뛰어! 하지 않았음에도 3루까지 내달렸다(물론 세이프). 경기장에 조금 늦게 도착하면 주자는 아무도 없는데 전광판에 찍힌 숫자 '1'이 선명했다(선두 타자 초구 홈런). 결정적인 순간에 짜릿한 3루타를 치고 손가락 하나를 편다(폭풍 같은 헤드퍼스트 슬라이딩).

1994년 그의 기록이다. 타율 0.393, 안타 196, 홈런 19, 도루 84. 타율 7리, 안타 4개, 홈런 1개를 까치밥처럼 남겨놓은 건 훗날 기록지를 살펴보는 자의 현실감각을 돕기 위함이었을지도. 그는 게임의 지배자였다. 그리고 게임을 지배했던 청년은 올해 우리 나이로 마흔세 살이 되었다. 자, 이쯤에서 주위에 있는 마흔셋의 남성을 떠올려보라. 나는 서른두 살에 불과함에도 배가 불룩하고, 10초 이상 못 달리며, 야구를 하기 전 스트레칭을 하면 뼈마디가 발광한다.

그러나 이종범도 세월을 거스르지는 못하고 평범한 성적을 내는 평범한 선수가 되었다. 레귤러로 뛰는 경기보다 후보로 대기하는 경기가 더 많다. 가끔 안타를 치고 가끔 호수비를 펼치지만 3루타는 희미한 기억이 되었고, 난폭한 슬라이딩보다는 완숙한 예측 수비를 즐긴다. 누군가는 은퇴를 종용하고, 어떤 팬들은 거기에 동조한다. 신이라고 부르는 사람도 있지만 어떤 이는 그에게 맥주 캔을 던진다.

그는 전성기의 선수가 아니다. 그저 삶을 유지하는 중이다. 끈질김과 인내심, 자기 벼르기, 한창 날릴 때의 경험이 몸에 남아 있을 것이다. 반대로, 선천적인 감각을 40년 지녀온 몸은 지금쯤이면 지쳤을 것이고, 그래서 쉬길 원할지도 모른다. 하지만 그의 정신만은 아직 그라운드를 강렬히 원하는 것 같다. 그의 정신은, 아직 전성기다. 그의 전성기는 갱신되고 있다.

보통의 경우, 많은 사람은 전성기는커녕 삶을 유지시키는 일에도 힘겨워한다. 그럴 때 나는 마흔이 넘은 야구 선수의 얼굴을 찬찬히 본다. 시커먼, 기미와 주름이 있는 얼굴. 그러나 빛나는 눈빛. 그리고 거울을 본다. 우리의 정신은 어디에 있나. 새로운 시즌이다. 그의 정신을 보는 재미로, 나는 야구를 볼 것이다.

최문정

이 부장, 그러는 거 아이다!

"그럼 가볼끼예……(우당탕탕)."
오늘도 어김없이 용훈(가명) 씨는 '당기시오'가 대문짝만 하게 적힌 사무실 문을 세차게 미는 통에 우당탕거리며 사라져갔습니다.

용훈 씨는 2004년경, 실업센터에서 재활용 컴퓨터를 이웃에게 나눠드리는 일로 인연을 맺게 된 분입니다. 용훈 씨는 어릴 때부터 혼자 컸습니다. 학교도 제대로 마치지 못한 채 생계를 위해 어린 나이에 배를 탔고, 거기서 사고를 당해서 상처를 많이 안고 있는 분입니다.

"30만 원 정도 나오는 생계 급여로는 혼자 살기가 여간 빡씬 게 아이라서 날일이라도 있다 카면 뭐든 하거든예. 그래 가꼬 한 푼 두 푼 모아서 얼른 수급자 때려치우고 내도 보란 듯이 한번 살아보고 싶거든예. 돈도 모두고(모으고) 기술도 배아 가꼬 컴퓨터 수리하는 일이라도 하면 얼마나 좋겠어예."

생각만 해도 기분이 좋은지 연신 싱글벙글입니다.

"내 어렵게 산다꼬 맨날 일 있으면 불러주는 이 부장이란 분이 있거든예. 그분이 저번에도 일거리 주 가꼬 공사장에서 일을 했어예."

"아유, 고마운 분이네예."

"그래 가꼬 밥도 자주 먹고 술도 한잔하고 그캤는데……. 아무리 친해도 내가 조심했으야 했는데……. 사람이 뭐 씌인다고 안 그캅니까. 내가 그날 딱 그런 거라예. 술 먹고 야기를 나누다 본께 내를 걱정해주는 이 부장님이 억시로 고맙더라고요. 마음이 탁 열리는 기, 그래가 고마 내가 수급자인 걸 말하게 됐지예."

기초생활수급자로 생계 급여 받는 사람이 몰래(?) 일을 해서 돈을 벌면 생계 급여에서 번 만큼 깎이거나 수급에서 탈락되는 게 현실입니다. 하지만 생계 급여 자체가 비현실적이라서 1인 가구는 많이 받아야 40여만 원의 지원을 받을 뿐입니다. 그 돈으로 월세 내고 공과금 내고 나면 10만 원 정도가 남을까 말까 하는 거죠. 그렇다 보니 아무리 아파도 누가 일 시켜준다면 맨발로 뛰어갈 수밖에 없는 겁니다. 저라도 분명 그러했을 겁니다. 내가 살아야 하니까요.

"근데 하필이면 몇 달 전에 일을 하다가 공구리(콘크리트) 호스가 떨어지면서 그기 내 다리를 치뿐는 기라요. 그래 가꼬 무릎 인대가 파열됐거든요."

"에헤이, 그래서 한동안 소식이 없었네예. 괜찮아예?"

"수술 두 번 받고 보호댄가 뭔가 해야 된다 카는데 60만 원이나 하더라꼬예. 그래서마 가끔 물리치료나 받고 있심다."

"이 부장은 치료비 안 주던가예?"

"세상에 믿을 사람 없다고, 내한테 그래 잘해주고 어려워도 힘내라, 도와주겠다 카믄서 술 한 빵울씩 농가(나눠) 먹던 사람이 내보러 수급자면 병원 치료 꽁짜 아니냐 그란다 아입니까. 난중에 치료비는 주겠다고 하니까 내도 믿었지예. 병원 가서도 내가 길 가다가 다쳤다고 했거든요. 엠알아인가 뭔가 그거 찍으라카대요. 그런 거는 또 의료 보호로 안 된다캐요. 여기저기서 구해 가꼬 그동안의 치료비며 수술비를 다 냈거든요. 근데 이 부장이 말이 없다 아입니까."

"아이고, 딱 코 걸렸네, 그치요?"

"차일피일 준다 준다 카더만 인자는 아예 연락도 안 되더라꼬요. 그래서 내가 마 복지공단인가 거기에 산재 신청 해뿔가 우짤가 싶어서예."

우선 한숨부터 좀 몰아쉬어야겠습니다. 휴……. 참 답답한 일입니다. 산재 신청을 하는 순간, '나는 일을 하다 다친 사람이다', 즉 수급자면서 몰래 '일'을 했다고 고백하는 셈이니 그렇게 떼고 싶어 하는 '수급자'라는 꼬리표를 준비되지 않은 상황에서 예상치 못하게 뜯어내게 되는 겁니다. 그렇게 되면 다친 무릎으로 일당 5만 원짜리 작은 공사장 일도 못하게 되겠죠. 소득 없이 지내다 보면 월세도 밀리고 공과금도 밀리고 전기며 가스가 하나, 둘 끊기고 병원비가 없어 물리치료도 못 받게 될 거구요. 그럼 올해 안에 또 한 명의 노숙자가 생길지도 모르는 일입니다.

용훈 씨는 발바닥에 고여 있던 한숨마저 풀어놓는 듯했습니다.

"그럴 끼다 예상은 했심다."

"기막힌 일이지만……, 일할 때는 수급자다 그런 말 일체 하지 마입시다."

"내도 하도 많이 당해봐서 조심한다고 했는데…… 하, 이 부장이 그 칼 줄 누가 알았심꺼. 후회돼 죽겠심더."

"그래도 무리해 가꼬 다리 더 베리지 말고 물리치료라도 잘 받고 얼른 나사 가꼬 다음 일을 궁리해야 안 되겠어예."

"그래야지예. 가진 거라고는 달랑 몸뚱아리 하난데. 휴…… (진짜 이 드른 놈의 세상)."

'드른 놈의 세상.' 용훈 씨는 들릴락 말락 한 소리로 세상에 대고 소심한 욕을 합니다. 마음 같아서는 더 크게 욕해보라고 권하고 싶었지만 욕 권하는 상담원은 문제가 있을 거 같아서 꾹 참았습니다. 그렇다고 '이놈의 세상 더럽다' 하고 같이 맞장구치자니 저녁 따배(무렵에) 코딱지만 한 방구석에 혼자 덩그러니 앉아서 '더러운 세상' 탓만 하고 있을 용훈 씨 모습이 떠올라서 그 또한 꾹 참았습니다.

"그래도, 걱정 마이소. 내라고 언제까지 이래 살란 법 있슴니꺼. 보란 듯이 한번 살아볼 끼라요. 선생님 모르죠? 내가 그래도 혼자 공부해서 검정고시 합격했다 아입니까."

"미안합니데이, 만날 도와주는 것도 없고."

"아입니다, 만날 폐만 끼치고 그라는데요, 뭐. 난중에 국장님이 한 번씩 컴퓨터 수리하는 거나 좀 갈카 주이소."

"난중에 김 사장님 되면 잘 부탁드릴께예."

"아이고, 걱정 마이소. 시간 너무 뺐았다. 그럼 가볼끼예…… (우당탕탕)."

'우당탕탕'거리는 소리가 복도를 가득 메우고 번개같이 사라진 용훈 씨의 뒷모습을 보자니 오래전, 아주 오래전에 본 〈늑대와 춤을〉이란 영화의 주인공 이름 '주먹 쥐고 일어서'가 떠올랐습니다.

늘 수줍어하고 말하면서 코가 빨개지고 눈물도 그렁그렁 맺히는 맘 여린 용훈 씨지만 자신의 꿈을 이야기하는 순간만큼은 더듬지도 않고 목소리도 커지는 용훈 씨는 참 멋진 분 같습니다. 용훈 씨, 멋쟁이!

김선주

자기를 위한 잔칫상을 차려라

만약 당신이 내일모레 서른이라면, 그리고 결혼을 하지 않았다면, 주위에서 뭐라고 압력을 넣더라도 절대로 서른을 넘기지 않겠다는 결심을 하지 말기 바란다.

여자 나이 서른이 넘으면 값이 떨어져 제대로 된 결혼을 할 수 없다는 것은 여러분 부모 세대의 생각이다. 재취 자리밖에 없다나. 재취라는 말, 얼마나 불쾌한가. 다시 여자를 얻는다니……. '부엌데기'와 '보모'와 '성적 상대'로서의 여성, 다용도로 쓸모 있는 물건을 집 안에 들인다는 냄새가 물씬 난다. 서른은 결혼 적령기의 마지노선이 아니다.

결혼 적령기는 당신이 결혼하고 싶은 상대가 생기는 바로 그때라는 사실을 확고하게 믿어야 한다. 누군가가 사랑해주기를 바라는 것은 어리석다. 당신이 사랑할 상대를 적극적으로 찾아야 한다. 백마 탄 왕자가 다가와 손 내밀기를 기대할 시기는 지났다. 백마 탄 왕자는 10대에도 20대에도 환상이고 서른에는 망상이다.

당신이 서른 살이 되었는데도 직업이 없다면, 당장 내일부터 파출부라도 하기 바란다. 아니면 집에서 밥도 하고 빨래도 하고 청소도 해서 밥값을 해야 한다. 서른 살에도 휴대폰 요금과 인터넷 통신 요금을 부모에게 부담시키는 것은 부끄러운 짓이다. 부모가 여력이 있다 하더라도 부모의 노후 자금을 축내지 말기 바란다. 부모의 노후를 책임질 각오가 되어 있지 않다면 그것은 파렴치한 짓이다. 박사학위를 가졌다 할지라도 자신의 손으로 자신의 밥벌이를 할 수 없다면 당신은 아직 아이에 불과하다.

경제적 독립이 없다면 정신적 독립도 없다는 것은 동서고금의 진리다. 정신적 독립을 하지 못한 사람이 학문의 길에서 어떻게 정진할 수 있겠으며, 경제적 독립을 주는 누군가의 간섭으로부터 어떻게 자유로울 수 있겠는가. 직장 구하기가 힘들다고? 절대로 그렇지 않다. 조선족 여성들도 가족을 떠나 이 땅에 들어와 훌륭하게 돈벌이를 하고 있는데 당신이 왜 못하는가. 허드렛일로 보이는 일, 자원봉사처럼 보이는 일도 하다 보면 길이 보이고 전문직으로 또 평생직장으로 발전시킬 수 있다.

3대에 걸쳐 호의호식하고 화려한 생활을 영위할 수 있는 집안의 딸이라 할지라도 당신은 일을 해야 한다. 부모 재산을 물려받거나 부모 기업을 물려받는다 해도 스스로 돈을 벌어본 경험은 당신에게 재산이 된다. 혹시 남자 형제들과 경쟁해야 하는 처지에 처한다 해도 당신이 딸이라서 부당한 대우를 받지 않으려면 당신도 경력과 능력을 키워야 하기 때문이다.

당신이 직업을 가졌다면, 서른 살에 전직과 평생 직업을 생각해야 한다. 20대까지의 삶은 대부분 자신이 적극적으로 선택한 것이 아니다. 살아온 배경이나 환경, 출신 학교 등에 의해 만들어진 것이며 자기 자신의 가치관이나 인생관과는 동떨어진 것일 수도 있다. 직업도 허겁지겁 우선적으로 선택하게 되는 것이지 자기 자신의 적성에 맞는 직업이라고 보기는 어렵다. 자신에게 잘 맞는 일인지 안 맞는 일인지 이제는 알 만큼 당신의 경력도 쌓이고 세상을 보는 눈도 키워졌다. 장래성 있는 일과 없는 일, 내가 잘하는 일과 좋아하는 일이 무엇인지도 분명해졌다.

당신이 다니는 직장이 보람도 있고 적성에도 맞고 평생 직업으로서 가질 만한 것이라면, 당신 위에 여자 상사라고는 하나도 없는 곳이라 할지라도 그 벽을 뛰어넘기 위해 자신에 대한 투자를 하고 기회를 포착하기 위해 준비해야 한다. 그러나 희망이 없어 보이는 곳이라면 수소문과 정보를 동원하고 그동안에 생긴 인간 관계와 경험을 활용해 전직을 꾀해야 한다. 무엇보다 중요한 것은 진정한 친구를 발견하고 사귀어야 한다는 것이다.

사회적 관계를 확장하기 위해 넓은 의미에서의 인맥 관리는 필요하다. 그러나 인맥 관리만으로 사람에게 접근하면 당장 들통 난다. 사람들은 그렇게 접근하면 경계한다. 당신이 주요한 포스트에서 밀리면 당장 그 인맥의 그물에서 빠진다는 사실을 알고 있어야 한다.

가치관이 같고 인생에서 추구하는 바가 같은, '아' 하면 '어' 하고 알아듣는 친구를 갖는 것은 평생 반려를 얻는 것보다 충족감이 크다. 그런 친구를 위해서라면 당신이 가진 모든 것을 내줄 자세가 되어 있어야 한다. 얄팍하게 넓은 관계로 사교 생활을 하는 것도 나름대로 당신에게 도움이 되겠지만 언젠가는 허망하다는 생각이 들 날이 있다는 것이다.

당신이 전업주부라면, 당당해라. 남편 수입의 절반은 당신 것이다. 당신 마음대로 할 권리가 있다. 밥하고 빨래하고 청소하고 집안 관리하는 것을 돈으로 환산하면 당신은 충분히 권리를 주장할 자격이 있다.

그리고 절대로 자식과 남편에게 목을 매지 마라. 시간과 열정, 여가와 당신이 가진 소질을 전부 거기에 털어놓고 안주하지 말라는 것이다. 당당하게 자신을 위한 시간을 갖고 자신의 이름으로 된 통장을 마련해야 한다. 당장 통장을 개설하고 남편에게 당신의 이름으로 된 통장에 수입을 넣어줄 것을 요구해라. 남편 돈이 내 돈 같지만 그렇지 못할 때가 생길 수도 있다. 토요일마다 로또복권만 살 것이 아니라 일주일에 만 원이라도 당신 자신을 위해 저축하고 경제적 주체가 되어라. 소비적 주체가 아닌 경제적 주체로서의 자아를 확립해야 한다.

집 안에만 있다고 하여 자녀 이야기, 남편 이야기, 시집 이야기만 하지 말기 바란다. 그것이 인생의 전부인 것 같지만 그런 세월은 길지 않다. 언젠가 홀로서기를 할 때를 대비하려면 사회적 관심의 끈을 놓지 않도록 해야 한다.

당신이 서른한 살이고 직업이 있고 결혼을 했고 남편이 있다면, 가끔씩 덫에 걸렸다는 생각이 들 것이다. 가끔이 아니고 자주일 수 있다. 안정적으로 아이를 돌볼 사람도 없고 직장에서는 위에서 아래에서 당신을 압박하는 일이 많다. 승진은커녕 유부녀인 당신의 일거수일투족을 비판의 눈으로 바라보는 사람도 있을 것이다.

남편은 당신이 버는 돈은 좋아하면서, 이익의 대가로서 가사노동이나 시집 동원 행사의 분담이라는 반대급부를 자발적으로 할 마음이 없다. 돈을 벌어도 쌓이는 것은 없고, 남편이 없었더라면 자녀가 없었더라면 직장에서 더욱 성공할 수 있었을 텐데 하는 갈등과 회의가 당신을 짜증나게 할 것이다. 당연하다.

그러나 불만을 말하지 마라. 당신이 가진 모든 것을 부러워하는 당신 또래의 여성들이 눈을 흘길 것이다. 당신은 가진 것이 많은 사람이다. 가진 것이 많으면 할 일이 많은 것이라고 생각해라.

당신이 서른한 살이고 누군가를 사랑한다면, 기혼이든 미혼이든 열렬히 사랑해라. 사랑할 수 있을 때 사랑하는 것은 인생의 권리다. 축복이다. 그러나 결코 눈을 사르르 감고 관능에 몸을 맡기거나 영혼이 떨리는 듯한 충일감에 젖어드는 사랑의 순간이 오더라도 한쪽 눈은 분명히 뜨고 있어야 한다는 것을 잊지 말아야 한다. 당신이 성취한 것, 당신이 가진 것과 맞바꾸기에는 사랑이란 너무나 불가해한 것이고 가변적인 것이다. 영원한 사랑에 대한 환상을 버려야 한다. 사랑은 맹목이지만 결혼은 눈을 뜨고 하는 것이다. 물 좋고 정자 좋은 결혼은 없다.

정신적으로, 육체적으로, 경제적으로, 사회적으로 독립한 당신, 이제 서른한 살이다. 서른까지 남의 손에 의해 차려진 잔칫상만 받았다. 서른한 살, 이제 당신은 자신의 손으로 자신의 잔칫상을 차리기 시작해야 한다.

갈 곳이 아무 데도 없다

이계삼

다들 고향이 있지 않습니까

재바르게 스쳐가던 풍경이 느려지는가 싶더니 이내 승용차는 기기 시작했다. 차창 밖으로 목을 뽑아보니 앞뒤로 기다랗게 늘어선 자동차 행렬이 나를 조여오고 있었다. 도시는 이런 식으로 타지에 다녀온 사람에게 인사를 건네는 습관이 있다. '서울이구나.' 멀리 노란색 톨게이트가 이 장사진을 거만한 눈길로 바라보고 있었다.

2002년 어느 봄날, 나는 아버지를 고향 선산에 묻고 돌아오고 있었다. 문득, 모든 게 지겨워졌다. 2년의 전세 계약이 끝나면 다시 떠나야 하는 세입자의 비애를, 성냥갑 같은 임시 거처에 살면서 겨우 정붙인 것들과 다시 헤어지기를 반복하는 것이 지겨웠다. 만나서 악수하고, 안부를 묻고, 헤어질 때는 1년 뒤가 될지 2년 뒤가 될지도 모를 다음 만남을 그래도 억지로라도 기약해야 마음 놓이는 허망한 도시의 인간관계에 이미 나는 진이 빠져 있었다. 배후의 농촌을 착취하는 도시, 자원을 한정 없이 가져다 쓰기만 하는 도시, 인간의 온기를 빼앗아 연명하는 도시, 말하자면 도시는 생태계의 거대한 '종양'이었다.

그러나 나는 그 누구들처럼 용기가 없었고, 달리 갈 데가 없다고 느꼈다. 그래서 나는 어떻게든 이 도시에 정을 붙이고 싶었다. 앞뒤 버스 사이에 끼여 압사할 것 같은 위협을 느끼면서도 자전거를 타고 다녔고, 텃밭을 가꾸었다. 변혁의 열망으로 치장했으나 다만 소박한 우정의 근거지를 위해 사회 활동을 했다.

그러나 나는 병든 아버지를 보살펴 드리지도 못했고, 그 마지막 순간조차 함께하지 못했고, 결국 고향으로 출발하는 차 안에서 아버지의 부음을 듣고 말았다. 스스로도 채 설명이 되지 않았지만 나는 그것이 말할 수 없이 괴로웠다. 나는 도시에 만정이 떨어져 버렸다. 아무리 발버둥 쳐본들 나는 그저 '뿌리 뽑힌 삶'이었다.

아버지를 묻고 돌아오던 그때, 톨게이트 입구의 지체를 다시 만났던 그 순간, 어떤 생각이 스쳤다. 나에게도 고향이 있지 않은가. 머나먼 곳 강원도, 충청도 혹은 서울 근교의 강화 어느 곳을 후보지로 올려놓고 주판알을 튕기는 것으로 귀농의 대리만족을 삼은 지 몇 년 되던 때였다.

그런데 그 어느 곳도 아닌, 내가 나서 19년간 자랐던 곳, 짧은 스포츠머리의 금욕과 숨막히는 교육열로 어린 영혼을 내리누르던 곳, 그래서 언제라도 떠나고 싶었고 다시는 돌아오고 싶지 않았던 곳, 우리나라에서 첫손가락에 꼽히는 극우 정치인 김 아무개를 내리 세 번 대표로 뽑아 여의도로 올려보낸 경상도 오른편의 소도시가 '고향'이란 이름으로 나에게 육박해왔던 것이다.

아버지가 돌아가심으로 모든 게 분명해졌다. 아버지의 육신이 담긴 관에 흙이 뿌려질 때, 아버지와 나 그리고 나의 아들은 육신의 연쇄 속에 있다는 것을 나는 느꼈다. 이제는 내 차례였다. 나는 어느 곳이든 뿌리내려야 했고, 그렇다, 내게도 고향이 있었다. 자동차를 타지 않아도 된다는 것, 걷거나 자전거를 타고도 어디든 충분히 다닐 수 있다는 것, 밉건 곱건 한정된 실명의 공간에서 일생토록 부대낄 구체적인 이웃을 가진다는 것이 나를 들뜨게 했다.

그렇게 학교를 옮기고 귀향을 결행했다. 고향은 별로 변하지 않았고, 지금 내가 하는 일이란 아이들을 가르쳐 도시로 떠나보내는 일에 불과하다. 그러나 나에게는 기쁜 열망이 있다. 땅과 고향을 지키는 일, 이 아이들 중 누구라도 되돌아와 살 만한 곳으로 내 고향을 가꾸는 일, 전 지구적으로 사고하고 지역적으로 실천하는 일, 내가 떠나더라도 다음 세대에 넘겨줄 구체적이고 한정된 책임이 나에게는 있다.

우리에게 고향이 있는가. 육신의 탯줄을 도회에 묻었을지언정, 우리가 뿌리내릴 정신의 고향은 있는가. 가치로운 것이라면 뿌리부터 뽑고 보는 것이 일상이 된 이 기막힌 시대에, 몸 둘 곳 마음 둘 곳 하나 없는 이 가여운 시대에, 마음의 정처를 찾아 방황하는 영혼들에게 나는 거듭 묻는다. "다들, 고향이 있지 않습니까?"

유소림

그곳

나는 가끔 꿈속에서 그곳을 찾아간다. 그곳은 달리아가 만발해 있기도 하고 때로는 유리창이 모두 깨어진 폐허가 되어 있다. 아니면 그곳에서 엄마와 아버지를 만나기도 한다. 그곳, 5·16 쿠데타 후 우리가 영영 떠나온 그곳은 내가 태어나고 자라난 집이다.

꽃과 채소, 나무와 작은 동물들이 있던 곳, 헛간과 닭장, 커다란 무쇠솥이 있던 곳, 강냉이 장수, 땜쟁이 아저씨, 거지 아이가 드나들던 곳. 여름이면 벌레들이 나비가 되기 위해 머물고 겨울이면 유리창마다 얼음 궁전이 찾아오던 그곳. 그곳에 형사들이 들락거리기 시작하면서 우리는 그곳을 떠나야 했다. 집 장수에게 팔린 그 집은 뜰의 나무들과 함께 지상에서 사라졌지만 그 후에도 그곳은 여전히 내 고향이었다. 하지만 그것은 단순히 어린 시절의 추억 때문만은 아니었다.

다섯 딸은 언제나 까르륵댔다. 겨울이면 마당 비탈진 곳에 물을 뿌려 미끄럼을 탔고 밤에는 귀신놀이로 비명을 질렀으며 이불로 집짓기를 하느라 먼지를 피웠다. 남자 동생이 태어나자 누이가 된 딸들은 동생의 머리칼을 '하이칼라'로 빗겨놓고 좋아라 감상했다.

아이들이 버글거리는 집이었으니 창호지와 장판지, 문살이며 판자 담까지 그다지 성한 게 없었다. 그 집은 꽃과 나무가 가득하긴 했어도 사실 '누더기 집'과 비슷했다. 그런데 이상하게도 그 집은 한편으론 숲속 같기도 하고 암자 같기도 한, 무언가 고요하고 단정하며 정갈한 곳으로 기억된다.

그 집 2층엔 아버지의 서재가 있었다. 가마솥이 부글대고 빨래가 널려 있고 아이들이 뒹굴며 자는, 무언가 텁텁하면서도 태평스런 그런 공간 외에 그 집은 아버지의 서재라는 또 하나의 공간을 지니고 있었다. 그곳을 빠끔히 들여다보면 뒷모습의 아버지가 책상 앞에 단정하게 정좌해 있었다. 모든 소란이 사라져버린 그곳은 어딘가 광활한 곳으로 향하는 작은 문과 같은, 요즘의 집에서는 거의 사라져버린 어떤 '정신의 공간'이었다.

아버지가 출근하고 나면 나는 혼자서 살그머니 아버지 서재에 들어갔다. 만년필이며 노트, 재떨이, 벽에 가득한 책 그리고 아버지의 간이침대까지, 그곳의 모든 기물은 창호지문을 통해 들어오는 부드러운 빛 아래서 선비처럼 단정했다. 그리고 오래된 책 냄새 비슷한 아버지 냄새가 났다. 아버지 침대에 기어 올라가 창호지 덧문을 가만히 열면 환한 빛 속에 이마동 화백의 집이 나타났다. 나는 목련나무 위, 그 집 2층을 바라본다. 아, 몇 개의 커다란 붓이 꽂혀 있는 그 둥그런 항아리가 그대로 있다. 항아리를 바라보다 싫증이 나면 이번엔 아버지 재떨이를 들어올린다. 새파란 유리 재떨이를 통해 보면 창가 나뭇잎 끝끝마다 무지개가 서려 있다. 나는 책들 앞에 앉아 그 무지개를 바라보다 고양이처럼 그곳을 살짝 빠져나온다. 나무 층층대를 하나씩 짚어 아래로 내려온 나는 시침을 뚝 뗀다. 마치 비밀집회에 다녀온 신심 깊은 신도처럼.

 아버지가 떠나기 전까지 나는 아버지에게 엄마 대하듯 '마구' 대한 적도 없었지만 결코 아버지를 완전히 이해하지도 못했다. 당연히 끝내 아버지 당신의 기대를 만족시키는 딸도 되지 못했다. 두 분이 모두 내 곁을 떠났을 때 나는 엄마를 더 사랑한다고 생각했다. 하지만 나는 나쁜 의미에서건 좋은 의미에서건 엄마보다 아버지를 더 닮은 딸이었다.

이혜경

봄은 고양이로다

내가 소중하게 간직하는 어릴 적 추억 가운데 하나는 엄마와 단둘이 깨어 있던 한밤중의 기억들이다. 단둘이 깨어 있었던 것은 아니다. 눈도 못 뜬 채 야옹거리며 배고픔을 호소하는 새끼 고양이들이 있었고, 콜콜 자는 형제들이 한방에 있었다. 그런데도 그 밤들을 생각하면 늘 엄마와 단둘이 있었던 것처럼 느껴진다.

나의 엄마는 워낙 말수가 적고 속마음을 드러내지 않는 편이었다. 하기야 대학생부터 초등학생까지 학교에 보내는 아이들만도 일곱이었고, 집안일 하랴 장사하랴 분주했으니 하루하루가 큰물을 건너는 것처럼 힘겨워 감정을 드러낼 여력도 없었을 것이다. 표현하는 데에는 서툴렀지만, 엄마는 사람에게든 동물에게든 정이 깊은 분이었다.

어느 날 엄마가 돌봐야 할 목숨이 한꺼번에 불어났다. 집에서 키우는 고양이가 새끼들을 낳자마자 죽어버린 것이다. 그렇잖아도 부족한 엄마의 잠을 새끼 고양이들이 축냈다. 한밤중, 엄마는 몇 번인가 잠에서 깨어 분유를 타서 고양이들에게 먹였다. 아이치고 잠귀가 밝았던 나도 그때마다 일어나 엄마를 도와드렸다. 우유병 젖꼭지는 새끼 고양이의 입에 너무 커서 찻숟가락으로 떠서 흘려넣어야 했다. 고양이들은 우유 냄새를 맡으면 야옹야옹거리며 콧잔등으로 허공을 성급하게 헤집었다. 찻숟가락으로 일일이 떠먹이다 보면 그 애처로운 정경에 마음이 급해졌다. 차례를 기다리지 못한 어떤 녀석은 그 가늘고 힘없는 발톱으로 손등이나 팔을 긁어 생채기를 내기도 했다.

　형제들이 세상모르고 꿈속을 헤매는 밤, 아랫목에서 제비 새끼 같이 벌린 새끼 고양이 입에 찻숟가락으로 우유를 흘려넣을 때면, 내 작은 손으로도 한 줌 안에 드는 어린것들이, 그 가녀린 목숨이 오로지 엄마와 내가 흘려넣는 그 우유에 의지해 이어진다는 것에 가슴이 아릿해졌다. 부드러운 털 한 겹 아래 오톨도톨 만져지는 고양이의 가는 뼈가 금세라도 바스라질 것 같아 마음 조이면서도 나는 행복했다. 나는 엄마와 단둘이 깨어 있는 것이다. 식구가 많은 집안인데다 아버지의 일까지 거드시느라, 내가 엄마를 차지할 수 있는 기회는 아주 적었다. 어쩌면 내가 졸린 눈을 비비면서 밤마다 반짝 일어난 것은 아기 고양이에 대한 안쓰러움이나 엄마를 거들어드리겠다는 대견스러운 생각에서라기보다는, 엄마를 온전히 독차지한다는 기쁨 때문일지도 몰랐다.

　어느 날 엄마는 약국에서 큰 젖꼭지 옆에 앙증맞게 작은 젖꼭지가 달린 것을 구해왔다. 아마 인근 미군 부대에서 흘러나왔기 십상인데, 어째서 그런 게 있었는지 모르겠다. 아무튼 제 차례를 기다리면서 허기진 배로 야옹거리는 새끼 고양이들은 좀 더 빨리 그

허기를 끌 수 있게 되었다. 그걸 구해서 들고 들어오던 엄마의 표정이 잊히지 않는다. 늘 무표정에 가깝게 덤덤하던 엄마의 얼굴에 그렇게 천진하게 떠오른 득의라니. 그때 엄마의 얼굴은 난분분 떨어지는 복사꽃잎처럼 환했다. 사람들이 요물이네 영물이네 해도 고양이가 내게는 한없이 부드럽고 따스한 감촉을 가진 목숨으로만 느껴지는 건 아마 그 밤의 기억, 그리고 엄마의 그 표정 때문일 것이다.

  봄날의 산책길, 바람결에선 아직 날이 느껴지지만 등에 와 얹히는 볕의 따사로운 손길에서 계절의 어김없는 순환을 느끼게 된다. "꽃가루와 같이 부드러운 고양이 털에/고운 봄의 향기가 어리우도다"라는 이장희의 시구가 떠오르면서 오래전, 내 작은 손에 의지하고 매달리던 그 어린 목숨들이 문득 기억을 비집고 나타난다. 나의 엄마는 오래전에 세상을 떠나갔고, 그때의 고양이들은 그보다 훨씬 오래전에 흙이 되었는데, 그 밤의 따스한 기억은 아직도 내게 남아 봄볕 아래 가만히 손을 펼쳐보게 만드는 것이다. 어느덧 잔주름 쪼글거리는 손에 닿는 봄볕이 그 어린 고양이들의 가는 털이라도 되는 듯이.

이정록

할머니의 광주리

해는 늘 초롱산 이마 위로 솟았다.
고향집 마루에 서서, 내 어릴 적 꿈과 서러움을 굽어보던 초롱산을 바라본다. 초롱산처럼 아름다운 이름을 가진 산을 나는 아직 만난 적이 없다. 산 너머 동쪽에는 누가 살기에 날마다 둥근 해를 밀어 올릴까?

 초롱산 아래엔 청녀울, 청녀울 옆엔 등골, 등골 옆엔 세월이란 동네가 있다. 나는 아직도 색시나 처녀란 말보다 청녀라는 말이 훨씬 아련하고 가슴이 시리다. 청녀는 푸른빛 머리칼을 가지고 있을 것 같고, 청나라에서 어찌어찌 이곳으로 온 젖은 눈망울을 하고 있을 것 같다. 그녀는 얼마나 많이, 저 초롱산에 올라 고국의 하늘을 그려보았을까? 그녀가 지나다녔을 세월이란 마을 길은 얼마나 눅눅했을까? 아, 세월이라! 막막한 억장의 세월이라!

 초롱산 자락이 있는 세월이란 동네에는 과수원이 있었다. 할머니를 따라 그 과수원엘 가본 적이 있다. 세월이란 이름 때문일까? 삯을 계산하는 방법도 특이했다. 봄철에 일을 도와주고 여름이나 가을이 되어서 과일로 삯을 받는 것이었다. 사과꽃잎이 휘날리는 사과밭에서 하얀 쌀밥에 갓 구운 김을 얹어 먹는 맛이라니? 입을 크게 벌리면 초록이 무성한 초롱산이 나를 굽어봤다. 우리 집에서는 어렴풋이 보이던 초롱산이 큼지막하게 코앞에 서 있었다. 한눈 팔고 걷다가 낯선 아저씨의 가슴팍에 부딪힌 것처럼 내 가슴이 마구 뛰었다.

할머니가 사과 궤짝을 손질하고 복숭아밭에 거름을 내는 동안 나는 탱자꽃을 가지고 놀았다. 탱자나무 울타리 속에는 가시철조망이 붉게 녹슬고 있었다. 나는 탱자가시에 묻혀 옴짝달싹 못하는 철조망이 안쓰러웠다. 그 어린 나이에 탱자나무 속 가시철조망의 운명을 세월의 슬픔으로 읽었을까? 어린 탱자나무가 울타리로서의 구실을 못할 때, 철조망은 기세가 등등했으리라. 나도 언젠가는 할머니 대신 품을 팔러 이곳에 오리라.

여름이 되면, 봄에 품앗이를 한 할머니와 아주머니들이 세월에 있는 과수원엘 갔다. 과수원에 가는 날은 언제나 비 오는 날이다. 농사일을 잠시 접을 수 있는 궂은 날이어야만 되기 때문이다. 이 날을 얼마나 손꼽아 기다려왔나? 그제는 콩밭 매느라 안 되고 어제는 감자밭 북 주느라 안 되고…….

과수원에 다녀온 광주리가 앞집 바깥마루에 차례로 놓인다. 복숭아의 솜털이 빗물에 흥건히 젖어 있다.

"할머니 빨리 들어와유. 식구들이 다 기다리유."

나는 누구네 집 광주리가 가장 그득한지 두리번거린다.

"청녀울 논두렁에 다 엎을 뻔했다. 비가 와서 논두렁이 얼마나 미끄러운지."

할머니가 빗물이 고인 고무신을 토방에 닦아 세우며 마루에 오르신다.

"왜 우리 집 복숭아가 제일 쪼끔이래유?"

나는 볼멘소리로 할머니를 흘겨본다.

"다른 아주머니들은 그저 많이만 달라고 보채니께 그렇지."

"할머니도 많이 달라고 하면 되잖아유?"

할머니가 거친 손으로 나와 동생들의 머리를 쓰다듬는다. 내 얼굴은 할머니 때문에 군살이 박일지도 모른다.

"아니, 세상에서 젤로 이쁜 우리 손주들이 먹을 것인디, 내가 어찌 많이만 달라고 헌다냐?"

"난 많이 먹고 싶단 말이여."

"훌륭한 인물이 될라믄 이쁘고 잘생긴 걸루만 먹어야 혀."

"그럼 여기 썩고 병든 것은 왜 가져왔댜?"

"그건 할미 거여. 할미는 이도 션찮고 잇몸도 부실혀서 딱딱한 복숭아는 못 먹어. 공짜로 얻은 거여."

"그거 빼니께 몇 개 되지도 않네 뭐."

"그랴도 세월 과수원에서는 최고 특상품으로 가져온 겨."

세월이 많이도 흘렀다. 청녀울에 살던 사람들도 다 떠나고 새로 이사 온 두 가구만이 불빛을 내건다. 청녀울은 이제 없다. 지도상의 이름인 백동으로 불린다. 과수원도 없다. 과수원이 있던 자리는 목초지로 변해 있다. 젖소들은 어슬렁어슬렁 그 옛날의 사과꽃과 복숭아꽃이 진 자리에서 쿵쿵 향기를 맡으며 풀을 뜯고 있다.

할머니가 돌아가신 지 한참이 되었다. 과일가게 앞을 지나다 문득 그 안을 쳐다보면, 제일 후미진 자리에 할머니가 덤으로 앉아 계신다. 생전의 모습처럼 허름하시다. 과일가게의 향기는 저 구석진 자리에서 피어오르는 것!

잘 포장된 과일 바구니 안에서 나를 향해 무슨 소리가 들려오는 것 같다.

"곧고 반듯하게 잘 사냐?"

복숭아 터럭이 들어갔는지, 목덜미가 가렵고 뻐근하다.

후드득후드득 소나기가 지나간다.

고향에도 지금쯤 비가 내릴까? 청녀울을 지나, 세월을 지나, 초롱산에 오른 빗줄기의 가녀린 종아리가 보이는 듯하다.

공선옥

쑥

조선 쑥, 조선 가시내

먼 산에 희끗희끗 아직도 잔설이 남아 있건만 검은 '맘보 쓰봉'에 '나이롱 샤쓰'를 입은 아홉 살 나는, 그리고 내 동무들은 쑥을 캐러 동네 앞들로 나갔다. 언제나 내게 봄에 대한 첫 기억은 쑥에 가 닿는다. 그것도 코끝을 아리게 하는 알싸한 슬픔의 기억이다. 돌이켜보면 알싸하면서도 왠지 포근한 슬픔.

나는 다만 자연의 아이였을 뿐

겨울이 채 끝나기도 전에 나는 혹여 지금쯤 봄이 왔을까, 아직 안 왔다면 봄은 지금 어디만큼 오고 있을까를 가늠하러 들로 나갔다. 지금 생각하니 어린애가 참 요망하기도 하다. 그렇지만 내가 원초적으로 갖고 있는 기다림에 대한 기억, 기다림 끝에 다가온 것에 대한 말할 수 없는 기쁨과 희열의 기억, 이 세상 모든 아름다움에 대한 기억은 다 자연에서 얻은 것이다.

　내 온몸, 내 온 마음 구석구석에 배어 있는, 나도 잊어먹고 있는 수많은 감성들, 기쁨, 슬픔, 고통, 막막함, 설렘 들은 내가 자연 속에서 어린 시절을 보내지 않았더라면 결코 얻을 수 없었으리라. 비 오면 비 온다고 가슴 설레고, 해나면 해난다고, 밤 되면 밤 온다고 혼자 가슴 두근거리는 삶은 결코 살지 않았으리라.

　내가 태어나고 자란 곳의 지명은 전라남도 곡성이지만 내 고향은 곡성이라기보다 자연이다. 내게 먹을 것을 끊임없이 내보내준 흙과 물과 공기와 햇빛과 별빛과 새소리와 꽃향기…… 그것들이 나를 키웠다. 그것은 경상도 봉화에서 태어난 이도 그럴 것이고 삼천포에서 태어난 이도 그럴 것이다. 우리는 다만 하루하루 밤과 낮을 보내면서 자연이 준 먹을거리를 먹으며 산다. 봉화 사람은 봉화가 키운 게 아니고 봉화의 자연이 키웠다.

　곡성 사람인 나도 그렇다. 나는 다만 자연의 아이였을 뿐이다. 자연의 아이들은 비 오면 비 온다고 가슴 설레고, 해나면 해난다고, 밤 되면 밤 온다고 혼자 가슴 두근거리게 되어 있다. 그것이 그렇다.

봄이면 우리를 홀리던 그 냄새들

쑥은 내 모든 기쁨과 슬픔의 정서가 혼합된 상징이다. 먼 산에 희끗희끗 아직도 잔설이 남아 있건만 검은 '맘보 쓰봉'에 '나이롱 샤쓰'를 입은 아홉 살 나는, 그리고 내 동무들은 쑥을 캐러 동네 앞 들로 나갔다. 빨래터를 지나고 저수지 둑길을 지나고 계단식 논둑길을 지나, 뒤로는 자그마한 산이 병풍처럼 둘러싸고 있어서 바람이 드세지 않고 양지쪽이라서 햇빛이 잘 드는 묏등으로 갔다. 그때가 아마 봄방학 때였으니까 정월 보름에서 이월 보름 사이께나 되지 않을까.

칼과 바구니를 들고 양지쪽을 아무리 훑어봐도 쑥은커녕 '쑥 같은 것'도 찾아볼 수가 없었다. 그래서 우리가 캘 수 있는 것은 뽕나무 밑에 우북우북 자라 있는 달래, 냉이, 광대나물뿐이었다. 그것들을 캐면서 우리는 푸념처럼 노래 불렀다. 삼천리강산에 새봄이 왔다고 농부는 밭을 갈고 씨를 뿌린다…….

옛날 촌에 살았던 가시내들은 왜 그렇게 쑥을 캐고 싶어 했을까. 초등학교도 들어가기 전부터 나와 우리 동네 가시내들은 산으로 들로 나물을 뜯으러 다녔다. 봄이면 나물 뜯는 것이 일이었다. 중·고등학교 때는 뜨개질하기가 일이었지만 초등학교를 졸업할 때까지 우리 동네 가시내들은 마치 무엇에 홀린 듯, 나물을 캐러 온 봄내 들로 산으로 쏘다녔었다.

쑥은 주로 불탄 자리에서 많이 돋아난다. 봄 햇빛을 받으며 병아리 부리처럼 뾰족 돋아난 햇쑥을 무쇠 과도로 쏙쏙 도려내고 있노라면 이 세상에서 나는 어떤 소리도 들리지 않을 만큼 마음이 고요해진다. 우리 동네 가시내들은 학교 갔다 오면서도 책보자기 풀어놓고 연필 깎는 칼로 쑥을 캤다. 봄에 쑥 캐기는 거의 본능적 습관이었다. 집에 와서도 또 바구니 들고 나가서 쑥을 캤다. 쑥은 아무리 많이 캐도 삶아놓으면 한 주먹밖에 안 된다. 특히 햇쑥이 그렇다.

그렇게 캐온 쑥으로 그해 첫 쑥국을 끓여 먹는 밤, 온 집 안에는 은은한 쑥 향기가 떠다니곤 했다. 김치는 이미 시어 빠져 묵은지가 된 지 오래, 만날 군둥내 나는 김칫국만 끓여 먹다가 내 손으로 캐온 쑥으로 쑥국을 끓여 온 식구가 '와아, 진짜 봄은 봄이로구나' 하면서 새로운 쑥국을 먹고 난 밤은 왜 그리도 행복하던지. 내 생애에서 가장 행복한 밤을 꼽으라면 바로 그렇게 그해 첫 쑥국을 끓여 먹었던 밤이다. 쑥국을 양껏 먹고 난 밤에는 마음속 가득 희망의 새순이 돋아나는 느낌이었다.

 그러나 또 내 생애 또렷한 슬픔의 밤으로 남은 밤을 꼽으라면, 쑥국을 말아 먹을 밥이 없어 쑥버무래기를 해 먹고 난 밤인 것을 (이 세상에서 가장 슬픈 것은 뭐니 뭐니 해도 먹을 것이 없을 때다! 먹을 것은 많이 있어야 하는 게 아니고 그냥 먹을 만큼 있기만 하면 된다). 쑥버무래기란 밥을 해 먹을 양식이 그야말로 똑 떨어져서(곡성 같은 전라도 깡촌에서는 논이 없는 집들은 그 유구한 보릿고개를 여전히 겪고 있었다) 쑥과 싸라기를 버무리고 사카린과 소금을 조금 쳐서 쪄낸 것이다. 거칠거칠한 쑥과 꺼끌꺼끌한 싸라기가 목울대를 타고 넘어갈 때면 그 퍽퍽함 때문에라도 눈에서 눈물이 쑥 비어져 나오곤 했다.

 쑥개떡은 또 어떤가. 쌀은 물론이려니와 싸라기조차도 없어지고 나면 이제 남은 것은 밀가루다. 언제나 그랬다. 쌀 다음에 싸라기, 싸라기 다음에 밀가루다. 쑥을 보들보들하게 삶아서 밀가루 반죽과 섞어서 쪄낸 쑥개떡. 엄마는 그 쑥개떡 몇 개를 허리춤에 차고 긴긴 봄날 사래 긴 보리밭을 맸다. 그러니, "만화방창 사시절에 아니 노지는 못하리"라고 하면서 꽃전을 지져 먹을 수 있는 화전놀이 날의 쑥은 그 얼마나 화려한 변신이더란 말인가. 사람들은 흔히 화전 하면 진달래꽃 수놓아진 것만을 떠올리는데, 내 기억 속의 화전은 쑥을 꽃 모양으로 무늬 놓은 지짐이로 기억된다.

 엄마들은 일 철 시작되기 직전의 어느 봄날 하루 날을 잡았다.

한복을 일단 곱게 입었지만 하루 종일 춤추고 놀기 좋게 허리말기 쯤은 끈으로 질끈 동여매고, 손장단 잘 맞추는 남원댁이 장구 둘러메고, 음식 솜씨보다 마음씨가 더 좋은 구례댁은 무쇠 솥뚜껑 뽑아들고, 순천댁은 참기름에, 곡성댁은 찹쌀반죽이 든 함지박을 이고 지고 매년 정해놓고 노는 뒷산으로 올라갔다. 무쇠 솥뚜껑을 뒤집어서 화덕에 걸쳐놓고, 반으로 자른 무에 참기름을 슬쩍 묻혀 빙 두르고, 반죽한 찹쌀을 꾹 눌러 지지면서 쑥 몇 잎을 박아놓으면 그게 바로 화전이었다.

한쪽에서는 막걸리에 취한 엄마들이 치맛말기 흘러내리는 줄도 모르고, "만화방창 사시절에 아니 노지는 못하리라 차차차 차차차" 노래 부르고 춤추고, 어린애들은 화전 얻어먹으며 술 취한 엄마 부르며 울다가 또 화전 한 입 뜯어 먹으며 그렇게 봄볕 아래서 하루 종일 지치도록 놀다가 해거름에야 동네로 내려왔다. 내려와서 또 그냥 흩어지지 못하고 어느 한 집 마당에서 달이 둥실 떠오를 때까지 춤추고 놀았다. 그날은 온 동네 아낙들의 해방의 날, 어떤 아낙 하나 식구들 밥 해줄 생각하는 사람 없고, 어느 남정네 하나 밥 하라고 성화 부리는 사람 없었다.

그저 조선 쑥을 캤을 뿐

그 봄이 다 가도록 동네 가시내들은 쑥을 캐고 캐고 또 캤다. 쑥국에 쑥버무래기에 쑥개떡을 해 먹을 것도 아니면서도 그냥 캤다. 쑥바구니는 처음에는 냉이 반 달래 반에 쑥이 조금이었다가, 나중에는 차츰 쑥만으로 채워지다가, 날이 가면서 쑥이 조금씩 줄어들고 미나리, 돌나물이 들어차기 시작했다. 그렇게 되면 이제 가시내들은 바구니를 내던지고 무명보자기를 허리춤에 차고 나왔다. 바구니가 아닌 베보자기에 담기는 쑥은, 말하자면 쑥국을 끓이기에는 너무 파랗고, 쑥버무래기를 해 먹기에도 너무 뻣세고, 쑥개떡을 해 먹기에는 너무 풋내가 나는 그런 쑥이었다. 말하자면 베보자기 쑥은 설에 쑥떡을 해 먹을 쑥인 것이다. 쑥개떡이 아닌 진짜 쑥떡 말이다.

그렇게 캐온 쑥을 엄마들이 삶아서 널어서 말려서 집 안 어느 구석엔가 갈무리를 해두었다. 그동안 여름이 가고 가을이 가고 겨울이 올 동안 나와 내 동무들은 우리가 캐고 또 캤던 쑥을 까맣게 잊어먹고 있다가 설이 가까운 어느 날, 엄마가 먼지 탱탱 둘러쓴 뭔가를 물에 풀고 있으면 그때서야 '아, 쑥떡' 했다.

설날 쑥떡을 먹으면서 마음은 벌써 들판으로 달려가고 있다는 것을 그 누가 알까. 그것을 알고 있는 것은 나와 내 동무들뿐. 그래서 겨우 정월 보름 지난 들판으로 봄이 지금 어디만큼 왔을까를 가늠하러 나갔던 것이다. 그러면서 불탄 자리를 괜히 후벼보는 것이다. 그러면 거기 거짓말처럼 쑥이 쏘옥 고개를 내밀고 있었으니……. 그때 비어져 나온 눈물은 도대체 기쁨의 눈물이었는지 슬픔의 눈물이었는지, 아니면 둘 다였는지 나와 내 동무들은 그때는 아무것도 몰랐었다. 다만 우리는 그해 봄에도 쑥을 캤을 뿐, 조선 쑥을 캤을 뿐, 조선 중에서도 전라도 촌가시내들이었던 우리는.

최용탁

고모 생각

 어제 막내 고모가 세상을 뜨셨다. 뇌출혈로 쓰러진 지 달포 만이다. 5남매 중에 막내인 고모는 나와 열여섯 살 차이로 올해 예순셋이다. 오는 순서는 있어도 가는 순서는 없다더니 아직 한창 나이인 고모가 제일 먼저 가셨다.

 나는 고모와 각별한 사이였다. 내가 태어났을 때 고모는 중학교를 막 졸업하고 집안일을 돕고 있었으므로 갓 태어난 조카를 돌보는 일도 고모의 몫이었다. 내가 일곱 살이 되어 고모가 시집을 갈 때까지 고모 손에서 유년기를 보낸 셈이었다. 고모의 결혼식 날 어쩐지 슬픈 생각이 들어 끝내 울음을 터뜨렸던 기억이 난다. 그리고 열대여섯 살 때까지 나는 고모를 '아과'라고 불렀다. 유년기 때 아직 발음이 나오지 않을 때 불렀던 그 호칭이 굳어져 고모라는 말이 잘 나오지 않았던 것이다.

 고모는 갓 돌이 지나서 아버지를 잃었다. 한국전쟁이 터지면서 좌익으로 몰려 피살된 아버지, 그러니까 나에게는 할아버지가 평생 동안 가슴에 맺혀서 살았다. 지난 7월에 그렇게 학살된 민간인들의 혼을 위로하는 합동 위령제가 내가 사는 충주에서 열렸다. 나는 유족회의 총무로 행사를 준비했고 위령제에서 시 한 편을 낭송했다. 시 끝 구절이 "이승에서는 짧았지만/ 저승에서는 오래오래 함께해요/ 서른아홉 살/ 젊었던 내 아버지"였다. 자리에 있던 많은 유족들의 흐느낌이 들려와 나 역시 목이 잠기는데 그 대목에서 쏟아지듯 울음을 토하는 분이 있었다. 앞자리에 있던 막내 고모였다. 그 시는 할아버지의 죽음을 내가 아닌 고모의 관점에서 쓴 거였다. 위령제가 끝나고 아직 눈물이 번진 얼굴로 고모가 내 손을 잡았다.

"여진 애비야, 네 덕에 할아버지가 이제 눈을 감으시겠다. 고맙다."

그러면서 다시 목이 메는 것이었다.

나는 좌익이라는 딱지를 달고 죽어간 아버지를 둔 고모가 살아온 고뇌의 깊이를 다 알지 못한다. 한 치 건너 두 치라고 나는 자식이 아닌 손자니까. 다만 나는 모든 식구가 걱정할 정도로 말없이 우울한 소녀였던 고모가 내가 태어나면서 조금씩 그 우울에서 벗어났다는 이야기를 들은 적이 있다. 그리고 동네의 한 총각이 연애편지를 보낸 적이 있는데 그 편지를 받고 하도 분해서 밤을 꼬박 새우고 다음 날 찾아가 그 앞에서 편지를 발기발기 찢었다는 이야기도 몇 해 전에 들었다. 그때는 그런 것조차 아버지 없는 자신에 대한 모욕으로 느껴졌단다. 그렇게 성정이 매서웠던 고모도 나만은 끔찍하게 위해주었다.

글을 쓰겠다며 문창과라는 데를 가겠다고 했을 때 반대하는 부모 앞에서 내 편을 들어준 사람도 고모였다. 좋은 글을 쓰라고 격려해준 고모에게 마흔을 넘기고서야 겨우 첫 소설집을 드렸을 때 눈물을 글썽이며 좋아하던 막내 고모. 할아버지의 제삿날에 모두들 쉬쉬하는 할아버지의 이야기를 역사와 근거를 들어가며 전혀 부끄럽지 않고 떳떳한 분이라고 내가 목청을 높일 때마다 말없이 고개를 끄덕이던, 그러면서도 가슴에 얹힌 돌덩이가 내려가는 것 같다고 그윽하게 나를 바라보던 고모, 그 고모가 삶을 내려놓았다.

고모의 부음을 듣는 순간, 이승과 저승 운운했던 위령제 때의 시가 떠올라 가슴이 철렁하는 기분이었다. 말이 씨가 된다고도 하지 않는가. 한 달간이나 의식불명 상태로 지내는 것을 보며 나는 고모가 가시는 편이 낫겠다는 생각을 하기도 했다. 의사 말이 의식이 돌아온다 하더라도 사지를 쓰지 못하고 앞을 볼 수 없을 거라는 진단을 내리고 나서였다. 깔끔하고 매서운 성정의 고모가 그런 자신을 스스로 견디기 어려울 것이란 생각이었다. 그리고 의식이 없는 채로 서서히 혈압이 떨어져 숨을 놓았다고 했다. 사후 세계를 믿지 않는 나로서도 오늘 하루만은 고모가 그곳에서 할아버지를 만날 수 있으면 좋겠다. 할아버지도 제일 먼저 온 막내딸을 만나 기나긴 세월, 쌓인 한을 얼마쯤 내려놓으셔도 좋으리라.

나는 지금 낯선 인천의 한 대학병원 영안실에 앉아 있다. 늦가을, 나무에서 떨어진 잎들은 가는 곳을 모르는데 유명의 갈림길이 애달픈 푸른 하늘이다.

박정애
───

내 유년의 강, 명포를 추억하며

우리 어머니 택호는 명포댁.
당연히 명포엔 어머니의 친정이자 우리 4남매의 외가가 있었다. 숲으로 둘러싸인 아버지의 동네 숲실과 달리, 지형이 양지바른 포구 같아서 명포(明浦)라 불렸던 외가 동네에는, 배들이 들락거리는 포구는 없어도, 금모래가 빛나고 예쁜 조약돌이 널린 강변과 숱한 생명을 품고 밤이나 낮이나 흐르는 얕은 강이 있었다.

  명포에서 어머니는 초등학교만 졸업하고 열세 살 때부터 집안 살림을 도맡았다. 어머니의 어머니, 그러니까 우리 외할머니가 녹내장으로 실명하는 바람에 맏딸이었던 어머니가 부모를 봉양하고 어린 동생들을 수발해야 했던 것이다. 어머니는 솜씨 좋고 부지런하고 착했다. 가모(家母)의 빈자리가 느껴지지 않도록 동네 이장인 외할아버지의 손님들을 접대하고 상급 학교에 진학한 아우들을 바라지했다. 외할아버지는 그런 어머니를 언제나 자랑스러워했다.
"큰아(맏이) 쟈는 갱빈(강변)에 내삐리놔도 잘살 그릇인 기라."

숲실이 강변보다 척박한 곳이었을까.
첫아들을 낳은 지 얼마 되지 않아 어머니는 결핵성뇌막염이라는 중병에 걸렸다. 어린 아들은 엄마, 엄마, 엄마를 찾아 울어댔고 병원에서는 돈, 돈, 돈을 불러댔다. 돈도 없고 의지도 박약했던 아버지는 자신의 불운을 술로 달랬다. 고생만 시킨 맏딸이 시집가서도 고생바가지를 차고 사는 꼴이 늘 안타까웠던 친정부모가 나서서 병원비를 주선하고 정성스레 약시시를 해댄 끝에 어머니는 꼬박 3년 동안의 투병 생활을 끝낼 수 있었다.
고관절이 굳어 절룩거리기는 했어도 어쨌든 살아서 숲실로 돌아온 어머니는, 딸 둘을 잇달아 낳았다. 아버지는 술독을 끼고 살았고 어머니의 삶은 여전히 힘겨웠다. 바로 옆에 큰집이 있고 앞집, 뒷집이 다 일갓집이었지만 우리 어머니가 도움을 청할 곳은 명포 친정밖에 없었다.
막내를 임신한 어머니는 딸들 중 하나를 친정에 맡기기로 했다. 어머니의 가방은 무거웠다. 두 딸의 옷가지, 둘째 딸의 기저귀, 늙으신 부모님께 드릴 알사탕 두 봉지, 양말 두 켤레, 참기름 한 병, 인절미 한 고리……. 버스 기사와 안내양은, 요금 안 내는 어린애들을 달고 무거운 짐까지 인 어머니 같은 승객을 제일 싫어했다. 어머니도 당신 요금만 달랑 낸 것이 죄스러웠던지라 연신 고개를 조아리며 딸들과 짐을 챙겼다.
나는 멀미를 심하게 했다. 동생은 어머니한테 착 달라붙어 조금도 떨어지려 하지 않았다. 날은 더웠고 승객들은 담배 냄새, 땀 냄새, 방귀 냄새, 똥거름 냄새, 곰팡이 냄새 따위 갖은 불쾌한 냄새를 풍겼다. 나는 참다참다 못 참고 덕산 마을회관에서 버스를 기다리며 먹은 인절미를 남의 보따리 위에 고스란히 게워내고 말았다. 보따리 주인과 안내양이 들입다 소리를 질렀고 다른 승객들도 혀를 차거나 눈살을 찌푸렸다. 어머니는 또다시 죄인처럼 굽실거리며 동생의 광목 기저귀를 꺼내 토사물을 닦았다. 어머니에게서 떨려 난 동생이 불에 덴 것처럼 울어댔다. 버스 기사가 짜증을 냈다.

"거, 언나 쫌 달개소(달래요). 정신 시끄러버가 운전을 할 수가 있나, 에이."

나는 콧구멍을 차창으로 밀어냈고 어머니는 당신의 젖으로 동생의 입을 틀어막았다.

그러구러 동곡 정류장에 다다랐다. 어머니는 나에게 보따리를 맡기고 동생을 업은 채 화장실에 갔다. 나는 혹여 어머니가 나를 버리고 도망갈까 봐, 짐 보따리를 꼭 끌어안고 기다렸다. 석유 기름내와 지린내가 뒤섞인 정류장 특유의 냄새에 나는 또 욕지기를 느꼈고 울고 싶었다. 나는 화장실로 쫓아가 어머니를 부르고 싶은 마음과 짐을 지켜야 한다는 마음 사이에서 수백 번도 더 갈등했다.

어머니는 결국 나타났다.

그리고 정류장을 나와 교회와 국숫집과 점방과 학교를 지나 마침내 명포, 금모래가 빛나는 강변에 이르렀다.

"보따리 지키고 있어라. 저짝에 동생 니라놓고 오꾸마."

어머니는 짐을 내려놓고 포대기를 추스른 다음, 동생의 엉덩이를 뚜덕이며 행여 미끄러운 돌멩이를 밟고 넘어질까 조심, 조심, 강을 건넜다.

어머니가 시야에서 멀어질수록 강물 흐르는 소리가 괴물의 울음소리로 바뀌어 커졌다. 강물이 어머니를 삼킬 것 같았고 어머니가 동생만 데리고 도망갈 것 같았다. 나는 짐 보따리를 붙들고 하염없이 흐느꼈다. 어머니가 점처럼 작아져 눈앞에서 사라지자, 나는 그예 짐 보따리를 버려두고 강물에 한쪽 발을 담그기도 했다. 하지만 다섯 살배기 산촌 아이였던 나한테 물은 낯설고 무서웠다. 나는 한 발은 강물에 담그고 한 발은 모래밭에 얹은 채 이러지도 저러지도 못하고 울기만 했다.

어머니는 결국 나타났다.

어머니 등에 업혀 건너는 강물은 졸린 듯 금비늘, 은비늘을 뒤챘고 고즈넉이 흘렀다. 그보다 더 아름다운 풍경을 나는 그때도 지금도 알지 못한다.

동생은 강 건너 능금밭 자갈길의 포플러나무에 포대기 끈으로 묶여 악머구리처럼 울고 있었다.

"동생 지키라. 보따리 갖고 오꾸마."

어머니가 절룩절룩 멀어져갔다. 나는 상큼한 사과 향내를 들이마시고 담장 높은 내시가(內侍家)의 속내도 궁금해하고 과수원집 마당의 꽃밭도 둘러보았다. 어머니가 설마 나와 동생, 둘 다를 버리랴 싶었다. 까짓 동생이야 울건 말건 나하고는 상관없었다.

돌아온 어머니가 짐을 내려놓고 동생을 업고 다시 짐을 이었다. 나는 어머니 치마꼬리를 잡고 걸었다.

"옴마, 아부지요!"

어머니가 대문간에서 목청을 높였다. 지게문이 벌컥 열렸다.

"아이고, 이기 누꼬? 박실이 아이가?"

전화가 없던 시절이라 어머니의 방문은 언제고 예기치 않은 것이었다. 외할머니는 거친 손바닥으로 어머니의 이마와 뺨과 콧방울과 턱을 어루만지며 우셨다.
"쪼매만 기다리라. 내가 얼릉 밥상 채리오께."
"마 놔뚜소. 내가 한 숟가락 챙그리 묵으마 되제, 말라꼬 옴마가 하실라 카는교?"
"아이고 야야. 내가 니를 중핵교도 안 보내고 10년을 살림 시키 묵다가 남으 집에 보냈는 것도 인자사 돌아보마 마음 아파 죽겠는데 이래 친정이라꼬 댕기러온 니를 우째 또 시키묵겠노. 인자는 눈 어둡은 것도 익숙해져가 패안타. 고만 뜨듯한 데서 등더리나 찌지거라."

할머니는 기어이 어머니를 안방에 눕혀놓고 더듬더듬 쌀을 씻어 밥을 안쳤다. 뜸이 질 때쯤 밥 위에 우엉 이파리와 강된장 종지와 달걀찜 종지를 얹었다. 거기다 김치 한 보시기를 보태어 외할머니가 상을 봐오면, 우리 세 모녀는 자다 일어나 밥을 먹었.

외가에 머문 사흘 동안, 어머니는 우리 자매 중 누구를 외가에 맡길까 이리저리 저울질했다. 어머니는 끝내 나를 점찍었다. 어머니가 잠깐만 제 눈앞에서 사라져도 숨이 꼴딱꼴딱 넘어가도록 울어젖히는 동생을 놔두고 갔다간 무슨 사달이 나도 날 것 같았나 보았다.

사흘 후, 어머니가 버스에 올라탔다. 동생을 업고 외할머니가 싸주신 보따리를 이고…….

나는 그때서야 동생처럼, 악을 쓰고 울며불며 엄마한테로 달려갔다. 하지만 외할아버지가 당신 두 팔로 내 사지를 결박해버렸다.

"1년 뒤에 오꾸마. 갓난쟁이 동생 한나 더 데불고 올 끼다. 위할

배, 위할매 말씸 잘 듣고 심부름도 잘하고……. 알었제? 1년 뒤에 보재이."

어머니가 버스 차창을 붙잡고 외쳤다. 나는 우느라고 아무 말도 하지 못했다.

1년 후의 어느 여름날 느지막한 오후, 나는 늘 하던 대로 바가지 하나를 들고 명포 물가로 나갔다. 저녁 국거리로 쓸 고디, 고디(다슬기)를 주워야 했다. 고디는 흔전만전 널려 있었다. 뽀얗게 국물이 우러날 때 텃밭에서 뜯은 부추를 뿌려 끓인 고디국은 만날 먹어도 맛있었다.

나는 금세 한 바가지를 주워놓고 얕은 물속에 당그랗게 떠올라 있는 당글바위 위에 엎드렸다. 뜨겁게 달궈졌다 알맞추 식은 바위는 어머니 등판 같았다. 눈을 감으면, 이 세상에는 오로지 내 나른한 몸뚱이와 강물 흐르는 소리밖에 존재하지 않았다. 실제로는 강물이 흘러가는 것이었지만, 내가 바위를 타고 떠내려가는 느낌이 들었다. 나는 옛이야기에 나오는 연오랑과 세오녀처럼 바위를 타고 떠내려갔다. 한없이, 한없이, 떠내려가다 보면, 지느러미를 가진 사람 물고기들이 나타나 퍼덕거렸다. 그들은 사람 사는 땅이 너무 슬퍼서 물속으로 들어가 물고기가 된 종족이었다.

엄마가 올까.

그럼, 오지. 오고말고.

엄마가 올까.

그럼, 오지. 오고말고.

꿈속에서인 듯 찰방찰방, 찰박찰박, 물을 건너오는 발소리가 들렸다.

엄마가 올까.

그럼, 오지. 오고말고.

"거, 누고?"

목소리가 생생했다. 꿈이 아니었다. 나는 눈을 떴다. 저 멀리, 아이를 업은 여자가 다리를 절룩거리며 강을 건너오고 있었다.

"옴마."

"마침맞기 잘 만났다. 우리 큰딸이 1년 새, 마이 컸데이."

어머니가 모래밭에서 포대기를 끌렀다. 나는 아기를 받아 안았다. 눈이 큰 아기가 나를 보고 방긋 웃었다.

"얼라가 순해 갖꼬 벨로 안 힘들 끼다."

어머니가 둘째 딸을 데리러 저쪽 강변으로 갔다.

어머니는 결국 나타났고 나타날 것이었다. 나는 아기를 둥개둥개 흔들어주었다.

하종강

고문이 나에게 가르쳐준 것

영화 〈무방비 도시〉

후배의 좁은 자취방에서 나보다 훨씬 나이가 어린 '영화 마니아'들 틈에 끼어 앉아 영화 〈무방비 도시〉를 본 적이 있습니다. 영화의 뒷부분 절반은 이탈리아 지하군 포로에게 가해지는 나치 친위대의 무자비한 고문과 그에 대한 숭고한 저항이 그 내용의 중심입니다. 화면 가득 폭력이 난무하고 비명이 넘쳤습니다. 같은 인간이 인간의 탈을 쓰고 어떻게 저럴 수 있는가……. 영화를 보고 나서 젊은 사람들은 이렇게 말했습니다.

"이건, 마치 공포영화로군요."

"웬만한 공포영화보다 더 무섭군요."

그러나 우리나라의 '흔해 빠진' 운동권 출신들에게 영화 〈무방비 도시〉에 나오는 고문은 그렇게 낯선 장면이 아닙니다. 우리나라 70, 80년대 십수 년 세월 동안 줄잡아 수만 명이 그런 고문을 당했습니다. 경찰서에서, 대공에서, 안기부에서, 보안사에서……. 잡혀간 운동권들에게 가해진 가공할 고문은 그야말로 우리나라에서 '흔해 빠진' 일이었습니다.

영화를 보며 사람들은 "인간이 어떻게 저럴 수가 있는가?"라고 혀를 찼지만, 인간은 충분히 그럴 수 있었습니다. 1981년, 20대 후반의 팔팔한 사내였던 내가 말로만 듣던 '비녀꽂기', '통닭구이'를 당하며 사흘 밤 동안 거의 거꾸로 매달려 있다시피 했을 때 '인간의 탈을 쓴' 수사관들은 손 털고 뒤돌아서면 딸아이의 대학 입시 걱정을 했고 운전면허 시험에 떨어진 마누라 걱정을 했습니다. 그들도 집에 돌아가면 여느 인자한 아빠나 자상한 남편과 다를 바 없는 사람들이었습니다. 인간은 충분히 그럴 수 있었습니다. 나에게 그 짓을 했던 사람들 중에 한 명의 이름을 아직도 똑똑히 기억합니다. 아마 죽을 때까지 잊지 못할 것입니다.

그해 여름, 장마철이 되었을 때, 나는 팔이 쑤셔서 우산조차 들 수 없었습니다. 가슴에 생긴 검은 멍 자국은 몇 개월 동안 없어지지 않았습니다. 그러나 그 고문을 견디어내고 '죽지 않고 살았다'는 걸 깨달았을 때 우리에게 들었던 생각은 일종의 자신감이었습니다.

"앞으로 남은 인생 동안 우리에게 그만큼 큰 고통은 다시 없으리……. 그러니까 우리가 앞으로 이기지 못할 고통은 없다."

과연 그랬습니다. 그날 이후, 그 고통의 절반쯤 되는 어려움도 아직까지 겪어보지 못했습니다. 앞으로 남은 인생에서도 그럴 것입니다.

죽지 않고 살아났을 뿐이지, 우리가 그 고문을 이겨낸 것은 아니었습니다. 고문을 이기는 것은 영화에서나 가능한 일입니다. 나보다 먼저 잡혀 며칠 동안이나 고문을 당했던 후배는 "나는 모르지만 하종강 선배는 알지도 모른다"고 말해버렸고, 그래서 잡혀간 나는 사흘 만에 아끼는 후배의 이름들을 수사관에게 말할 수밖에 없었습니다. 그 뒤 며칠 동안 나는 후배들이 차례차례 잡혀 들어오는 것을 지켜봐야 했습니다. 후배들은 내 얼굴을 보고는 "2년짜리 수련회에 왔다고 생각하지요, 뭐"라고 말하며 오히려 나를 위로했지만, 그날 밤부터 나는 복도에 울려 퍼지는 후배들의 비명을 들어야 했습니다. 깊은 밤, 어두운 복도에서 후배들이 "종강이 형"을 부르며 질러대는 비명을 듣고 있어야 하는 절망감을 아십니까? 그 절망감은 분노가 되어 나의 무기가 되었습니다.

오늘도 결의를 다지면서 머리띠를 묶어 매야 하는 노동자들과 번화한 거리 뒷골목에서 단속반과 숨바꼭질을 벌여야 하는 노점상들과 포클레인 삽날에 무너져 내리는 삶의 터전을 지켜보아야 하는 철거민들과 썩어 문드러진 논밭을 바라보며 이를 가는 농민들이 있습니다. 이들은 모두 진솔한 '우리'입니다. 최소한 그들과 친구가 되어야 한다는 것. 그것이 내가 죽어도 손에서 놓을 수 없는 내 무기의 최저값입니다.

버티는 쪽이 이긴다

그때 영문도 모르고 수사기관에 잡혀간 저는 수사관들에게 따졌습니다.

"도대체 어떤 사건 때문에 내가 잡혀온 겁니까? 도대체 나를 왜 잡아온 거요?"

수사관들은 이렇게 말했습니다.
"야 이 새끼야, 여기는 니가 물어보는 곳이 아니야. 우리가 너한테 물어보는 곳이야."

그들이 사용하는 단어 중에 절반 이상은 욕지거리였습니다. 세상에 태어나서 그렇게 많은 욕을 한꺼번에 들어보기는 처음이었습니다.

"죄는 지은 놈이 가장 잘 알 거 아니야. 니 죄는 니가 가장 잘 알 거 아니야? 왜 잡혀왔는지 잘 생각해보면 알 거 아니야?"

수사관들은 불문곡직 두드려 패면서 그렇게 다그쳤습니다. 그러나 내 입장에서 생각해보면, 내가 지은 죄가 한두 가지가 아니니까……. 그중에서 어떤 일이 들통 난 것인지 알 수가 없었습니다. 어떤 유인물이 걸린 걸까? 어떤 대자보가 걸린 걸까? 어떤 집회가 문제가 된 것일까? 저도 열심히 '짱구를 굴리는' 수밖에 없었습니다.

그것이 수사관들이 모든 범죄인들을 다루는 수법입니다. 현행범이 아닌 한, 어떤 사건 때문에 잡혀왔다고 절대로 가르쳐주지 않습니다. 그러니까 절도범이나 강도범들이 잡히면 그 경찰서 관내의 미해결 사건들이 한꺼번에 여러 건씩 해결되는 겁니다. 절도범이나 강도범들이라고 해서 자신들이 저지른 죄를 순순히 자백할 리는 없습니다. '도대체 어느 집에서 훔친 물건 때문에 잡혀온 것일까?' 열심히 짱구를 굴리며 '혹시 그 집에서 훔친 시계 때문일까?' 그렇게 고문을 당할 때마다 하나씩하나씩 얘기하게 되는 것입니다.

언제 어디에서나 관철되는 원칙이 있습니다. "버티는 쪽이 승리한다"는 것입니다. 수사기관에서도 마찬가지입니다. 며칠째,

수사 내용에 진전이 없으면 수사관들도 초조해합니다. 매일 아침 회의할 때마다 상관에게 혼나고 와서는 나에게 화풀이를 하기도 합니다. 때로 고문은 그들의 화풀이처럼 느껴지기도 했습니다.

고문을 직접 당하는 것 못지않게 고문을 준비하는 과정 역시 사람의 피를 말립니다. 밤이 되면 철창문을 열고 들어와 "하종강, 오늘도 우리하고 같이 고생 좀 하자" 말하며 저를 데리고 가서 고문에 필요한 도구들을 하나씩 챙기는 과정 역시, 직접 '통닭구이'나 '비녀꽂기' 고문을 당하는 순간 못지않게 사람을 위축시킵니다. 그, 심장이 멎고 피가 마르는 듯한 순간은 당해본 사람만 이해할 수 있을 겁니다.

사흘째 되던 날, 수사관 한 명이 흘리듯 말했습니다.

"하종강, 네가 예언자야? 네가 어떻게 미리 알고 있어?"

그때 저는 감을 잡았습니다. 제가 후배들에게 미리 말했던 사건은 하나밖에 없었거든요.

"몇 월, 며칠, 몇 시에 어느 건물 앞에 후배들 데리고 가 있어. 그날 그 건물 옥상에서 유인물이 뿌려질 거야. 하늘에 흩날리는 유인물을 보는 것, 땅에 떨어진 유인물을 직접 집어들어서 읽어보는 것, 그것이 후배들에게는 좋은 경험이 될 거야."

유인물 한 장을 가방 속에 넣고 다니다가 불심검문에라도 걸리면 '이적표현물 소지죄'로 구속되던 살벌하고 한심한 시대였습니다. 유인물을 뿌리는 것은 물론, 그것을 집어 읽는 것조차 가슴 떨리고 용기가 필요했던, 그런 시대였습니다.

'아, 그 사건이구나……'

사건은 그렇게 마무리됐습니다.

구원의 끈

공범들은 수사가 끝나야 합방이 됩니다. 저보다 며칠 먼저 잡혔다가 "하종강 선배가 알지도 모릅니다"라고 말해버린 후배를 며칠 만에야 철창 안에서 만날 수 있었습니다. 저는 그 지경까지 고문을 당하지는 않았는데, 후배는 얼마나 심하게 매달려 있었는지 양쪽 손목이 모두 새까맣게 죽어 있었습니다. 그냥 매를 맞고 있는 것이 오히려 편할 지경이었다고 했습니다.

그때 잡혀와서 매를 가장 많이 맞았던 한 후배는 나중에 옷을 벗겨보니, 등에서부터 허리, 엉덩이, 다리, 발목에 이르기까지 온통 까맣게 멍이 들어 있었습니다. 군데군데 멍이 든 것이 아니라, 마치 커다란 붓으로 검은 먹을 칠하거나 들이부은 것처럼, 몸의 뒷부분이 모두 까맣게 변해 있었습니다. 제대로 살색이 남아 있는 곳이 거의 없었습니다. 그것이 바로 '전신 구타'라는 비교적 강도가 약한 고문의 결과입니다.

그렇게 붓고 멍이 들었을 때는 어떻게 하는지 아십니까? 수사관들은 그 후배의 퉁퉁 부은 몸에 쇠고기 로스 조각을 갖다 붙였습니다. 손바닥만 한 쇠고기 조각들을 후배의 몸에 붙이고 미라처럼 붕대로 둘둘 감싸 맸습니다. "피는 피로 풀어야 한다"고 말하면서……. 우리들은 그 와중에도 "먹기에도 귀한 쇠고기 로스를 살에다 붙이냐?"고 후배를 놀리며 농담을 했습니다.

더 웃기는 건, 그 후배를 나중에 수사관들이 위로한답시고, 그 무렵 여의도에서 열리고 있던 '국풍81' 축제에 데리고 간 것입니다. 기억하십니까? 국민들을 수백 명씩이나 죽이고 집권했던 전두환 정권이 자신들의 죄를 감추고 젊은이들의 의식을 마비시키기 위해 마련한 행사가 바로 '국풍81'이었습니다. 그 행사의 가요제에서 대상을 받은 사람이 바로 가수 이용 씨입니다. 그 가수의 노래 〈바람이려오〉를 들을 때마다 저는 그 무렵이 생각나 목이 메입니다.

양쪽 손목이 새까맣게 죽어버린 후배에게 저는 이렇게 물었습니다.

"왜, 하필이면, 내 이름을 얘기했냐?"

후배는 이렇게 답했습니다.

"며칠 동안, 고문을 당하다가 문득 이런 생각이 들었어. '하종강 선배는 지금쯤 징역 가는 게 어쩌면 인생에 보탬이 될지도 모른다.' 그런 생각이 드는 거야. 어느 순간 그런 생각이 팍 드는 거야. 최소한…… 형 인생에 마이너스는…… 안 될 거라고 봤어."

그 말이 맞습니다. 그 경험은 저의 인생에 결코 손해가 되지는 않았습니다. 그래서 지금까지 그 후배를 원망해본 적은 없습니다. 지난겨울, 충청권에 폭설이 내려 고속도로가 며칠이나 막혔을 때, 제가 바로 그곳에 갇혀 있었습니다. 저는 처음에는 몇 시간이면 길이 뚫릴 거라고 생각했습니다. 그런데 몇 시간이 지나도 길은 뚫리지 않았습니다. '아, 이건 며칠 걸리겠다. 하루 이틀 만에 길이 뚫리지는 않겠다'라고 판단했을 때, 바로 떠오른 생각이 20여 년 전에 당한 고문의 기억이었습니다. '그래. 그때 내가 사흘 밤 동안 거의 거꾸로 매달려 있다시피 고문을 당하고도 살아났는데, 여기서 사흘을 못 버티냐.' 그런 생각이 들면서 갑자기 마음이 편해지는 것이었습니다.

저는 차에서 내려, 막힌 고속도로에서 눈사람을 만들었습니다. 그것을 보더니 내 차 앞에 서 있는 대형 트럭의 운전기사 청년도 자기 트럭 짐칸에 쌓인 눈으로 눈사람을 만들었습니다. 그렇게, 우리 주변에는 여러 개의 커다란 눈사람들이 세워졌습니다. 고문의 경험은 그렇게 저의 인생에 도움이 됐습니다.

고통스러운 상황에 빠져본 사람은 압니다. 자기가 그 고통으로부터 도망쳐도 욕먹지 않을 수 있는 이유를 자기도 모르게 열심히 찾게 된다는 것을······. 자기에게 언제 그렇게 풍부한 상상력이 있었나 싶을 정도로 수많은 생각들이 교차한다는 것을······. 열심히 활동해온 노동자들이 고통에 빠졌을 때 우선 그 노동자를 유혹하는 함정은 이를테면 이런 것입니다.

'나 지금까지 해볼 만큼 해본 거야. 내가 지금 여기에서 포기한다고 욕할 놈 있으면 나와보라고 해.'

그런 생각부터 시작해서 자기가 그 상황으로부터 도망쳐도 욕먹지 않을 수 있는 이유를 자기도 모르게 찾게 됩니다. 후배가 그런 생각을 한 것도 그 때문이었을 것입니다. '내가 지금 하종강 선배의 이름을 말해도, 하종강 선배에게는 손해가 안 될 거야. 오히려 인생에 보탬이 될지도 몰라.' 오죽했으면 후배가 그런 생각을 했을까요? 그 생각이 후배에게는 고문에서 빠져나올 수 있는 '구원의 끈'이었던 것입니다.

송영수를 살립시다

그로부터, 정확하게 20년이 지난 2001년 가을, 다른 후배가 나에게 전화를 했습니다.

"선배님, 송영수 살립시다. 그놈이 신부전증으로 다 죽게 생겼소. 그런데 1981년 5월에 선배가 송영수랑 같이 잡혀서 고문당했을 때, 그놈이 피오줌을 쌌던 걸 선배님이 봤다고 하지 않았소. 우리가 송영수 민주화운동보상신청 해주려고 하는데, 선배가 증인 좀 해주시오."

20여 년 전에, 고문을 당하다가 "하종강 선배는 알지도 모른다"고 말했던, 그 후배의 이름이 바로 송영수입니다. 그때 얼마나 심하게 고문을 당했는지 콩팥의 핏줄이 다 터져서 오줌 속에 씨뻘겋게 피가 섞여 나왔습니다. 20년 전에 콩팥의 핏줄이 다 터지도록 고문을 당한 것이 그의 신부전증과 어떤 의학적 관계가 있는지 나는 잘 모릅니다. 그러나 인도주의실천의사협의회에서 활동하는 한 의사의 말로는 "의학적 상관관계가 있을 가능성이 높다"고 했습니다.

신부전증을 앓는 후배 송영수는 하루에 피를 네 번씩 투석하면서 삽니다. 그런데 얼마나 열심히 활동하는지 어떤 노동운동가도 그의 앞에 서면 자신이 부끄러워집니다. 우리나라에서 최초로 '지역일반노조'를 창안하고 조직한 사람이 바로 송영수입니다.

'일반노조'란 역설적이게도 '일반적인 노동조합에 가입하기 어려운' 노동자들이 주로 모인 조직입니다. 환경미화원, 마을버스 기사, 금융기관이나 호텔의 계약직 노동자, 사회복지시설의 사회복지사, 정화업체 종사자, 용역회사의 파견 노동자, 규모가 작은 공장이나 개인 병원에 근무하는 사람 등 '기업단위 노동조합을 간신히 만들어도 어용이 되어 살아남거나, 맞서 싸우다가 박살 나거나 둘 중의 하나가 될 수밖에 없는' 노동자들이 업종과 기업 구별 없이 모여 서로 돕고 살자는 것이 바로 '지역일반노조'입니다. 그와 같은 형태로는 우리나라에서 처음 2000년 4월 1일 부산에 설립되었고, 송영수는 '부산지역일반노조'의 사무국장과 공동대표를 역임했습니다.

송영수가 '일반노조'에 전력을 다하고 있는 것은 그 속에서 '무한한 가능성'을 보고 있기 때문입니다. 노동운동 단체에서 경험을 쌓는 동안 그는 우리 노동운동이 가지는 문제점을 보았고 그때마다 끊임없이 문제 제기를 해대는 통에 '운동권 내의 운동권'으로 불리면서 스스로 많이 괴로워하기도 했습니다.

신부전증을 앓는 사람들은 투석하기 직전에는 온몸이 거의 '그로기' 상태가 되어, 손 하나 들어 올릴 힘도 없어집니다. 송영수는 사무실에 투석 장치를 갖다놓고 활동했습니다. 내가 한번 가서 보니까 사무실 한쪽 구석에서 피곤에 지친 얼굴로 자신의 몸에 달린 파이프에 투석 장치를 연결해놓고 투석 작업을 하는 40분 내내 거의 끊임없이 전화가 왔습니다. 송영수는 투병하느라고 머리카락이 다 빠져버린 얼굴을 손바닥으로 쓰다듬으면서 상담 전화를 받았습니다. 전화기 저쪽의 상대방에게 화를 내기도 하고 껄껄 웃기도 하면서 노동조합 활동과 단체교섭에 대한 설명을 했습니다.

송영수가 첫 번째 징역을 살고 1983년 출옥한 뒤, 공장에 취업하기 위해 건강검진을 받으면서 신장이 안 좋다는 진단을 처음 받았지만, 그 뒤 현장 활동하랴, 수배 기간 동안 도망 다니랴, 1987년 노동자대투쟁 치르랴, 이래저래 건강을 챙길 여유가 없었습니다. 1987년 6월 항쟁 무렵부터 부산 지역에서 거의 모든 노동자 집회의 '판을 짠 사람'이 바로 송영수였고, 그의 손을 거쳐 만들어진 노동조합이 100여 개가 족히 넘는다는 건 자타가 모두 인정하는 사실입니다.

그렇게 자기 몸 돌볼 여유도 없이 뛰어다니던 그에게 "건강검진이라도 좀 제대로 받아보라"고 채근을 했던 대동병원노동조합 부위원장이 바로 현재 그의 부인 최애심(38) 씨입니다. 1989년 그가 두 번째 징역을 살았을 때에는 징역을 산 날짜 수와 그 기간 동안 최애심 씨가 보낸 편지의 수가 같았다던가……. 두 사람은 1991년에 결혼했고 아들에게는 승혁(勝革)이라는 이름을 지어주었습니다. "혁명을 계승할 것도 없이, 너는 승리하라"는 뜻입니다.

인간에 대한 예의

송영수는 작년에 기어이 피를 토하며 쓰러져 병원 응급실로 실려 갔습니다. 주차장 바닥이 그가 토한 피로 흥건했다고 합니다. 담당 의사가 "오늘을 넘기기가 힘들다. 마음의 준비를 하라"고 식구들에게 말했을 정도로 그의 상태는 위중했습니다. 송영수가 피를 토하며 쓰러져 동아대병원으로 실려갔을 때, 그 소식 듣고 응급실로 달려온 노동자들이 순식간에 150명이나 되었습니다. 동아대병원 응급실 역사상 그런 일은 처음이었답니다.

송영수가 46시간 만에 깨어났을 때, 온몸이 멍투성이였습니다. 노동자들이 교대로 지켜서서 송영수 깨어나라고 이틀 동안 몸을 계속 꼬집었기 때문입니다. 송영수에게 자신의 간과 콩팥을 주겠다고 줄 선 사람도 아마 150명보다 많으면 많았지 적은 수는 아니었을 것입니다. 송영수도 웃으며 말하더군요. "그동안 많이 뿌렸으니까, 이제 좀 거둬야지……." 그 말이 전혀 교만하게 들리지 않을 만큼 송영수는 성실한(이것보다 열 배쯤 더 강한 표현 없나?) 활동가입니다.

송영수는 21시간이나 걸리는 대수술을 받고 살아났습니다. 지금 그의 몸 안에는 부인 최애심 씨의 간 가운데 65퍼센트가 이식돼 꿈틀거리고 있습니다. 그의 부인 최애심 씨는 이렇게 말합니다.

"답답하고 막막하죠. 그래도 수술을 받아 다행이라고 생각해요. 그거 아세요? 남편이 10년 만에 오줌을 누게 됐어요. 그동안 하루 네 번씩 반복되는 복막투석 때문에 소변으로 나올 액이 없었거든요. 가슴이 뭉클합니다."

어느새 그녀의 눈은 붉게 물들어 있었습니다.

수술을 받으러 서울아산병원에 올라와 있는 송영수를 방문했을 때, 죽음의 문턱에까지 갔다온 사람이 나를 만난 짧은 시간에도 온통 우리나라 노동운동의 한계를 극복하는 일에 대해서만 얘기했습니다. 열심히 설명하는 그의 말을 듣다가 나는 "우리나라 노동운동의 발전을 위해서라도, 너는 일찍 죽으면 안 되겠다"라고 했습니다. 송영수가 나의 후배라는 것이 자랑스럽습니다.

2년쯤 전, 부산에서 송영수를 만난 적이 있습니다. 헤어질 무렵 그가 나에게 물었습니다.

"나는 하 선배나 나나 모두 비슷한 종류의 인간이라고 생각하는데, 형은 그 일을 20년 넘도록 계속하고 있는 이유가 뭐요?"

나는 조금 생각해보고 진지하게 그러나 폼 나게 답했습니다.

"나는 아직 세계관이 바뀌지 않았거든. 나는 내 철학을 바꾸지 않았거든."

그는 내 말을 듣고 픽 웃더니, 잠시 시간을 두고 이렇게 말했습니다.

"그런 것들 때문이었다면 나는 운동을 벌써 포기했을 거예요. 나는…… 하 선배에 대한 미안함 때문이었어요. 그거 아세요? 그

때 나 때문에 고문당했던 사람들, 나 때문에 징역 산 사람들, 그 사람들과의 인연이 나를 이 일에서 떠나지 못하게 한다는 것……. 내가 힘들어서 그만두고 싶을 때마다 자꾸 형 생각이 나는 거야. 그런 사람들의 얼굴이 자꾸 나를 붙드는 거야. 그동안 내가 만났던 노동자들의 얼굴이 나를 이 일에서 떠나지 못하게 만드는 거야."

송영수는 자타가 공인하는 이론가였습니다. 후배지만 사상적으로는 나를 지도한 사람이었습니다. 그랬던 후배가 자신을 20년 세월 동안 지켜온 원칙이 '인간에 대한 미안함' 때문이었다고 고백하는 것입니다. 앞으로는 송영수와의 인연이 나를 이 바닥에서 떠나지 못하게 할 것입니다.

이대근

우리는 조용히 죽어가고 있다

지난해 8월 1일 동작대교에서 열아홉 살 소녀가 투신했다. "고시원비도 밀리고 너무 힘들다"는 문자메시지를 남긴 뒤였다. 이혼한 부모와 헤어져 혼자 살던 소녀는 고교 졸업 후 식당 일을 했다. 소녀가 투신한 지 한 달여 지난 9월 6일엔 여의도공원에서 50대 남성이 나무에 목을 맸다. 그 자리엔 빈 소주병 하나, 그리고 유서 넉 장이 있었다. 한동안 날품을 팔지 못한 그는 유서에 자신이 죽으면 장애아들이 정부 지원을 받을 수 있을 거라고 적었다. 그로부터 엿새째 되던 날 창원 마창대교에서 40대 남성이 난간을 붙잡고 버티던 열한 살짜리 아들을 떠밀었다. 곧 그도 뛰어내렸다. 아내를 위암으로 잃고, 대리운전으로 살아온 날의 끝이었다. 다시 한 달쯤 지난 10월 19일 전주의 한 주택에서 30대 주부와 두 아이가 살해됐다. 남편은 집 가까운 곳에서 목을 맨 채 발견됐다. 그는 2개월 전 실직했고 월세와 아이들의 학원비가 밀려 있었다.

해가 바뀌고 나흘째 되는 날 서울 하월곡동 지하방. 60대 부부가 기초생활수급비 43만 원으로 생활할 수 없다며 연탄을 피워 자살했다. 그로부터 아흐레 뒤 평택 주택가 차 안에서 30대 남성이 자살했다. 쌍용차 구조조정 때 희망퇴직했던 이다. 안산·거제를 전전했지만 일거리를 찾지 못했고 아내는 떠났다. 그에겐 어린 두 아이가 남았다. 그리고 지난달 29일 안양의 한 월세방. 가스가 끊겼고 수건이 얼어붙어 있었다. 음식을 해 먹은 흔적은 없었다. 그곳에 젊은 여성의 주검이 있었다. "저 쌀이나 김치를 조금만 더 얻을 수 없을까요"라는 쪽지를 이웃집에 붙여놓은 지 며칠 지난 뒤의 일이다. 다시 열흘이 흘러 강릉의 한 원룸. 대학생이 번개탄을 피워놓고 죽었다. 방에는 즉석복권 여러 장과 학자금 대출 서류가 있었다.

사회서 낙오된 자, 꼬리 문 자살

이 죽음의 기록을 그만 끝내야겠다. 물론 여름, 가을을 지나 겨울이 한창인 지금도 죽음의 행진은 계속되고 있다. 곧 봄이 오겠지만 달라지지 않을 것이다. 그렇다면 이것으로 충분하지 않은가. 하월곡동·평택·안양·전주·강릉 어디에나 있는 똑같은 이야기다. 어린 소녀도 죽고, 대학생도 중년도 노인도 죽었다. 참으로 공평한 세상이다. 일자리 못 찾고 실직하고 벌이가 적고 병들고 월세·학원비 밀린 이들은 다리 위에서 집에서 차 안에서 공원에서 죽는다. 만일 가장이 생계를 유지할 능력이 없다면 그의 가족도 살아남기 어렵다. 국가는 경쟁력 강화하고 선진화하느라 겨를이 없고, 사회는 이미 정글로 변해 아무도 남의 가족을 돌보지 않는다. 그래서 나온 해결책이 가족 살해다. 사회가 낙오자로 찍기만 하면 찍힌 이가 알아서 나머지 쓸모없는 가족을 사회로부터 제거한다. 이건 연쇄살인, 아니 청부살인이다. 그런데도 세상은? 너무 조용하다.

죽음의 행진 '침묵'만 할 텐가

1980년대 박종철·이한열의 사망은 즉각적인 분노를 불러일으켰다. 사람들은 각성했고 연대했으며 행동했다. 그때는 누가 죽였는지, 왜 죽어야 했는지 알고 있었고, 무엇을 해야 할지도 알았다. 하지만 요즈음은 어떤 신호도, 의미도 없이 죽어간다. 잠자는 사회를 깨우면 안 될 것처럼 남몰래 세상을 뜬다. 그런 죽음에는 어떤 긴장감도 없다. 성공한 자와 이긴 자들이 구축한 질서와 평화를 위협하지도 않는다. 이 죽음의 레짐에서 살아남는 것, 이것만 문제일 뿐이다.

〈시크릿 가든〉의 작가도 밥과 김치가 없었던 최고은처럼 반지하방에서 사흘간 과자 한 봉지로 버틴 적이 있다고 했다. 다행히 그는 가난에서 탈출했지만 그의 성공이 그의 가난과 굶주림을 정당화하지는 못한다. 그가 비운 자리를 다른 사람, 가령 최고은 같은 이가 물려받는다면 그의 예외적인 성공을 공유하기는 어렵다. 만약 20대라면 실업자일 가능성이 높고, 중년이라 해도 비정규직이기 쉬우며 큰 병에 걸리면 가정이 파탄나고, 늙는 것은 곧 가난해지는 것을 의미하는 사회에서 가난한 여자가 구원받는 길은 재벌 2세의 여자가 되는 것이라는 환상을 퍼뜨리는 한 세상은 쉬 변하지 않을 것이다. 먹는 밥의 한 숟가락, 하루 중 단 몇 분, 번 돈과 노동의 일부라도 세상을 바꾸는 데 쓰지 않으면 죽음의 행진을 막을 수 없다. 내가 돈과 시간을 내지 못한다면 다른 사람도 못한다. 내가 그렇게 못할 사정이 있다면, 다른 사람도 사정이 있을 것이기 때문이다. 그러나 내가 할 수 있다면, 다른 사람도 할 수 있다. 그래도 하지 않겠다면 죽음의 공포가 연탄가스처럼 스며드는 이 조용한 사회에서 당신은 죽을 각오로 살아가야 한다. 그렇게 해서 당신만이라도 살아남는다면 다행일 것이다.

박수정
―
마지막 가족사진

사진 한 장을 본다. 앉은 부부 뒤로 군인이 된 큰아들과 고등학생이 된 작은아들이 섰다. 모두 환하게 웃는다. 지난해 4월, 처음 찍은 '가족사진'. 아들 면회를 갔더니 손바닥만 한 사진을 찍어주었다.

　강원도가 고향인 부부가 신접살림을 시작한 곳은 경기도 수원시 영통구 신동이다. 마을이 크지는 않아도 가구 수가 많았다. 쪽방 집이었지만 아들 둘을 낳아 살면서 두 사람은 행복했다. 남자는 근처 공장에서, 여자는 부업거리를 가져다 집에서 일했다. 방을 넓혀 이사하면서 한 마을에서 22년을 살았다. 이들에게 신동은 '고향'이다. '뿌리내리고 산' 곳, 두 아들이 맘 놓고 뛰어다니면서 놀고 자란 추억이 고스란히 남은 곳이다. 더 좋은 집, 아파트도 부럽지 않았다. 아들은 친구가 사는 아파트에 놀러가도 기죽지 않았다. "우리 집이 더 좋다"고 했다. 가끔 남자는 여자에게 "남들은 집 장만하는데"라며 미안해했다. 그러면 여자는 "집 갖고 불행하게 사는 것보다 가난해도 우리 가족 건강하고 행복하면 되지 않느냐. 그런 것에 미련 두지 말자"고 했다. 내 집이나 돈이 없어도 이들은 단란하게 지냈다. 조금이라도 더 아이들과 눈 마주보며 이야기 나누려고 애썼다. 여자는 "없이 살아도 서로 나누고 의지하고 살라"고, "공부를 해서 많은 걸 배워 남들을 도와주라"고 자식들에게 말하곤 했다. '배움이 부족하고 살기가 어려웠어도' 부부는 '안된 사람'을 보면 안쓰러워하고 도와주었다. 두 아들은 자연스레 그런 부모를 닮았다. '엄마 아빠가 최고'였다. 둘째는 나중에 훌륭한 사람이 되어 책을 쓰게 되면 아빠 이야기를 쓸 거라고 했단다.

그런데 도시개발 사업으로 이들은 20년 넘게 살아온 땅·집·고향에서 쫓겨날 판이다. '쾌적한 도시환경'을 만들고 '지역 균형발전'을 도모하고 '공공복리 증진'에 기여한다는 개발 사업이지만 세입자들은 고려 대상이 아니다. '세 들어 사는 사람들은 없이 사는 사람들인데' 아무런 대책을 마련해주지 않았다. 오히려 토지수용 조건으로 세입자를 내보내라고 해 어떤 집주인은 직접 집을 헐어 세입자를 쫓아냈단다. 사람들은 철거민대책위원회를 만들었다. 고향을, 고향과 같은 곳을 잃고 싶지 않았다. 남자도 그 일에 참여했다. 같은 처지에 놓인 사람들을 찾아다니다보니 개발을 앞세워 삶터나 일터에서 사람들을 쫓아내는 일이 곳곳에서 벌어졌다. 아무도 도와주지 않으니 지역은 달라도 철거민이 된 사람들이 서로 도왔다. 지난 1월 18일 저녁을 먹고 남자는 "나 나갔다 올게"라며 집을 나섰다. 서울 용산, 옥상 망루에 올랐다. 어려움을 겪는 사람을 돕는 일을 당연하게 여겼고, 자신들이 겪는 어려움에도 다른 이들이 함께했으니. 망루에 오르면서 무엇을 바랐을까. 철거민이 된 남자는 집보다 먼저, 앞으로 철거될 집보다 가혹하게 1월 20일 아침에 이 세상에서 철거당했다. 다시 집으로 돌아오지 못했다. 어제 검찰은 죽고 다친 이들에게 모든 책임을 미뤘다.

처음 찍은 가족사진은 유일한 가족사진이 되었다. 사진 속 얼굴이 영정이 되었다. 고인이 된 한대성 씨의 아내는 진상 규명과 책임자 처벌을 요구한다. "애들도 지금 무척 아빠를 그리워합니다. 살아서 나갔는데 이렇게 죽음으로 와 상처가 엄청납니다. 없는 사람이 많지 잘사는 사람이 얼마나 되겠어요? 거의 다 없는 사람들인데 그 사람들 다 이렇게 만들면 되는 건가요? 이런 일을 또 만들면 안 된다 생각해요. 나는 열심히 살았는데 당신들이 이렇게까지 막 없는 사람 아주 깔아뭉개고 누르는데, 그럼 밟히면 또 일어나야지요."

이계삼

송전탑 분신 자결의 진상

일흔네 살 이치우 씨와 일흔세 살 이상우 씨는 경남 밀양시 산외면 희곡리 보라마을에서 나고 자란 형제지간이다. 형은 훤칠한 키에 의리가 있었고, 동생은 부지런하고 야무졌다. 형제가 일구어온 논 열 마지기는 평당 20만 원에 시가 4억 원을 호가하는 땅으로 구순 노모를 모시고 사는 두 형제의 희망이었다. 그런데 2005년 신고리원전에서 생산된 전기를 수도권으로 보내는 76만 5천 볼트 송전탑 공사 계획이 발표되었다. 논 한가운데에 높이 100미터에 이르는 거대한 철탑이 박히게 되었다. 이 끔찍한 고압 전류 아래서 농사를 짓는 것은 엄두도 못 낼 일, 그들은 땅에서 쫓겨나게 되었다. 보상금은 6천만 원, 부동산 가치는 '제로'가 되어버렸다. 69개의 철탑이 지나가는 밀양 지역 5개 면 해당 주민들의 사연이 대개 그러했고, 그 삶들이 지난 6년간의 싸움으로 파탄이 났다. 시가 8억 8천만 원짜리 농지 위로 지나가는 송전선로에 대한 지상권을 30년간 임대해주는 조건으로 받는 보상금은 고작 680만 원, 부동산 가치는 역시 '제로'가 되었다. 은행에서는 담보물로 잡아주지도 않았고, 농협은 슬슬 대출금 상환 압박을 해왔다. 밀양시장 엄용수와 지역 국회의원 조해진은 처음에는 함께 싸워주는 듯했으나, 어느새 꿀 먹은 벙어리가 되었다. 상경 투쟁, 노숙 투쟁, 단식 투쟁, 토론회와 공청회, 그 6년 동안 안 해본 것이 없었지만 막상 공사가 강행되었을 때 그들이 할 수 있었던 일이란 맨몸으로 용역과 기계에 맞서는 것밖에 없었다. 무릎이 좋지 않은 노인들이 기다시피 하며 산길을 오르내리면 그들의 격렬한 저항에 시달린 젊은 용역들은 '워리 워리' 하며 노인들을 조롱했다. 하루 종일 나무를 껴안고 벌목을 막아내기도 했다. 생활이 말이 아니었다. 새벽에 산에 올라 깨어나는 시내의 불빛들을 보며 그들은 외로웠다. 이 나라가 누구의 나라인가, 우리가 왜 이런 고통을 겪어야 하는가. 마을마다 '누구 하나가 죽어야 이 일이 풀릴 거'라는 소리들이 번져나갔다.

　1월 16일 새벽 4시, 이치우 이상우 형제의 논으로 용역 50명과 굴착기가 들이닥쳤다. 젊은 용역들은 노인들에게 공공연히 욕을 했다. 여자 용역들은 할머니들에게 욕을 했다. 새벽 4시부터 온종일 논바닥에서 영하의 추위와 손주뻘 되는 아이들의 욕설을 견디며 일진일퇴의 싸움을 했고, 저녁이 되어 퇴근하는 용역들은 내일 다시 오겠노라 했다. 이치우 노인은 절망했다. 내일 또 오늘 같은 날을 지내야 하다니. '내가 죽어야겠다. 저 굴착기 불 지르고, 나도 죽겠다.' 동생과 주민들은 말렸다. 휘발유통을 빼앗아 땅에 부었다. 그날 저녁, 마을회관에서 이치우 노인은 최후의 시간을 보냈다. 내가 죽으면 이 억울함을 세상이 좀 알아주겠지, 새벽마다 온 마을 노인들이 2교대 3교대로 산에 올라 용역들과 기계들과 맞서며 수도 없이 사진 찍히고 고소 고발에 성폭력까지 당하는 이

무간지옥을 벗어날 수 있겠지. 그리고 동생과 내가 일구어온 이 논 열 마지기도 지킬 수 있으리라. 마을회관에서 온몸에 휘발유를 끼얹은 이치우 노인은 보라마을 어귀 다리 위에서 몸에 불을 붙였다.

일흔네 살 이치우 노인은 이렇게 세상을 떠났다. 숯덩이가 된 노인의 주검은 용산참사의 희생자들이 그러하듯, 지금 냉동고에 있다. 이 죽음 앞에서 책임을 느껴야 할 이들이 조금이라도 참회하고 있는지는 알려진 바 없다. 영하 10도를 넘나드는 한겨울 세상은 전기로 가득 찬 것 같은데, 이 전기가 어디서 왔는지, 어떤 지옥도를 거쳐 왔는지를 묻는 이도 없다. 끔찍한 국가 폭력과 시민들의 무관심, '안락을 위한 전체주의'의 틈바구니에서 짓이겨진 어느 죄 없는 노인의 숯덩이 시신을 바라보며 나는 눈물이 난다.

고운 얼굴들

내 글을 즐겨 읽는다는 한 독자로부터 '송전탑 이야기 말고 교육 이야기 좀 들었으면 좋겠다'는 애정 어린 권유를 받고 나서 얼마 뒤 밀양 송전탑 공사가 재개되고 말았다. '오늘의 교육 편집위원'이라는 직함을 가진 필자가 쓰는 글마다 '밀양 송전탑' 이야기가 빠지지 않으니 의아하기도 했을 것이다.

나는 밀양 사람이다. 여기서 나고 자랐고, 대학과 군대, 교사 초년 시절을 뺀 나머지 세월을 모두 밀양에서 살아왔다. 학교를 그만두고 오랫동안 꿈꾸어온 일들을 막 시작할 무렵 터진 '밀양 송전탑' 분신자결 사건 이후 지금까지 17개월째 이 일에 매달려왔다. 이 싸움이 쉽게 정리되지 않을 것이라 예측했지만, 어찌할 수 없는 절박한 대의를 따르기로 했다. 수많은 사람의 목숨이 달린 일에, 이 사안이 얼마나 불의하고 모순에 가득 찬 일인지를 모르지 않으면서, 여전히 목숨을 걸어야 하는 어르신들의 고통과 분노를 외면한 채 내가 벌일 일들, 농업과 교육, 세상을 향한 글쓰기는 무슨 의미가 있을까, 이런 자격지심에서 시작된 일이었다. 모난 돌이 정을 맞고, 앞장서는 놈은 반드시 피를 보게 되어 있으니, 그저 욕먹지 않을 만큼만 하고 적당한 시점에서 빠져주는 보편적인 행동 윤리를 나도 모르지 않았다. 무엇보다 나 자신이 여리고 약한 사람이기 때문에, 나는 내가 왜 이 일을 해야 하는지를 수시로 자문해야 했다. 그사이 심리적인 위기 상황도 없지 않았다. 그때마다 나를 일으켜 세워주었던 것은 바로 이 '고운 얼굴들'이다.

대통령 선거가 끝나고, 한동안 실의에 젖어 있던 적이 있었다. 무거운 마음으로, 선거 이후 첫 촛불집회에 갔을 때, 정말 아무 일도 없었다는 듯, 그저 반가워서, 앞으로 자신들 앞에 어떤 일이 닥칠 것이라는 사실을 전혀 모른다는 듯이, '내일의 걱정은 내일에 맡겨두라'는 그리스도의 가르침을 체현한 수도자인 양, 쭈글쭈글한 얼굴 주름 골이 한껏 파인 미소로 나를 반겨주던 할머니들의 고운 얼굴, 이런 기억들이 나를 이끌어왔다. 한전 쪽이 거액의 손배소와 고소·고발을 남발할 무렵, 고초를 겪고 있던 분들을 위해 탄원서를 부탁한 적이 있다. 70대, 80대 할머니들이 삐뚤빼뚤 눌러쓴 글에는 놀랍게도 같은 말씀들이 담겨 있었다. "우리는 지금 이대로 살고 싶다는 것." 누가 시킨 것도 아닌데, 할머니들에게서 어떻게 이런 글들이 동시에 나오게 되었을까. 고향과 선산을 지키지 못하고 저승에서 만날 어른들께 죄가 될 것 같아 너무 괴롭다는 그 말씀을, 수족에 병이 들어 거동조차 못하는 자신을 고쳐준 '숲으로, 녹색으로 꽉 찬' 이 산을 지키기 위해서, '나중에 자식들이 돌아와서 살 데가 없어서는 안 되기 때문에 내가 이렇게 싸운다'는 이 말씀들을 그저 '해보는 소리'로 치부하고 있는 세상. 결국 '돈 때문일 거라는 것, 그래서 돈을 더 얹어주면 해결될 거라는 것', 이렇게 악한 믿음이 지배하는 세태 속에서 어르신들은 싸우고 있다.

할머니들은 목에 밧줄을 묶고, 웃통을 벗어젖히며, 포클레인 밑으로 기어들어가 드러눕고, 병원으로 실려가는 이웃들을 보며 울부짖다가 기진해서 또 줄줄이 병원으로 옮겨지고 있다. 보기가 너무 괴롭다. 이들을 향해서도 세상은 여전히 '님비'라고 한다. 그렇기 때문에 핵발전으로부터 비롯된 이 장거리 송전시스템이 폐기되어야 하는 것이다. '니들은 전기 안 쓰냐'고? 그렇다면 왜 전기를 가장 적게 쓰는 이분들이 작금의 전력시스템이 야기하는 모든 고통을 뒤집어써야 하는가.

내가 사랑하는 이 '고운 얼굴들'은 지금 하루하루가 너무 고통스럽다. 언제까지 이렇게 싸워야 하나. "도와주세요. 간곡히, 부탁드립니다!"

시인으로 산다는 것

신해욱

봄의 정령

놀이터 벤치에 앉았다. 봄이다. 유난히도 혹독한 겨울을 지내고 난 터라 햇볕과 바람에서 감촉되는 따뜻한 기운이 어리둥절할 만큼 낯설다. 봄이란 이런 거였나. 공기가 생물처럼 나를 어루만진다. 가만히 있어도 세계와 연결되어 있는 느낌. 오랜만인지 처음인지 모르겠다.

아이들은 벌써 반소매다. 뻗치는 생기를 주체하지 못하고 다들 정수리에서 싹을 툭툭 틔울 것만 같다. 몇 명은 제각각 볼을 빵빵하게 부풀리고 두 손을 입에 모아 개구리 울음소리를 흉내 내며 낄낄거린다. 개굴개굴 꽥꽥. 내 소리가 더 커. 그건 개구리가 아니라 오리 소리야. 아냐. 맹꽁이야. 벤치를 떠나며 나도 그 애들처럼 소리를 내본다. 피식 바람 빠지는 소리만 난다.

집에 돌아와서는 세탁기에 빨래를 넣고 책을 한 권 집어 들었다. 얇은 볼륨인데도 실로 제본이 된 책. 풀칠 대신 실로 꿰매어 엮은 탓에 책장을 넘길 때마다 갓 구워진 빵 껍질 같은 바삭한 소리가 난다. 고소하고 간지럽다. 펼쳐진 페이지를, 읽는 대신 만져본다. 햇살을 받아 펄프의 미세한 결이 그대로 도드라져 있다. 하얀 종이가 그저 공백이 아니라 물질이기도 하다는 사실을 새삼 깨닫는다. 바삭한 소리와 종이의 질감에 사로잡혀 좀체 글자들이 눈에 들어오지 않는다.

세탁기의 종료 벨이 울린다. 베란다에 나가 창문을 열고 빨래를 넌다. 바짓가랑이가 개다리춤을 추는 것처럼 바람에 흔들린다. 내일 아침에는 저 바지를 입고 외출을 해야겠다. 봄이니까.

귀를 기울이면

몇몇의 친구와 짧은 여행을 다녀왔다. 대숲을 걸었고 호숫가에서 물수제비를 떴다. 바다에 닿아 해변을 어슬렁거렸다. 우리의 손에는 제각각 카메라가 들려 있었다. 그리고 일행의 막내였던 S의 손에는 손바닥만 한 녹음기가 들려 있었다. "소리를 모으는 거야?" 내가 묻자 S가 수줍게 대답했다. "어딘가에 가면요, 사진을 찍어 이미지를 남기고 싶기보다는 그 순간 그곳의 소리를 따고 싶은 마음이 앞서요. 그래서 녹음기를 샀어요." 우리는 숙소에 짐을 풀고 테이블에 둘러앉아 맥주를 마시며, S가 채집한 소리들을 들었다. 대숲이 바람에 흔들리는 소리. 해변의 자갈들이 다글다글 파도에 쓸려가는 소리. 처마 밑 풍경 소리. 지나간 시간, 지나온 장소의 소리들. 사진을 찍듯, 내 삶의 어떤 순간들도 소리로 남겨두었더라면 좋았을 텐데. S처럼 내가 소리를 기록해두거나 할 일은 없을 것 같지만, 이젠 어쩌면 곁의 소리들에 귀를 깊이 기울이게 될지 모른다는 예감이 들었다. 그날 밤은 잠을 쉽게 이루지 못했다. 자리가 설었기 때문일 것이다. 이불 위에서 이리저리 몸을 뒤치는 사이, 창밖으로 부옇게 하늘이 밝았다. 파도가 가볍게 찰싹였고 갈매기들이 끼룩끼룩 울었다. 아, 바닷가의 아침에는 이런 소리가 들리는구나. 그제서야 가만히 잠이 밀려왔다. 모로 누워 몸을 둥그렇게 말고 있는 나의 이 순간을, 베개 밑으로 스르르 잠겨드는 나의 몽롱한 머리를, 아침 갈매기들의 소리로 기억하고 싶었다.

영혼의 어떤 흔적

지난가을 베란다 귀퉁이에서 나방을 발견했다. 흰 날개를 세모꼴로 펴고 회벽에 붙어 있었다. 잡을까 쫓아낼까 망설이다 창문만 열어두고 방으로 들어왔다. 알아서 날아가려니 했다. 다음 날 베란다에 나가보았다. 어라, 그 자리 그대로였다. 간밤에 죽은 모양이구나. 대뜸 치울 생각이 들지 않아, 바닥에 떨어질 때를 기다려 빗자루로 쓸어 담기로 했다.

하지만 죽은 나방은 일주일이 지나도록 벽에 꼼짝없이 붙어 있었다. 양지바른 무덤이라도 찾은 것처럼. 처음 얼마간은 매일 나방의 상태를 확인했지만 유별난 관심이 오래가지는 않았다. 나방은 으레 거기 있었고 나는 곧 심드렁해졌다. 미물의 날개와 더듬이는 점차 말라갔다. 가끔은 벽에 딸린 입체무늬 같다는 생각도 들었다. 혹독한 겨울이 가고 짧은 봄이 가고 긴 장마가 왔다. 죽은 나방은 우리 집의 일부가 되어가고 있었다.

사소한 애틋함이 스친 건 불과 며칠 전이었다. 빨래가 쉬이 마르지 않아 베란다에서 한숨 쉬다가 벽이 허전하다는 걸 깨달았다. 나방은 타일 바닥에 떨어져 있었다. 쭈그리고 앉아 골똘히 바라보았다. 바스라지기 직전의 낙엽처럼 가볍고 아슬아슬했다. 빗자루로 쓸어 담아 치울 차례였지만, 근 1년을 함께 지낸 처지 아닌가. 작은 상자 하나를 비워 나방의 시체를 담았다. 그제야 한 쌍의 새까만 눈이 보였다. 영혼의 흔적일지도 몰랐다.

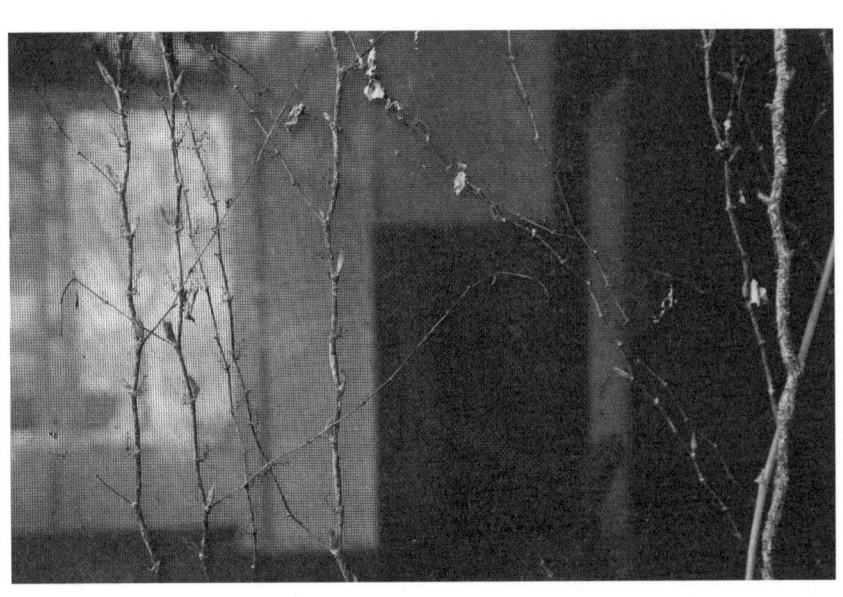

이영주

파괴된 강에서 우리는 작별한다

 안쪽에 무엇이 있든, 사람은 때로 울고 싶어진다. 행복하다 스스로에게 되뇌며 일상을 안정적으로 살아간다고 해도 누구나 가슴이 먹먹해지는 순간이 있다. 그 순간은 각자의 사연에 따라 다르리라. 누군가는 사랑 때문에, 누군가는 고통 때문에, 누군가는 텅 빈 외로움 때문에 가슴을 쓸어내린다. 사실 사랑과 고통과 외로움은 같은 말이다. 그것이 몸속에서 화학 작용을 일으켜 밖으로 표출되는 가장 일반적인 통로는 울음일 것이다. 견딜 수 없어서 비명을 지를 때도, 입술을 꽉 물고 참아낼 때도 그것 또한 울음과 같다. 모두 울음의 다른 이름이고, 그것은 삶의 필수적인 구성 요소이다. 넘치는 자본을 가지고 떵떵거리고 사는 자에게도, 하루하루 겨우 연명하는 가난한 자에게도 슬픔은 찾아온다. 모든 것이 주어진다고 늘 행복할 수 있을까.

 그럴 때면 당신은 어디로 가고 싶은가? 어디에 가서 목 놓아 울거나 소리를 지르거나 고요히 침잠하고 싶을 때…… 그럴 때, 어디로 가야 할까.

외할머니 댁은 시골 도로변에 있었다. 초등학생 시절, 엄마 손을 잡고 도로에 바로 인접해 있는 작고, 귀엽고, 아늑한 외할머니 댁의 문을 열고 들어가면서 나는 아무것도 나를 해치지 못하는 천상의 공간으로 들어가는 기분이었다.

그러나 한밤중이면 자동차들은 굉음을 내며 간헐적으로 외할머니 집 주변을 맴돌았다. 도시에서 들리는 자동차 소리하고는 질이 달랐다고 할까. 한적한 곳에서 미친 듯이 질주하는 자동차 굉음은 집 전체를 흔들고 잠이 들려다 실패하는 내 온몸을 울렸다. 시골 집에 와서 옛날이야기에 등장하는 귀신 같은 것에 홀리는 것이 아마도 정해진 추억의 에피소드라면, 나의 경험은 참으로 아이러니한 것일 수밖에 없다.

새벽까지 뒤척이며 잠들지 못하는 나를 꼭 안아주던 외할머니. 그렇게 너무 일찍 일어난 나의 손을 잡고 외할머니는 도로를 건너 강둑으로 내려갔다. 한참 동안 강둑에 앉아 나는 외할머니와 함께 아침 해가 떠오르는 것을 보았다. 외할머니는 내 손을 잡았다가 내 머리를 쓸어주다가 신기하게 생긴 풀을 꺾어 내 손에 쥐어주면서 도란도란 그들에 대해 설명을 해주었다. 그렇게 우리는 강물과 강물 주변에서 함께 어우러지던 나무와 풀들, 풀 속에 살던 곤충들, 물속에서 유영하는 물고기들과 함께 아침 해를 맞았다.

그때 어린 내 마음 속으로 천천히 흘러드는 서늘하게 일렁이던 물비늘들. 아침 해를 맞아 조금씩 부풀어오르던 착한 물방울들.

무릎을 모아 가슴께에 끌어안고 나는 천천히 울기 시작했다. 푸른 나무와 풀잎들을 지나 고요히 흘러가는 물의 끝을 바라보면서,

나는 울어도 좋을 것 같았다. 도대체 무엇이었을까. 어린 나에게 어떤 슬픔이 있었던 것일까? 이제 와 그때를 떠올리면 아무런 이유가 없었다는 생각이 든다. 그냥, 그저, 뭔지 모르지만, 맑고 투명한 강물의 흐름이 주는 알 수 없는 포근함 때문에, 그 청명한 물소리 때문에, 끝을 알 수 없는 물의 신비로운 질서 때문에, 아마도 그냥 울었던 것은 아닐까.

나는 그 이후, 내 방의 책상 밑에서, 도시 어느 골목에서 혹은 이국의 여행지에서 울음을 터뜨리는 순간에는 언제나 강의 얼굴을 생각하게 된다. 내 모든 상처를 감싸 안아줄 것 같은 강물의 품을 생각하게 된다. 누군가의 인위적인 손길이 닿지 않은, 새나 강아지, 염소 혹은 또 다른 연약한 동물이 와서 남몰래 울고 갔을 것 같은, 강물 속의 수많은 눈물을 생각하게 된다. 어디에서든 내가 흘린 눈물이, 배꼽 근처에서부터 뜨겁게 올라오는 울음이, 그 강물로 흘러갈 것이라는 생각을.

아마도 당신, 당신의 강물 또한 내 강물과 만나서 함께 흐를 수 있지 않을까. 그것은 알 수 없는 신비로운 우주의 만남 같은 것이 아닐까.

이제 그러한 강물의 바닥을 파헤치고, 주변에 시멘트를 바르고, 철근을 박고, 온갖 문명의 개칠을 하면서 우리의 소중한 만남은 오욕에 물들게 되었다. 이제 당신의 은밀한 눈물 또한 배를 드러낸 채 죽어간 물고기처럼 처참하게 죽어갈 것이다. 그렇게 우리는 권력이 빼앗아간 우리의 가장 중요한 마음을 잃어버리게 될 것이다. 당신과 나는 진정으로 만나지 못하게 될 것이다. 강을 뒤집어 엎고 파괴하는 이 현실을 바꾸지 못한다면, 미안하지만, 당신, 안녕. 이렇게 미리 작별 인사를 할 수밖에 없게 될 것이다.

최용탁

내 마음속 남한강

 마을 앞에는 큰 개울이 흐르고 뒤로는 작은 개울이 있었다. 작은 개울은 고만고만한 골짝에서 내린 물이 모이고 모여 가문 날이 오래면 바닥이 드러나기도 했으나, 큰 개울은 사시사철 거울처럼 맑은 물이 여울과 소를 이루며 끊이지 않았다. 월악산에서 시작하여 장자봉, 까치산에서 내린 물을 더하고 송계, 복평, 북노, 역말, 신당이라는 이름으로 엎드린 마을과 들을 적시며 남한강에 합친 물이 되기까지 물길 30리였다.

 강에는 아침저녁으로 사람을 건네주던 나룻배가 있었고, 얼굴에 늘 종기를 달고 살던, 노를 저으며 알 수 없는 노래를 부르던, 붉은 얼굴의 사공이 있었다. 잔잔한 뱃길을 지나면 강물이 무섭게 요동치며 흘렀다. 강물 가운데 솟은 검은 바위(산에서 굴러떨어진 것이었다)에 부딪혀 하얀 포말을 일으키며 넘실대던 그 물결은 알 수 없는 두려움을 불러일으켰다. 해마다 누군가가 그 물에 휩쓸려 죽었다…….

　내가 기억하는 남한강에 대해 나는 과거형으로밖에 말할 수 없다. 다시는 갈 수 없는 곳, 내가 열일곱 살까지 살던 그 남한강변은 충주댐이 세워지면서 크나큰 호수 밑으로 가라앉았다. 저녁놀에 피라미가 뛰던 30리 여울도, 장자봉에 뜬 달이 이지러지던 강물도, 이제는 이동순의 시구처럼 내 가슴속에 '홀로 글썽이는' 물이 되고 말았다.

　고향이 사라졌다는 사실은 갈수록 비통함을 더한다. 내 삶이, 뽑혀져 땡볕에 버려진 쇠비름처럼 시들부들한 이유가 고향을 잃어버렸기 때문이라고 스스로 진단하기도 한다. 하지만 돌이켜 생각하면 모든 온전한 것은 다만 추억 속에 있을 뿐이다. 그 아름답던 풍경이 지금껏 남아 있다면 얼마나 큰 고초를 겪을 것인가. 사라짐으로써 비천한 욕망들에게 능욕당하지 않게 된 남한강은 오롯이 내 가슴속에 남게 되었다. 사물의 경이와 아름다움이 예술이 싹트는 시작이라면 내 글쓰기 역시 남한강의 어느 여울에서 비롯되었으리라.

　나는 기억한다.
　여덟 살의 여름, '뱃물'이 들어오고 있었다. 큰비가 내려 강으로 흘러들던 물이 미처 강으로 합류하지 못하고 역류하는 것을 어른들은 '뱃물이 들어온다'고 했다. 앞산에 올라가 본 광경은 너무나 놀라웠다. 이미 강은 흔적도 없고 황토물이 바다를 이루어 올라오고 있었다. 드넓던 논배미가, 골짜기의 마을들이 모두 잠겼고 사람들은 두려움에 휩싸였다. 누구누구네 집이 폭삭 무너졌고 그날 우리 집 외양간 한 귀퉁이도 무너졌다. 그렇게 저녁나절이나 되었을까. 어느 노인이 '이제 나가신다'고 했다. 한 뼘이 밀려왔다가 두 뼘이 나간다고도 했다.

과연 다음 날 아침에는 황토물이 멀찍이 물러났고 나는 삽을 들고 논배미로 향하는 어른들을 따라 나갔다. 그리고 믿기 어려운 광경을 보았다. 아직 물이 차서 겨우 논둑만 드러난 논 가운데에 어린애만 한 잉어들이 뛰고 있었다. 새풀 내를 맡은 잉어들이 물을 따라 올라온 것인데 나는 지느러미를 드러내고 노니는 잉어와 그들을 쫓으며 삽자루를 내려치는 어른들의 모습을 보며 어떤 환상을 보는 것 같은 느낌에 빠졌다. 실제로 등이며 머리에 삽날을 받은 잉어들을 들쳐 멘 어른들의 등에 흐르던 피와 왠지 나를 쳐다보는 것 같던 잉어의 붉은 눈을 아직도 잊을 수 없다. 나중에 안 일이지만 그 잉어들이 온 곳은 남한강이 아니었다. 강에는 그렇게 큰 잉어들이 살지 않았다.

남한강의 물살이 세차게 흐르다 제 힘을 못 이겨 한 자락 물길이 빠져나와 돌아가면서 마을 아래쪽에 소(沼)를 이룬 곳이 있었다. 어떻게 강가에 그런 소가 만들어졌는지 내 알음으로는 설명할 길이 없지만 어른들 말로는 실 한 꾸리가 풀린다는 깊고 깊은 소였다. 그곳을 용수깨미라고 불렀는데 물이 계속 돌고 있어서 수영을 아무리 잘하더라도 들어가면 빠져나오지 못한다고 했다. 전설에 따르면, 병자호란을 당한 한 장수가 치욕을 이기지 못하고 이 소에 몸을 던져 죽었는데, 그가 타던 애마가 사흘 밤낮을 울며 소를 돌다가 주인을 따라 죽었다고 했다. 그 후로 말이 돌던 방향으로 물이 돈다는 것이다. 소의 가장자리에는 버드나무가 자라나 가늘고 긴 가지를 물속에 드리우고 있었다. 우리는 용수깨미에 들어가지는 않았지만, 그 옆에 미루나무 숲과 꽤 널찍한 모래밭이 있어서 놀이터로 삼곤 했다. 뱃물이 들어올 때 올라왔던 잉어가 사는 곳이 바로 그 소였다. 나는 어느 어스름 녘에 버드나무에 올라와 앉아 있던 시커먼 가물치를 본 적이 있다.

먼 옛날의 전설과 들어갈 수 없는 금기의 물, 가물치가 나무에 앉아 있던 그 깊은 소, 그 무렵 세상을 뜬 누이의 기억과 더불어 용수깨미는 내 안에 인간이 건널 수 없는 어떤 심연으로 자리 잡았다.

어린 시절에 주로 놀던 곳은 검푸른 남한강이 아니라 월악산에서 흘러내린 앞개울이었다. 개울이라도 한 길이 넘는 곳이 많아 멱 감기에 모자람이 없고 메기, 동자개, 쉬리, 꺽지 같은 물고기들이 돌 밑마다 숨어 있어 맨손으로도 얼마든지 움켜낼 수 있었다. 잡은 고기를 버드나무 가지에 꿰어오면 마늘잎을 넣고 자작하게 졸여낸 저녁 반찬을 먹을 수 있었다.

중학교 1학년 여름, 나는 멱을 감다가 무언가가 목에 감기는 느낌에 선뜩 놀랐다. 그것은 다홍색 옷고름이었다. 고운 색깔의 그 옷고름을 돌 위에 올려놓고 몸을 말리다가 나는 기이한 생각에 빠졌다.

마을 뒷산에는 굽은 소나무가 한 그루 있었는데 그 나무에 내가 태어나기 오래전에 우리 마을로 속아서 시집온 젊은 색시가 명주로 목을 매 죽었다고 했다. 그 새댁 이야기를 나는 할머니에게서 여러 차례 들었다. 얼굴이 박속처럼 희고 고왔다던 색시가 강 건너 친정이 바라다보이는 뒷산에 올라 목을 매는 광경이 꿈속에 나타나기도 했다. 그런데 여울을 흘러온 다홍 옷고름을 보자 곧바로 그 색시가 떠올랐다. 나는 알 수 없는 기분이 되어 갖가지 상상으로 옷고름을 만지작거리다가 다시 물 위로 띄워 보냈다. 물살에 실려 흐느적거리며 떠내려가던 그 옷고름은 내게 지울 수 없는 어떤 이미지를 남겼다. 그 이미지가 나를 소설로 이끈 그 무엇이었을지도 모르겠다.

중학교 3년 동안 나는 자전거를 타고 십릿길을 다녔다. 신작로를 따라가는 큰길과 지름길인 강변길이 있었다. 강변은 자갈길이라 자전거를 타기보다 끌고가는 길이었지만 하굣길은 대개 강변을 택했다. 강 건너에서 오는 친한 친구가 있어 나루터까지 함께 가는 재미가 있었다. 5리쯤 같이 걸어와 그 친구는 배를 탔는데 뱃전에 서서 내게 손을 흔드는 친구의 모습은 늘 어디 먼 곳으로 떠나는 것 같은 느낌을 주곤 했다. 강 하나 사이지만 나는 그 너머를 가본 적이 없어서 왠지 친구가 사는 마을은 다른 세상처럼 느껴졌다. 그리고 노을 비낄 무렵이면 문득 조용해지는 강물 소리, 바람에 우수수 눕던 억새들, 앞서 가는 여학생들의 종아리가 나를 강변길로 이끄는 것들이었다. 내게 최초로 성적인 암시를 주었던 또래 여학생들의 매끈한 종아리에 깊이 천착(?)할 수 있던 것도 그 강변길 덕분이었음을 이제는 고백할 수 있겠다.

처음 술을 배운 곳도 바로 남한강이었다. 워낙 후미진 산골이다 보니 내가 중학교에 들어갈 때만 해도 나보다 서너 살이나 많은 학생들이 여럿 있었다. 마을 청년이라고나 해야 할 학생들은 주말이면 학교 바로 뒤에 흐르는 강에서 천렵을 하곤 했는데 그때마다 되들이 소주를 받아오곤 했다. 안주는 초고추장 한 보시기가 다였다. 큰 돌을 들어 물속의 납작한 돌을 내리치면 꺽지, 쉬리, 쏘가리 따위가 기절을 하거나 배가 터져서 줄줄이 나왔고 내장만 빼고 통째로 초장에 찍어 먹었다. 덩치가 컸던 나는 그들과 어울려 날로 먹는 민물고기 맛을 알았고 중학교를 졸업할 무렵엔 제법 술맛을 아는 술꾼이 되었다.

　내가 살던 마을에서 건너편으로 5리쯤 올라가면 나오는 동네가 북노리였다. 그 마을 바로 앞은 30리 여울 중에도 꽤 크게 소를 이룬 곳이고 물속에 큰 바위들이 많아 팔뚝만 한 메기나 동자개 같은 고기들이 많았다. 나는 그 마을에 친한 친구도 있고 해서 자주 놀러가는 편이었다. 대나무의 속을 비워 만든 작살로 고기를 잡기도 하고 방학이면 친구 집에서 2, 3일씩 놀다 오기도 했다.
　그런데 그해 가을이던가. 그 마을에 20년도 넘게 감옥살이를 한 사람이 돌아왔다고 했다. 이씨들이 많이 살던 마을이었고 내 친구 역시 그러했는데 그 오랜 감옥살이의 주인공이 친구의 큰아버지뻘이었다. 놀랍게도 그 사람은 간첩이라고 했다. 우리 집은 전쟁 때 좌익으로 몰려 풍비박산이 되었던지라 매사에 두려움이 많던 아버지는 내게 북노리 친구 집 출입을 금지시켰다. 나로서도 학교에서 배운 간첩이 같은 마을에 산다는 게 얼핏 이해되지 않았다. 그런데 내게 글재주가 있음을 알고 아껴주던 국어 선생님이 학교가 파하면 자전거를 타고 매일 북노리로 향하는 것이었다. 아직 총각이었던 선생님은 늘 두터운 옥편을 가지고 공부를 했는데 누군가에게 배우러 다닌다고 했다. 그 누군가가 바로 감옥에서 나온 사람이었고 훗날 알게 된 것이지만 이문학회를 만든 노촌 이구영 선생이었다. 내가 선생이 쓴 책을 통해 내 집안의 과거를 알게 되고 더불어 내가 살던 월악산과 남한강에 피어린 역사가 숨어 있음을 알게 된 것은 물론 먼 훗날이었다.

　내가 아는 남한강은 불과 수킬로미터 남짓한, 지금은 사라진 어느 구간이다. 그러나 바로 그곳에서 내 생애의 의미가 시작되었다. 누구에게나 세상에서 처음 만난 풍경은 지울 수 없는 화인(火印)으로 남는 것이고 나는 내 유년기와 청소년기를 오롯이 그곳에서 보낸 것을 감사하게 생각한다. 아직도 나는 뱃물이 나가고 난 다음의 그 부드러운 개흙의 감촉을 발바닥에 간직하고 있으며 강물에 거꾸로 잠기던 산 그림자와 달빛의 기억에 숨이 막힌다. 외로움과 두려움, 사랑과 글쓰기의 시작도 그곳이었으므로 나, 그 강물에서 멀리 가지는 못하리라.

송경동

그 잡부 숙소를 잊지 못한다

이제 갓 소년티를 벗은 청년이 있었다. 청년의 직업은 일용공이었다.

서울 하늘 아래 오갈 데 하나 없는 청년은 청계천2가 공구상가 뒷골목, 어느 허름한 잡부 숙소에 몸을 기대며 살고 있었다. 새벽이면 가방을 들고 골목 안쪽에 있는 인력소개소로 나가 출석 체크를 한 후 장닭도 되기 전에 병에 걸린 중닭마냥 자울거리며 앉아 있었다.

조금이라도 늦으면 일이 배정되지 않았기에 새벽 다섯시경부터 좁은 사무실 안쪽은 가방 하나씩을 껴안은 사람들로 북적거렸다. 여섯시면 벌써 하루 일 배정이 다 끝났다. 일 배정을 받은 사람들은 쪽지 한 장을 받아 쥐고 삼삼오오 길을 나섰다. 일곱시부터면 일을 시작해야 하기에 바쁜 걸음이었다.

일을 받지 못한 날은 힘이 쭉 빠졌다. 하루 벌어 하루 먹는 생활이기에 타격이 컸다. 생활의 타격보다 일조차 할 수 없는 인생이라는 설움이 자학의 늪으로 청년을 끌어당겼다. 그런 날이면 청년은 텅 빈 잡부 숙소에 누워 종일 몇 번씩이고 자위를 하곤 했다. 어떤 땐 허물이 벗겨진 그곳에서 핏물이 배어 나오기도 했다.

어디로 가나. 때 전 이불은 청년이 그곳에 오기 전부터 벌써 몇 달째 빨지 않는 상태였다. 베갯잇은 새까맸고, 벽지에는 누런 곰팡이가 여기저기 피어올라 있었다. 그래도 몸을 누일 곳이 있다는 것은 다행이었다. 일만 다닌다면 몇 개월이라도 지낼 수 있는 곳이었다.

함께 방을 쓰던 이는 몇 살 위였는데, 이른 나이에 벌써부터 약봉지를 끼고 살았다. 기관지 천식약이라고 했지만, 나중에 알고 보니 결핵약이었다. 결핵 환자와 한방을 쓰고 살았다니, 청년은 자신을 속인 그에게 무척이나 화가 났지만 그땐 이미 늦었다. 그는 다시 지방으로 내려가기로 한 전날 밤에야 그 사실을 고백했다.

방을 같이 쓰던 이의 본업은 날일보다는 노름이었다. 그는 일명 타짜였다. 어려서 부모를 잃고 고아가 되어 산전수전 다 겪는 과정에서 배운 기술이라고 했다. 당시 일을 나가던 인력소개소에서는 청년 같은 부평초들을 위해 여인숙 방을 장기 세놓고, 몇 명씩 함께 달방을 쓰도록 알선해주고 있었는데, 저녁마다 술판이었고 노름판이었다. 그는 그런 노름판에 슬며시 끼어들어 저녁마다 돈을 몇만 원씩 따왔다. 한꺼번에 많이 따버리면 의심을 받게 된다고 했다. 누가 따도 따게 되는 것이니 잃은 사람들도 억울할 것 없다는 얘기였다.

그래도 일은 꾸준히 나갔다. 한 달에 20일은 일을 다녀야 사람들이 의심하지 않는다는 것이었다. 어느 날 싫다는 청년을 앉혀두고 그는 몇 가지 기술을 보여줬다. 두 눈 부릅뜨고 보는데도 그가 어떻게 패를 바꾸는지, 어떻게 윗패가 아닌 맨 밑바닥 패를 꺼내는지 알 수 없었다. 그는 자신이 잡고 싶은 패를 자유자재로 만들 수 있었다. 용돈벌이 이상은 된다며 몇 가지 기술을 가르쳐주겠다고 했지만 청년은 한사코 마다하고 말았다. 자신과 함께 판에 끼면 하루에 몇만 원씩은 벌게 해주겠다고 했지만 청년은 도통 심드렁한 마음뿐이었다. 몇 방 되지 않는 잡부 숙소에서 챙길 만한 돈이라는 것도 뻔했다.

그는 잡부 숙소 사람들의 호주머니 바닥이 가뭄처럼 말라붙을 때쯤 다른 터를 찾아 지방으로 갔다. 떠나는 그의 가방에는 백 몇십만 원쯤 되는 돈다발 하나가 들어 있었다. 그는 청년과 헤어지는 게 못내 서운했나 보다. 술과 싸움과 노름뿐인 판에서 늘 책을 읽고 글을 끄적이던 청년이 그에게는 특별났던 모양이었다. 그는 빨리 이런 판을 벗어나 작가가 되라는 진심 어린 당부를 남기고 떠났다.

일은 대개 건축공사장 일이었다. 어떤 날은 토목이었고, 어떤 날은 목수 데모도(보조공), 어떤 날은 조적이나 설비 데모도였다. 질통을 짊어지거나 방통을 치거나 공구리를 치거나 전선을 끌고 다녀야 했다.

잡부들에게는 가장 지저분하고, 가장 힘겨운 일들이 남겨져 있었다. 청년은 그런 일을 하는 자신이 소나 말이 되는 기분을 종종 느꼈다. 하루 종일 말없이 골재를 옮기다 보면 인격이 아닌 체력으로만 존재를 인정받게 되는 자신이 서글펐다.

잡부들에게는 목장갑 하나도 지급되지 않았다. 새참을 주는 곳이 있는 반면 알아서 사먹어야 하는 곳이 대부분이었다. 새참을 먹게 되는 아침 아홉시 무렵까지가 가장 힘든 시간이었다. 아침을 거른 채 고된 일을 하다 보면 손끝이 달달 떨리고 다리가 후들거렸다. 그러다 따뜻한 라면 국물 하나를 들이켜고 나면 비로소 몸에 근력이 조금 붙었다. 김치라도 좀 주면 좋으련만 함바집들은 늘 짠 단무지 몇 조각이었다. 그마저도 사실 행복이었다. 함바집이 따로 없는 작은 건설 현장에서는 카스텔라 하나와 우유 하나가 전부였다. 시원한 우유 맛이 싫진 않았지만, 점심나절까지 그 힘으로 버텨야 한다고 생각하면 머리가 어질어질해졌다.

제일 힘든 일은 곰빵과 질통이었고, 제일 위험한 일은 닥트일이었다. 모래와 시멘트를 이긴 공구리를 한 짐 가득 지는 질통일과 벽돌을 가득 쌓은 곰빵틀을 메고 높은 계단을 하루에도 수백 번씩 오가는 일은 가히 수도하는 마음이 아니고서는 참기 힘든 고행이었다. 수십 미터 허공 위 뻥 뚫린 천장 안을 기어 다니며 하는 닥트일은 하루에도 몇 번씩 가슴이 졸아드는 위험천만한 일이었다.

그렇게 해서 청년이 하루 버는 돈은 3만 원이었다. 3천 원의 소개료를 떼고, 장갑값과 새참값, 차비 등을 떼고 나면 2만 3천 원 정도가 남았다. 어둑어둑해질 무렵 잡부 숙소로 돌아와 공동 수돗가에서 씻고 나면 저녁밥을 먹으러 나섰다. 일을 나가지 않는 날은 라면으로 때우곤 했지만, 일을 다녀온 날은 꼭 기력을 보충해야만 했다.

청년은 주로 반계탕 집을 찾았다. 반계탕은 삼계탕의 아류로 큰 폐계를 사등분한 닭고기가 삶아져 나왔다. 진땀 흘린 하루의 노동을 벌충하려면 아무래도 기름기가 들어가지 않으면 안 되었다. 소금과 후추를 잔뜩 넣고, 파도 듬뿍 넣고, 반찬 그릇을 다 비우며 반계탕 한 그릇을 먹고 나면 비로소 온몸에 기운이 다시 차오르는 것을 느낄 수 있었다. 그런 날이면 괜스레 더 울적해져 누군가에게 전화라도 걸어보고 싶어 공중전화 박스 주변을 오래 서성이기도 했다. 하지만 늘 걸 곳이 마땅치 않았다. 외로워 밤늦게까지 긴 일기를 쓰기도 했고, 누군가에게로 보내는 시를 적기도 했다. 늘 수취인 불명의 아득함이 가슴을 저미게 했다.

그런 청년의 보따리 생활은 오래 이어졌다. 어떤 땐 따로 숙소를 잡지 못해 골조가 올라간 공사장 지하층에 스티로폼을 깔고 자기도 했다. 큰 옷 보따리 하나만이 청년의 친구였다. 대개는 공사장 함바였다. 어떤 곳은 널빤지로 잇댄 간이숙소이기도 했고, 좋을 땐 컨테이너였다. 좋은 친구를 만나면 그의 자취방에 얼마간 기대 있을 수도 있었다.

이렇게 동가식서가숙 떠돌이 생활을 하다 2년여가 지난 후 간신히 서울 하늘 아래 보금자리 하나를 얻었다. 보증금 50만 원에 월세 8만 원. 저녁에 들어갈 때면 두 눈을 꼭 감고 전기 스위치를 올려야 했다. 지하방에 들끓은 바퀴벌레와 날벌레가 제자리를 찾아 숨기까지 시간이 필요했다. 가끔 수챗구멍을 밀고 올라오는 뒤룩뒤룩 살찐 쥐와 눈이 마주치지 않으려면 시간이 필요했다. 그런 방이었지만 무척이나 행복했다. 낯모르는 사람들과 함께 써야 했던 잡부 숙소, 함바를 벗어나 혼자만의 방을 갖게 된 것이었다. 그곳에서 청년은 자신과 함께해왔던 그런 밑바닥 사람들의 삶을 시로, 글로 적기 시작했다. 조금은 삶과 사회가 고루 행복해지는 순간들을 그렸다.

십수 년이 흘러 이제 청년은 마흔을 넘은 장년이 되었다. 귀여운 아이와 착한 아내와 더불어 좁고 빛이 잘 들지 않지만 아늑한 전세방도 하나 얻었다.

　청년은 자신이 꿈꾸던 시인도 되었다. 널리 촉망받지는 못하지만 가끔은 지면도 얻었다. 종종 선생이라는 말도 들었다. 연장 가방이나 작업복 가방이 아닌 조그마한 책가방을 메고 다닌다. 모든 게 그나마 안정을 이룬 듯하다.

　장년이 된 청년은 지금도 그때의 일을 적어보곤 한다. 잘 있니? 그 잡부 숙소는 가끔 들러보니? 그때의 사람들은 모두 안녕하고? 결핵은 다 나았나요? 언제나 우리는 다시 만날 수 있을까요?

　물론 지금도 수취인 불명의 편지다. 청년의 벗들은 지금도 일정한 주소지를 갖지 못한 일용공이거나 노숙자거나 빈민들이다. 그들을 향해 수없이 많은 편지들을 지금도 청년은 쓰고 있지만, 그 편지들은 잘 전달되지 못한다. 그의 글을 읽어주는 사람들은 전혀 다른 사람들이기 때문이다. 그럴 때마다 청년은, 장년은 서글퍼진다. 노년이 되어서도 이런 편지를 써야 할까.

　장년이 된 청년은 가끔 이건 아닌데, 이런 건 아니었는데 하며 그때를 돌이켜본다. 쓰라리고 아팠지만 그때만큼 해방을 향한 꿈으로 간절했던 적이 없었다고.

　나

　는

　아직도 그 잡부 숙소를 잊지 못한다.

노순택

송경동이 시를 쓰기 힘든 시대

시인이 떨어졌다.

말랑말랑한 시어로 상한가를 치던 어느 시인의 인기가 떨어졌다는 소식이라면 차라리 나으련만, 시인의 몸뚱이가 떨어졌다. 포클레인에서 떨어져 발목뼈가 작살났다.

  전화기를 타고 "송경동이 떨어졌다"는 다급한 말들이 꿈틀댈 때, 올 게 왔구나 싶었다. 나는 그것을 부고라고 생각했다. 광화문 한복판을 걸으며, 내가 이렇게 시인의 죽음을 듣는구나 싶었다. 이제 내가 할 일은 이 빌어먹을 시인을 용서하지 않는 것과 궁극적으로는 그를 지워버리는 것, 그가 미련을 뒀던 온갖 일들에 아예 신경을 꺼버리는 일뿐이리라. 그 죽음은 분명코 타살이지만, 자살임에 틀림없었다. 그는 이미 죽어버렸으되, 나는 내 안에서 다시 그를 죽이기로 다짐했다. 내 경고를 묵살한 너에게, 나는 이렇게 응답하련다.

한데, 죽지 않았다. 시인의 머리통이 박살난 게 아니라, 발목뼈가 으스러졌다는 얘기였다. 미련한 그 시인이 제 몸뚱이 하나 가누지 못해 포클레인에서 떨어졌다는 전화였다. 실수로.

나는 별안간 시인을 사랑하기로 한다. 언젠가는 그도 고상한 시인 반열에 낄 날이 오지 않을까 막연히 기대한다. 어쨌건 살았으니까. 으깨져 퉁퉁 부은 발을 질질 끌면서도 기어이 그 위로 다시 올라갔다지만, 거기서 끙끙 앓으면서도 내려갈 수 없노라 생고집을 부렸다지만, 죽지 않았으므로 일단은 용서키로 한다.

사실, 그는 죽을 뻔했다. 죽기를 자처했었다.

6년 넘도록 피눈물 나는 복직투쟁을 벌여온 기륭전자 노동자들의 초라한 천막이 포클레인에 위협당할 때 하필 그 자리에 있었다. 정신 차려 보니 포클레인에 기어올라 맨몸으로 삽날을 막고 있었다. 포클레인은 멈췄지만, 경찰이 들이닥쳤다. 절체절명의 순간, 포클레인 위에서 그가 매달린 건 전깃줄이었다. 그는 고함을 낭송했다. "너희가 다가오면/ 나는 손을 놓는다/ 손을 놓는 건 나지만/ 나를 죽이는 건 너희들이다."

경찰이 물러가고서도 시인은 열하룻밤을 꼼짝 않고 포클레인을 점거했다. 그러다가 볼품없이 떨어져 발목뼈를 부수고 만 것이다.

어쩌면 깨지고 부서지는 게 그의 삶이었는지도 모른다. 그는 늘 실패하는 질문을 붙들고 다녔다. 평생 농사일밖에 모르고 살아온 대추리의 늙은 농부들이 전쟁기지를 지으려는 나라의 몽둥이에 떠밀려 들녘에서 흐느끼고 있다, 이럴 때 시인은 뭘 해야 하는가? 송경동은 현수막으로 목을 감은 채 국방부가 파헤친 구덩이 속으로 뛰어들었다.

창문 없는 공장에서 악기를 만들던 노동자들이 하루아침에 길거리로 내몰렸다. 이럴 때 시인은 뭘 해야 하는가? 송경동은 자본이 철수해버린 불 꺼진 공장에서 울었다. 찌라시를 만들고, 투쟁을 조직했다. 살려고 망루에 올랐던 철거민들이 새까만 재가 되어 내려왔다. 이럴 때 시인은 뭘 해야 하는가? 송경동은 불타버린 남일당을 지켰다. 장례도 못 치른 채 냉동고에서 떨던 죽은 이들의 부활을 종용했다. 최저임금 64만 1840원보다 딱 10원 더 받으면서도 일하는 게 삶이었던 여성노동자들이 '딸랑 문자 한 통'으로 해고돼 6년을 처절히 싸우고 있다. 이럴 때 시인은 뭘 해야 하는가? 송경동은 해고노동자들에게 달려드는 포클레인을 막아섰고, 그 위에 올랐으며, 경찰이 조여오자 전깃줄에 매달렸다. 아, 전깃줄에 매달린 시인이여, 시는 대체 언제 쓸 텐가.

시인은 끝내 병원으로 실려갔다. 그가 남기고 간 포클레인 위에는 해고노동자 김소연 씨가 대롱대롱 매달려 추위와 무관심과 침묵을 견디며 바짝 말라간다. 노동을 허락받지 못한 노동자와 시를 허락하지 않는 시인이 주고받는 이 고단한 '시'.

노순택

그 시간, 정태춘은 노래하지 않았다

박은옥은 이 사진을 볼 때마다 마음이 미어져 눈물이 날 것 같다고 했다.

정태춘은 쓸쓸한 웃음을 지을 뿐, 이렇다 말을 하지 않았다.

나는, 정태춘의 노래를 오랫동안 혼자 좋아했고 정태춘과 '대추리 지킴이' 운동을 함께했으면서도 그날 목이 졸린 채 끌려가던 그를 사진기 뒤에 숨어 봐야 했던 나는, 그저 심란할 뿐이다. 그날 내가 한 일이라곤 비열하게 셔터나 눌러댄 일뿐이었다.

일제강점기 일본군에 의해 땅을 빼앗기고, 해방이 되어 사람 사는가 했더니, 전쟁통에 들이닥친 미군에 의해 다시 땅을 빼앗겨야만 했던 대추리 도두리 사람들. 그들은 고향을 버릴 수 없어 미군기지 옆에 다닥다닥 집을 짓고, 맨몸으로 갯벌을 일구어 기름진 땅을 만들었다. 그 땅은 거저 주어진 땅이 아니라, 피눈물을 쥐어짜넣은, 오롯이 인간의 근육으로 일궈낸 처절한 들녘이었다. 그 너른 황새울에서 농부들은 쌀농사, 자식농사, 세상농사를 반세기 동안 지어왔다.

정태춘은 그 들녘의 아들이었다. 그곳에서 나고 자라, 그 품을 떠났으면서도 마음만은 거두지 못한 미련한 시인이었다. 그가 쓰고 부른 노래를 곱씹어보면, 그 묵직한 서정의 우물이 어디였는지 보인다. 청각으로만 들리는 게 아니라, 시각으로 펼쳐진다.

황새울이, 끝이 보이지 않던 그 너른 들녘이, 반세기의 불안한 평화를 끝으로 모두 파헤쳐지고 미군의 미군에 의한 미군을 위한 전쟁기지로 탈바꿈된다 했을 때, 우리는 어디서 무엇을 했을까. 농부들은 935일 동안 하루도 빠짐없이 눈물의 촛불을 들었다. 정태춘은 거리에서 들녘에서 '촛불'을 불렀다. 소용없는 일이었다.

2006년 3월 15일 새까맣게 몰려든 경찰과 용역 깡패들이 마을을 에워싸고 들녘을 장악한 채 포클레인으로 난도질할 때 정태춘은 뛰어들었다. 서정의 우물로 뛰어들지 않고, 절망의 현실이 파놓은 구덩이로 뛰어들었다. 시인 송경동, 가수 정태춘, 화가 이윤엽은 현수막으로 각자의 목을 감아버렸다. '빼앗긴 들에도 봄은 오는가'라고 썼던 문구는 아예 보이지 않았다. '예술가의 목을 옥죈다'는 은유는 그곳에선 직설이었다. 구덩이로 뛰어든 세 '딴따라'는 우스웠을 것이다. 깡패와 깡패만도 못한 경찰이 현수막을 움켜쥐고 그들을 꿰인 굴비마냥 끌고 나왔다. 몸부림이 가련했다. 화가는 그리지 않고, 시인은 낭송하지 않으며, 가수는 노래하지 않는 부조리의 시간. 나는 찍었다. 그들과 눈맞춤하지 않으려 애쓰며 꾹꾹 눌러댔다. 미련과 비겁과 주먹의 난무는 오래 기억됐다. 정태춘은, 이제 더욱 노래를 의심한다.

김선우

엄동설한에 연(蓮)을 생각하다

 엄마가 아프시다. 내가 스물다섯 무렵 큰 수술을 받은 엄마는 기적처럼 회복하셨다. 그 후 내가 등단했을 때 엄마는 시인이 된 나를 품에 안고는 말했다. 죽지 않아서 다행이야. 내 딸이 시인이 되는 걸 보다니! 그러곤 덧붙이셨다. 큰 작가가 되세요. 갑작스런 엄마의 존댓말에 쑥스러워진 내가 그때 웃었든가 눈물이 핑 돌았든가. 아무튼 엄마는 내가 강릉 집에 전화를 하거나 엄마 친구들이 와 있을 때 집에 가기라도 하면 나를 이렇게 부르신다.
 "우리 시인 딸!" "응. 우리 작가가 웬일인가." 엄마 친구분들 사이에서 나는 엄마의 넷째 딸이라기보다 엄마의 작가 딸이다.
 잔잔한 파도처럼 일상이 된 몸의 고통을 다행히도 엄마는 적당히 놀아주며 15년을 지내왔다. 그런데 이번에 다시 쓰러지셨다. 오래전엔 몸의 오른쪽이 이번엔 몸의 왼쪽이 캄캄해지셨다. 그리고 다시 조금씩 몸속에 빛을 들이려고 식물처럼 햇살 바라기를 시작하셨다. 아니, 몸속에 아직 남아 있는 빛을 찾아 안간힘으로 펌 프질하는 중이시다.

"이놈의 몸뚱어리가 너무 고단해. 그만 가고 싶구만." 말씀은 그렇게 하시면서도, 몸이 좀 덜 고된 날은 추위를 피해 집 안에 들여놓은 화초들을 일일이 점검하신다. 귤꽃이 몇 개나 피었는지 하나하나 세어보고 향기를 맡고 벤자민 잎사귀의 마른 정도를 체크하고 겨울나기 고단해 보이는 화분들에 달걀 껍질을 동그랗게 꽂아두신다. 그리곤 새봄엔 어떤 꽃들이 제일 먼저 필까나. 꽃구경은 갈 수 있을라나. 궁리가 한창이시다. 해거리를 한 구기자 덩굴이 올해는 꽃을 좀 많이 피워줄지, 뜰의 가시오갈피 나무는 새순을 얼마나 내밀어줄지, 모처럼 몸이 따뜻해진 날 엄마의 봄 상상은 일곱 살배기 소녀의 그것처럼 무구하고 천진하다.

하지만 몸에도 삼한사온이 있어 하루쯤 몸이 가뿐하다 싶은 때가 지나면 다시 엄마의 몸은 무거워진다. 하루 볕 들면 사흘이 바람 불고, 사흘이 화창하면 닷새를 그늘에 내주는 식으로 빛과 어둠에 나눠주는 몸 살림, 젊을 때처럼 늘 양지바른 몸이란 기대할 수 없으니, 고통을 안배하고 잘 놀아줘야 하는 때가 오고야 마는 것이 생명 가진 육신임을 엄마는 일찍이 터득하셨다. 그러다 고통이 너무 많은 부분을 차지하게 되면 햇살 바라기를 하시다가 문득 그러신다. "절에 가고 싶어야."

하지만 엄동설한인걸. 건강한 사람도 함부로 움직이기 어려운 계절이니 나는 엄마 옆에 붙어서 절에 가는 상상을 시작한다. 어디로 갈까. 월정사? 상원사? 낙산사? 휴휴암? 낙가사? 엄마가 좋아하는 절집 이름을 속삭여드린다. 엄마는 가만히 듣고만 있다. 그냥 딸이 아니라 '시인 딸', '작가 딸'인 나는 이제 본업을 시작한다.

당간지주 밑자리가 따뜻해. 봄이 곧 오려나 봐. 어? 우리 보고 어서 오라고 당간에 매달려 뭔가 나부끼는데? (응? 뭐가?) 부처님이 그려진 탱화야. (나무관세음보살…… 아이구, 지장보살님.) 그러고 보니 엄마, 저건 우리 마음이야. 엄마랑 나랑 마음을 그려놓은 것 같아. 엄마가 좋아하는 목어도 울리고 내가 좋아하는 법고도 울리고, 범종 소리를 들어봐. 깊고 그윽하지? (그러네, 오늘은 유난히 좋구나.) 4월이 오면 초파일에 연등을 달아야지. (응, 그래야지.) 둥글고 환한 연꽃 배들을 좀 봐. 어쩜 저렇게 예쁘지? (그지? 너도 참 예뻤는데.) 에이, 엄마 눈에 안 예쁜 딸이 어딨어? (그런가?) 엄마, 정토에 왕생하는 사람은 모두 연꽃 속에서 태어난대. (정말이냐?) 그러엄, 엄마 자궁에서 내가 자라고 태어난 것처럼, 둥글고 환한 연꽃의 태(胎) 속에서 사람들이 태어나는 거야. (나무관세음보살…….) 옛날 인도에선 말야. 물 밑에서 잠자는 정령 나라야나(Narayana)의 배꼽에서 연꽃이 솟아났다고도 한다는데. (뭐라? 누구 배꼽?) 응, 엄마 배꼽처럼 말야. (나, 인도에서 보리수 본 적 있다. 예전에 나 아직 건강할 적에 불자들 신도회에서 성지 순례 갔었잖냐. 그때 내가 가져온 보리수 잎사귀 너도 갖고 있지?) 그럼, 갖고 있지. (그래, 잘 가지고 있거라.) 염려 마. 내 보물 상자 속에 들었어. 엄마, 상상해봐. 연화장세계(蓮華藏世界) 말야. 엄마 배꼽에서부터 탯줄처럼 연 줄기가 자라고, 부드럽고 따스한 자궁처럼 연꽃 봉오리가 벌어지는 거야. 그 속에서 짠! 내가 태어난 것처럼, 엄마도 그렇게 다시 태어나는 거지. (누구 배꼽에서 자라는 거라고?) 글쎄, 엄마는 외할머니 배꼽에서 자라난 연 줄기에서 태어나려나? 부처님 배꼽에서 자라난 연 줄기일 수도 있고. (그래…… 그렇겠네.) 그러니까 우리의 몸속엔 또 하나의 우주인 연지(蓮池)가 출렁이고 있는 거나 마찬가지야.(그러게 나!)

연꽃을 보는 일은 마음을 마음 밖에서 보는 일 같다. 그것은 심장이며 자궁이고 몸속이며 몸 밖 같다. 연꽃을 보고 있으면 마음 심(心) 자를 소리 내 읽는 엄마가 떠오른다. 소학교밖에 나오지 않은 엄마가 홀로 깨친 몇 개의 한자 중 하나인 心 자. 언젠가 서예전에 모시고 갔다가 '일체유심(一切唯心) 즉심시불(卽心是佛)'을 읽던 엄마. 이것은 한 일 자, 이건 마음 심 자! 이것도 마음 심 자! 이 글자는 부처님 불 자! 여덟 개의 글자 중 아는 글자가 네 개나 되어 기쁘고, 그중에 엄마가 좋아하는 마음 심(心) 자를 물방울 튕기듯 또박또박 발음하던 엄마. 가만 들여다보면 心 자는 연꽃 대궁들이 자라는 연지 같기도 하고, 꽃비 내리는 연좌대 아래 같기도 하다.

내 무릎에서 가만히 졸음이 쏟아지는 엄마가 어느 틈에 쌕쌕 숨을 고른다. 나는 이불을 여며드린 후 뜰에 나가려고 조끼를 입는다. "우리 시인 딸, 그러니까 연꽃이 심청전처럼 벌어지는데 그 안에 절이 있다는 거지? 당간지주가 있고 사천왕문이 있고……." 내 기척에 설핏 깬 엄마가 졸린 목소리로 말한다. 맞아, 엄마. 그 절에 갈까? 그래…… 그 절에…….

엄마의 낮잠이 깊어진다. 엄마는 시인이구나. 잠든 엄마의 뺨에 입을 맞추고 나는 시집을 한 권 들고 뜰에 나간다. 부디 올해도 엄마와 함께 연(蓮)을 볼 수 있기를 바라면서.

서효인

증명하는 인간

작년, 오래 사랑해오던 사람과 결혼을 하게 되었다. 내 삶에 긍정적 변화가 오리라 확신했다. 같이 살고 싶던 사람과 실제로 함께 살게 되었으니, 성공한 인생 같았다. 다소 비문학적일지도 모르는 일상의 윤회 속으로 뚜벅뚜벅 걸어가고 있었다. 남들이 다 하는 것처럼 웨딩사진을 찍었고, 남들처럼 뷔페가 딸린 결혼식장에서 웨딩마치를 올렸다. 서울 외곽의 작은 빌라에 신혼집을 전세로 구했다. 텔레비전을 사고 장롱을 사고 그릇 따위를 사서 간단한 살림을 갖췄다.

집은 좁았다. 좁은 집에서도 비교적 더 좁은 방에 책상과 책장을 벽에 붙여넣었다. 자취 시절, 누추한 곳으로 이사를 거듭할 때마다 악착같이 따라왔던 책들도 꽂아넣었다. 창문을 마주하고 책상이 있고, 양옆으로 시집과 소설책, 약간의 허세를 위한 철학 서적들이 자리를 잡았다. 그렇게 부족하나마 온전히 서재라는 게 만들어진 것이다. 주방에서 찌개를 끓이는 아내와, 새로 산 컴퓨터를 가만 바라보았다. 어쩐지 키보드에 손만 올리면 문장이 줄줄 나올 것만 같았다.

물론 그런 일은 일어나지 않았지만.

나에겐 배가 불러오는 아내가 있고, 전세보증금의 대부분은 은행 대출이며, 해가 동쪽에서 떠오르듯 어김없이 통장에서 정해진 이자가 빠져나간다. 버는 돈은 한계가 있고 나가는 돈은 한정이 없다. 아는 사람은 다 알다시피, 자본이 만들어내는 인간의 욕망은 번식력이 포악하여, 넓고 편안한 아파트로 이사를 가고 싶고, 좋은 차를 몰고 싶고, 멋진 옷을 입고 싶으며, 맛있는 음식을 먹고 싶은 것이다. 게다가 아이가 태어난다. 시작은 있되 끝은 없다는, 양육의 시절이 시작되는 것이다.

시를 계속 쓸 수 있을까?

언제부터 시작됐는지 기억나지 않지만 이런 고민이 스멀스멀 번진다. 한때는 죽기 직전까지 시를 쓰고 있는 내 모습을 자연스레 상상하고는 했다. 끔찍한 일일지도 모르겠지만, 그것이 어린 내가 꿈꾸던 삶의 질곡이었다. 잠이 오지 않으면 앉은 채로 아침 해를 맞이하고, 술을 마시고 싶으면 기어코 누구에게나 새벽까지 술을 얻어 마시던 시절이었다. 시가 세상의 전부인 것으로 알고, 시가 되지 않은 날 속으로 동시에 밖으로 많이 울기도 했다. 문학하는 사람이라는 알량한 자의식으로 무장한 채, 기이한 행동도 부러 저질렀다. 마음에 들지 않는 수업은 모두 결석했으며, 두꺼운 책을 손에 들고 나는 문학을 하는 사람이라고 자기암시를 걸었다. 드라마를 보는 인간을 폄하했다. 쓸모없는 짓이었다. 그땐 짐이 곧 시였다. 물론 단두대에 잘려나가야 할 짓이다.

그래서 시인이 되었는지도 모르겠다. 하필 가장 개중 잘하고 좋아하는 일이 글쓰기였고, 그중 시였으니 이것이 행복인지 불행인지, 불행한 행복인지 모르겠다. 뜨거운 불같던 시간이 흐르는 물처럼 지나가버렸다. 지금껏 얕은 재능의 우물에서 가장 깨끗하게 빛나는 부분을 운 좋게 퍼 올린 기분이다. 이제는 그 우물이 모두 말라, 우물가 두레박은 깨지고, 우물 속은 죽은 개구리로 가득 찬 것만 같다. 시는 나에게 무엇이었을까? 지금은 무엇일까? 모르겠다. 다른 시인처럼 멋들어진 문장으로 시론(詩論)을 써나갈 자신이 지금 나에게는 없다. 이런 고백을 태연하게 전두엽에서 키보드로 옮겨 모니터로 소환하고 있는 나 자신이 야속하지만, 이것이 내가 발설할 수 있는 가장 진심의 문장이다.

정말 잘 모르겠다.

*

새벽이었다. 아내는 진통을 느꼈다. 그녀가 미리 알아본 바에 의하면, 진통을 느낀다고 해서 병원에 일찍 갈 필요는 없다고 한다. 아내는 아이가 태어나 병원이나 산후조리원에서 쓸 속싸개와 배냇저고리 따위를 재빠르게 손빨래했다. 나는 벌벌 떨면서 어서 병원에나 가자고 재촉했지만, 아이를 가진 이후로 그녀의 힘은 더욱 세어져서, 웬만하면 그 고집을 꺾기가 쉽지 않았다. 결국 내가 끓인 맛없는 찌개에 밥까지 말아 먹고 집을 나섰다. 병원에 도착해 몇 시간이 더 지난 후에야 본격적인 진통이 찾아왔다. 겨울 새벽은 길었다. 해가 뜨자 아내는 무통 주사를 맞아야 할 만큼 극심하게 시달렸다. 그토록 아파하는 사람 옆에 앉아 있기는 처음이었다. 그 고통의 깊이와 넓이를 내가 알 턱이 없었다. 다만 나는 조금 무서울 뿐이었는데.

눈을 감고 뜨면 아이가 세상에 나와 힘차게 울고 있고, 난 의사와 간호사의 지시에 따라 탯줄을 자르고, 아이를 목욕시키길 바랐다. 드라마에서는 그러하지 않은가. 인간의 삶을 속속들이 보여주는 드라마는 정작 삶의 가장 뾰족한 부분은 잘도 피해간다. 하지만 우리는 예외 없이 삐뚤빼뚤한 생의 단면을 걸어야 하며, 아이를 낳아 키우는 것은 어쩌면 날카롭고 위태로운 절벽 위를 걷는 일일지도 모른다. 오래지 않아 아이가 태어났다. 고백하자면, 그 순간이 정확하게 기억나지 않는다. 술에 비틀거렸던 사람처럼 장면과 장면이 투박하게 끊어진다.

아이는 태어나서 울지도 않았고, 물론 목욕도 시키지 못했다. 호흡에 문제가 있어, 곧바로 인큐베이터로 옮겨갔다. 아내는 자신의 배 위에 잠시 놓였던 작은 물체가 아이인지 몰랐다고 한다. 나는 공기와 빛에 처음 노출된 조그마한 생명체가 너무나도 이상하게 생겨서, 조금 미간을 구긴 것 같기도 하다. 암튼 내가 생각했던 드라마 같은 장면은 아니었다. 아이는 놀랍도록 검푸른 빛이었다. 산소가 몸속에 돌지 않아 그랬다는 것은 나중에 알았다. 그건 나중에 안 것이고 바로 알아버린 건 따로 있었다.

"다운이 같아. 그치?" 의사는 간호사에게 조심스레 말했다.

"네, 그런 것 같아요." 간호사는 나직하게, 그러나 긴박하게 대답했다.

하필 그 순간 똑똑히 듣고 말았던 것이다. 몇 달 전 의사의 양수검사 권유를 산부인과의 얄팍한 상술이라 여기며 혀를 끌끌 찼었다. 아이의 배를 쓰다듬으며, 이렇게 발길질을 잘하는데 그럴 리가 없다고 서로 다독였다. 의사는 '270:1'이라는 확률을 이야기했다. 살면서 그런 확률 속 뒷자리에 꼽힌 적 없었다. 양수검사라고 하는 게 태아와 산모에게 좋지 않은 영향을 미친다고도 하고, 만에 하나 장애가 확인된다고 하더라도, 아이를 어떻게 할 것인지 그 누가 함부로 결정할 수 있겠느냔 말이다. 아이는 엄연히 살아 있었다. 나는 아이가 살아 있음만을 기억하고, 그날 의사의 권유는 깡그리 잊어버렸다. 이후로 별다른 징후는 없었다. 묘하게 사랑스럽고 기이하게 평안한 날이 이어졌다.

아이의 21번째 염색체는 3개다. 특별하게 태어났다. 피할 수 없는 사실이었다. 피할 수 없으므로 받아들여야 했다. 쉬운 일은 아니었다. 몇 가지 의문이 날 지배했다.

왜 이런 일이 벌어졌는가?
왜 나와 나의 아내인가?
내가 무슨 잘못을 저질렀는가?

적당한 대답을 찾지 못했다. 나는 보통의 삶을 원해왔다. 시를 쓰면서, 문학을 하는 인간으로서도 그것이 가능하다고 믿어왔다. 약속 시간을 잘 지키려 노력했고, 적은 돈이라도 꾸준히 저축을 해나가려 버둥거렸다. 예의를 아는 사람이 되고자 했다. 무엇보다 행복한 글쟁이가 되고 싶었다. 책상에 앉아 글을 읽으며 메모를 하고 떠오르는 것을 그릇에 담아, 찾는 곳이 있을 때 잘 내어주고 싶었다. 그 모든 것을 특별하게 태어나버린 나의 아이가, 훼방놓을 것만 같았다. 나는 급격하게 무너져서, 며칠을 많이 울었다. 누군가 태어난 날에, 누군가 죽은 것처럼.

아내는 산부인과 입원실에, 아이는 종합병원 신생아중환자실에 각각 두고 집에 들렀다. 집에는 아내가 세상에 나오려는 아이가 보내는 신호에 애써 응답을 보류하며, 끝내 해낸 빨래들이 건조대에 가지런히 걸려 있었다. 그것들은 반듯하게 줄을 맞춰, 보송보송 말랐었다. 속싸개와 배냇저고리를 내 손으로 걷어내며 짐승처럼 울었다. 어깨를 들썩거리며, 발을 구르며, 벽을 치고, 악을 지르며, 입술을 깨물고, 심장을 쥐면서, 숨을 헐떡거렸다.

같은 시간, 생후 하루가 막 지나가던 아이는 나보다 더욱 숨을 가쁘게 쉬고 있었다. 살기 위해서 온갖 줄을 몸 여기저기에 부착하고, 태어나자마자 혹독한 레이스를 펼치고 있었다. 내가 아이의 건강을 온전히 바랐던가. 잘 모르겠다. 나는 혼자 헐떡거리느라 바빴다. 그리고 나빴다. 없었던 잘못을 새로이 저지르고 있었던 것이다.

*

과연 시를 계속 쓸 수 있을까?

아이의 얼굴을 보면서 생각한다. 부잡하고 수다한 성격에 아이 소식을 동네방네 알리고 말았다(지금 쓰는 글도 마찬가지, 황당한 솔직함에서 시작되었다). '270:1'이라고 했을 때, 나는 운명을 믿지 않았다. 모든 우연은 수만 개의 필연의 희생으로 만들어진다고 생각했다. 그러나 설명할 수 없는 일이 내게 벌어졌고, 운명이란 단어가 이 구역에서 가장 적확한 말이 되었다.

심한 엄살이거나 호들갑일지도 모른다. 아이는 비교적 간단한 심장 수술을 성공적으로 마치고 집으로 와 보통 신생아와 다를 바 없는 행위를 펼친다. 울고 보채고 싸고 잔다. 문제는 시를 쓰는 아버지라는 존재다. 그것은 나다. 사실상 나는 시를 쓰는 인간이라는 허울을 부여잡고서 불행의 나락으로 나를 빠뜨리는 일을 준비하고 있었는지도 모른다. 혹은 불행에 허덕이는 자신을 타인에게 전시하고 싶었는지도 모른다. 이봐요, 내가 이렇게 힘들어요. 그런데 나는 글을 쓰지요. 나를 좀 봐주세요. 그렇죠. 특별한 눈으로.

그렇게, 인간이란 얼마나 역겨워질 수 있을까.

자신의 감정과 상태에 최대한 예민하게 굴면서 그것을 어떻게든 합리화한다. 자신의 내면을 지배한 분위기를 알리기 위해 동분서주 마음이 바쁘다. 번듯하게 포장된 불행으로 개인의 가치는 상승한다. 내가 그랬다. 당연히 사랑해야 마땅한 아이를 사랑한다고 고백하면서, 나 자신을 고결한 듯 꾸미고 전시했다. 대형마트 진열대에 놓인 라면처럼 텍스트는 소비되고, 싸구려 식재료로 라면을 만드는 악덕한 기업처럼 텍스트 생산자는 자신을 꾸며낸다. 이런 내가 시를 계속 써야 하는가. 내가 그래도 될까.

그럼에도, 인간이란 끝내 아름다울 수도 있지 않을까.

아이는 태어나서 두 달 가까이 병원에 머물렀다. 서울 외곽에 있는 집과는 꽤나 먼 거리였다. 소아심장 전문 병실이었는데, 간혹 다른 병을 가진 아이들도 입원했다. 어쨌든 감기 같은 것은 아니었다. 처음 듣는 희귀한 병증도 있었다. 병실에는 움직이지 못하는 초등학생과, 심장병 어린이 둘이 있었다. 아내는 어느새 익숙한 동작으로 아이를 어르고, 시간 맞춰 분유를 주며, 병원의 지시에 따라 먹는 것과 싸는 것에 대해 기록을 남겼다. 오랜 기간 아이를 돌봐왔던 부모들은 모두 의사와 간호사의 지시를 담백하게 따랐다. 그들은 두려워하지도, 외면하지도 않았다. 아이와 눈을 마주치면 세상을 다 가진 미소를 보여주었다. 어쩌다 보니, 나도 그러하고 있었다. 상처를 소독하느라 발버둥 치며 울던 아이가 언제 그랬냐는 듯 쌕쌕거리며 잠들었다. 살아 있었다. 하나의 삶이 지속되고 있었다.

집에 오는 길은 상당히 길었다. 한강을 끼고 오래 달려야 했다. 그건 불빛을 좇는 일이었다. 가다 서다를 반복했다. 조금 더 빨리 가려고 차선을 이리저리 바꾸는 자동차의 뒷모습이 곤충의 날갯짓처럼 보였다. 어느새 서울은 싱그러운 밀림이 되어 나를 채근했다. 어서 오라고. 내일 아침이면 너도 출근을 해야 하지 않느냐고. 야근하는 사람을 담은 빌딩과 TV 보는 사람을 담은 아파트가 한강의 도로와 다리를 보조해 야경을 만들었다. 환상적이었다. 운전대를 느슨하게 잡고, 아름다움에 대해 생각한다. 많이 고민한 적 없는 주제라서, 주저함이 있다.

다운증후군 아이들은 세상의 아름다움을 먼저 인식한다고 한다. 나는 아름다움을 발견하는 것에 있어 인색을 부렸다. 한강은 추하고 시커먼 욕망덩어리에 불과했다. 하지만 이제 도시의 불빛을 튕겨내는 강의 표면이 아름다워 보이는 것이다. 이런 심경의 변화를 설명할 방법은 없지만, 아이가 존재한 이후의 세상은 뭔가 다르긴 하다. 살아야 한다는 절실한 마음이 생겼다. 사는 것은 원래 반성문 다음에 쓰는 생활계획표의 반복 같은 게 아니겠는가. 아이는 내게 불행이 아니다. 나는 행복하다.

이제 진짜 시를 써도 좋을 것만 같다.

*

다운증후군은 병이 아니다. 염색체 숫자가 다른 것 자체를 일컫는 말이다. 우리가 아는 여러 증세는 각기 다른 병명을 갖고 있다. 다운증후군 아이는 그런 병에 걸리기 쉬울 뿐이다. 그리고 눈매가 올라가고, 두 눈이 멀어 보이고, 얼굴이 평면적이며, 키가 작고, 혀가 두꺼운 등등의 특징은 병이 아니다. 생김새일 뿐이다.

아이를 낳기 전 스페셜올림픽을 스치듯 뉴스에서 보았다. 정신지체 장애인들이 평창에서 겨울 스포츠에 도전하는 내용이었다. 앞에서 살핀 외향적 특징을 가진 이들이 크로스컨트리 경기를 했다. 먼 거리를 스키를 밀고 도달했다. 스키모자와 선글라스를 벗자, 다운증후군 특유의 얼굴이 나타났다. 그는 활짝 웃고 있었는데, 나는 찡그리며 채널을 돌렸다. 나는 완전히 망가진 인간이었던 것이다.

오에 겐자부로는 《회복하는 인간》에서 이렇게 쓴다. "그러나 여전히 우리는 인간에 대해 '회복'할 수 있는 존재, 라는 신념을 지니고 어떻게든 살아가게 될 것입니다. 우리는 그런 방식을 학습해왔던 것입니다."

이제는 어렴풋이 알 것 같다.

시는 계속해서 써야 할 것이다. 요즘은 특정한 공간을 두고, 다른 시간에 벌어진 유사한 일을 정렬시키는 작업을 하고 있다. 생각만큼 결과가 훌륭하지는 않다. 예전에는 내가 낳은 건 대부분 예뻐 보였는데, 이제는 시큰둥하다. 아내가 낳은, 비교할 수 없을 정도로 더 예쁜 피조물 때문이 아닌가 싶다.

무엇보다 글을 잘 쓰는 사람이 되고 싶다.
회복하고 싶다. 인간으로서 회복을
문장으로 증명하고 싶다.

김언

몸, 소극장을 만나다

애기는 십수 년 전의 부산으로 거슬러 올라간다. 한 무리의 대학생들이 중앙동의 어느 허름한 건물 가파른 내부 계단을 올라가고 있다. 대부분이 태어나서 처음으로 소극장을 밟는 친구들이다. 아마도 남자가 서넷이고 여자는 둘인가 셋이었을 것이다. 그들의 면면은 몇몇은 기억이 나고 또 몇몇은 시간이 지나면서 베일 뒤로 숨어버렸다. 누가 누구였는지 명확하게 떠오르지 않는 얼굴이 한때는 나의 선배이고 후배이고 친구들이었다.

문제는 기억이 아니리라. 내가 말하고 싶은 대목은 동아리 선후배들끼리 모처럼 문화생활(?)을 한답시고 찾았던 그 소극장의 내부이다. 내부로 들어서기 전 올라갔던 그 좁고도 가파른 계단은 다시 생각해보니 한 사람의 입을 통해서 그리고 식도를 통해서 들어가는 길과도 비슷한 느낌을 준다.

식도를 통해서 겨우 당도한 곳에서는 이상하게 오래된 냄새가

난다. 우리가 먹었던 모든 음식들이 우선 집결하는 곳, 위는 오래 전의 음식과 방금 들어온 음식을 구분하지 않고 녹여낸다. 그 안에서는 모든 것이 형태를 잃어버리고 생각도 잃어버리고 누가 누구인지 구분하기 힘든 얼굴로 변해버린다. 흐물흐물 떠내려갈 준비를 하는 것이다.

그러기 전에 우리는 잠시 모였던 것 같다. 대학에서 만났던 친구들도 그렇고 대학을 졸업하고 만났던 애인도 그렇고 심지어는 가족도 마찬가지다. 우리는 잠시 모였다가 끈끈하게 뭉쳤다가도 어느새 흩어질 준비를 해야 한다. 이별한다는 것, 그리고 사별한다는 것은 헤어지는 것이 아니라 다시는 붙잡지 못할 곳으로 흩어지는 것이다. 또 어디서 모임을 가질지 장담할 수가 없다.

그 모임 중의 하나가 바로 사람의 몸이다. 한 사람의 몸을 통해서 우리는 거의 모든 것이 집약된 하나의 우주를 떠올릴 수도 있다. 그 몸이 와해되는 순간, 한 사람의 연극도 끝이 난다. 그 몸이 태어나는 순간, 그 순간부터 소극장은 움직인다. 그는 한 편의 연극이면서 배우이면서 또 관객이 된다. 다른 사람을 보면서 또 다른 세계를 보면서 우리는 쉼 없이 극장을 꾸려간다. 그래서일까. 극단에 들어가서 맨 처음 배우는 것과 세상에 태어나서 맨 처음 배우는 것이 크게 다르지가 않다.

웃기와 울기와 화내기. 이 세 가지는 너무 자연스러운 것 같으면서도 매번 새로 배워야 하는 우리들의 과제다. 이걸 조절하지 못하면 곧 허물어져버린다. 한 편의 연극은 결국 이 세 가지로 이루어진다는 말을 들은 적이 있다. 어디 연극뿐일까. 가장 높은 정신을 떠받드는 몸도 결국엔 이 세 가지에서 자유롭지 못하다. 웃기와 울기, 그리고 화내기.

따지고 보면 감정의 범벅밖에 되지 않는 우리의 몸이, 아니 우리의 정신이 고매한 사상보다도 먼저 붙드는 것이 그래서 '속된' 예술이다. 사상은 높고 예술은 비천하다. 한 편의 광대놀음이 우리의 몸을 떠나지 않는 이유, 우리 주변을 배회하다가 어느 날 갑자기 급습하는 이유, 사상도 남고 예술도 후대에 남지만 결국엔 우리의 삶이 광대로 끝날 수밖에 없는 이유를 누구한테 물어볼 것인가.

우리는 우리 자신에게로 화살을 돌린다. 우리의 몸 하나하나가 어쩌면 광대(廣大)이다. 가장 집약적이면서도 가장 멀리 흩어져버릴 몸이라는 것을 직감적으로 예감하는 광대. 그는 살아서 움직이고 죽어서도 흩어질 운명을 예감한다. 그의 몸은 방금 세워놓은 건물처럼 튼튼하고 단단하고 오래갈 것 같다. 그런가? 곧 허물어져버릴 건물처럼 방금 전의 확신은 아슬아슬하게 뒤바뀐다. 울고 웃고 화내면서 마지막에 딱 하나 빠뜨린 것이 있다면 이제 저물어가는 우리의 몸이다.

저물면서 빛나는 바다. 어느 시인의 빛나는 시구절이기도 한 이 말은 십수 년 전의 어느 날 저녁 우리가 들어갔던 소극장 내부에서도 환히 빛난다. 무대를 빙 둘러싼 객석에 앉아서 바라보던 연극은 〈햄릿〉이었다. '죽느냐 사느냐, 그것이 문제로다', 겨우 이 말만 기억하는 관객이라면 바라본다는 표현이 적당할 것이다. 그러나 연극은 우리를 가만히 바라보게 내버려두지 않는다. 배우와 관객 사이, 광대와 광대놀음을 즐기는 구경꾼들 사이에는 뚜렷하게 그어놓은 선이 없다. 무대가 있고 객석이 있다지만, 그 사이에 놓인 장벽은 유일하게 공기다. 공기를 통해서, 그러니까 호흡을 통해서 우리는 무던히 무언가를 주고받는다.

연극에 나오는 햄릿은 어느 먼 나라 먼 시대의 인물이면서 지금 바로 우리 앞에서 울고 웃고 흐느끼는 인물이다. 그가 배우라면, 잘 단련된 배우라면 그와 우리 사이에 놓인 공기를 충분히 걷어내고도 남는다. 그의 혀는 집요하게 우리 귓속을 파고들고 그의 손놀림은 우리의 피부를 가까스로 스쳐 지나간다. 한참을 주물러놓고 떠나는 연인처럼 가까웠다가 멀어졌다가 우리는 늘 일정한 거리를 가지기 힘들다. 바로 옆에 있기 때문에 바로 눈앞에서 벌어지는 이 광경을 우리는 굳이 연기라고 부르지 않는다. 부르고 싶지 않은 그의 몸에서 우리의 몸을 발견하는 것이다. 저물면서 빛나는 바다. 소극장에서 만나는 것은 그래서 순간순간 허물어져가는 우리의 몸이면서 인생이다.

누군가는 삶을 날마다 축제라고 했다. 살아 있는 동안은 살아 있는 순간을 매번 확인하는 마음으로 소극장을 찾는 사람들이 드물게 있다. 대형 스크린으로는 도무지 접근할 수 없는 한 사람의 연기를, 아니 한 사람의 몸을 또 하나의 소극장처럼 바라보는 것이다. 귀를 갖다 대면 소극장 안은 늘 울렁거린다. 온갖 음식들이 모여드는 배 속처럼 모였다가 엉겼다가 떠내려가서 뿔뿔이 흩어지는 운명을 우리는 소극장 안에서 체험한다. 흩어지기 전에 우리는 잠시 모였다.

연극이 끝나고 그날 밤에 아마도 몇몇은 술집에 앉아서 얘기를 나누었으리라. 먼저 간 친구들도 있고 나중까지 남아서 술잔을 기울이던 친구들도 지금은 대부분 소식을 모른다. 우리가 한 편의 연극이었을 때 연극이 끝나고 허탈하게 집으로 돌아오던 길은 언제나 각자였다. 각자의 몸으로 각자의 인생을 살면서 그들은 누구와 부딪히고 누구와 살을 섞고 또 극장 문을 나설까? 한 편의 연극에서 우리가 배운 것이 있다면 다름 아닌 나의 몸이 형편없는 소극장이었다는 사실이다. 너무나 뜨겁던 한때의 얘기를 아직도 풀어내고 있는 이 몸이 어쩌면 광대가 아니었을까.

오은

상(床), 상(賞), 상(像)

어렸을 때 우리 집에는 책상이 없었다. 우리 식구는 모두 넷이었는데, 어머니가 운영하는 레스토랑에 딸린 방에 한데 모여 살았다. '딸린 방'을 소개할 때면 나는 어쩔 수 없이 부끄러워졌다. '딸리다'는 말이 재물이나 기술, 힘 따위가 모자라다는 뜻인 '달리다'처럼 들렸기 때문이다. 당연히 나는 우리 집에 방문하는 사람들이 마뜩지 않았다. 가끔씩 당돌하게 '집안'이 아니라 '집구석'이란 말을 내뱉기도 했다. "우리 집구석엔 쓸 만한 것들이 아무것도 없어!" 엄마는 내 볼기짝을 찰싹 때렸다. 매운 기운이 삽시간에 온몸으로 퍼졌다.

단출했지만, 그리고 단출한 게 싫지 않았지만, 그것은 집에 우리 식구만 있을 때 해당하는 얘기였다. 나는 그 누구도 들이고 싶지 않았던 것이다. 그 누구도 들이고 싶지 않았으므로, 자연히 그 무엇을 들이는 것에도 별 관심이 생기지 않았다. 더도 말고 덜도 말고 딱 이 공간이어야만 했다. 공간이 훼손되어 공간성이 달라지면 우리 집은 더 이상 우리 집이 아닐 것 같았다. 고화질 TV나 고급 스탠드가 들어온다고 해서 두 팔 벌려 반길 사람은 없었다. 그것은 공간의 조화를 깨뜨릴 게 불 보듯 뻔했기 때문이다.

단칸방에 책상처럼 호사스러운 것이 어디 있을까. 식구 중 아무도 책상이 굳이 필요하다고 생각지 않았고 누구도 섣불리 그것을 요구하지 않았다. 이처럼 어떤 것은 배우지 않아도 절로 당연해지는 법이다. 제아무리 책상을 갖고 싶다 한들 그게 방 안에 떡하니 자리 잡으면 공간은 분명 통째로 무서울 것이다. 무서워서 벌벌 떨고 말 것이다. 방 안에 있는 다른 물건들은 혹시나 자기가 버려질까 잠시도 가만있지 못하고 전전긍긍할 것이다. 이처럼 나는 책상은 자기 방을 가진 사람에게나 어울리는, 다소 고급스러운 물건이라고 생각했다. 당연히 우리 집에 들이기엔 거추장스러운 무엇이었다.

집에서 이루어지는 내 모든 행위는 거의 다 상에서 이루어졌다. 나는 으레 상을 펴고 책을 읽었다. 상을 펼치는 일은 책을 펼치는 일과 같았다. 가끔 턱을 괴고 잠들었다가 나도 모르게 화들짝 놀라 잠에서 깨어나곤 했다. 상 위에 침이 흥건했다. 아밀라아제의 힘을 빌린 어떤 페이지들은 서로 착 달라붙어 있었다. 정신을 차린 후 노트를 펼쳐 받아쓰기에서 틀린 문장을 열 번씩 다시 쓰기도 했다. 엄마가 사과를 깎아주면 그 접시는 상의 귀퉁이에 놓였다. 연필을 쥔 손이 포크를 쥔 손이 되었다. 밥 먹을 시간이 되면 상은 기다렸다는 듯 믿음직스러운 밥상이 되었다. 나는 부리나케 지우개 가루를 왼손 바닥에 쓸어 담았다. 이 모든 일들이 상 위에서 이루어졌다. 식구들이 잠잘 때를 제외하고, 상 위는 언제나 부산할 수밖에 없었다.

밥을 먹으면 언제나처럼 졸음이 몰려들었다. 나는 세수를 하고 돌아와 상 위에 바둑판을 놓았다. 아빠나 형이 눈치를 채고 내 앞에 마주 앉았다. 우리는 한 손에 바둑알을 쥐고 오목을 두었다. 밥상은 그렇게 또 하나의 얼굴을 갖게 되었다. 그곳은 승부가 가려지는 치열한 현장이었다. 프로레슬링이 벌어지는 링처럼 치열했고 고도의 심리전이 벌어지는 도박장처럼 후끈후끈했다. 깨진 바둑알이 아무도 모르게 조금씩 늘어났지만, 바둑알을 새로 사는 것처럼 우스꽝스러운 일은 없었다. 이 바둑알만큼 우리 집에 어울리는 바둑알이 이 세상에 있을 리 만무했다. 때때로 바둑알을 가만히 바라보면서, 나는 깨진 것들이 반짝일 수 있다는 사실을 깨닫고 무릎을 탁 치기도 했다.

방학 때면 상 위에서 수수깡을 썰고 그것을 색색이 이어 붙였다. 상 위에 집 한 채가 뚝딱 지어지고 있을 때, 엄마는 부엌에서 김치찌개를 뚝딱 끓여냈다. 상이 다시 밥상이 되는 순간이었다. 그야말로 뚝딱 인생이었다. 뚝딱 밥을 해치우고 나면 말라붙은 밥풀들이 상 여기저기에 악착같이 달라붙어 있었다. 그 칠칠치 못함이 사랑스러워 나는 또 바보처럼 함박웃음을 지었다. 방학만 지나면 어김없이 상 위에 칼집이 늘곤 했다. 이따금 상 표면을 쓰다듬을 때면 까끌까끌함에 놀라 나도 모르게 몸서리를 쳤다. 이미 낡을 대로 낡은 상이었으므로, 상은 위로받을 기회마저 박탈당했다. 그게 상의 운명이라도 되는 양, 나를 비롯한 우리 식구들은 아무렇지도 않게 상 위에서 분주하게 손을 놀렸다. 상은 그런 우리를 묵묵히 떠받치고 떠받들었다. 접을 때마다 희미하게 쇳소리가 나기 시작했지만 그 누구도 동요하지 않았다. 얼마 남지 않은 상의 수명에 대해 찬찬히 가늠해볼 수 있을 만큼 우리는 여유롭지 않았다.

그렇다고 나에게 책상이 하나뿐이었던 것은 아니다. 레스토랑의 홀에 널린 테이블들이 내게는 모두 책상이었다. 사람들이 흔히 책상이라고 부르고 상상하는 것을 소유하지는 못했지만, 나처럼 책상을 많이 가져본 사람도 드물 것이다. 나는 그중에서도 특히 2번 테이블과 7번 테이블을 선호했다. 2번 테이블은 구석에 있어서 은밀한 일을 저지르기에 좋았다. 엄마가 마른안주용으로 들여온 건포도와 말린 바나나, 쥐포 따위를 방과 후에 나는 야금야금 갖다 먹었다. 이상하게도 나는 과자보다 그런 것들이 훨씬 더 맛있었다. 왠지 어른들의 음식을 남들보다 먼저 먹어보는 느낌이었다. 그것들을 먹다 보면 농구 선수처럼 키가 쑥쑥 자랄 것 같았다.

한번은 주방에서 건포도를 한 움큼 손에 쥐고 나오다 엄마를 마주치고 말았다. 놀란 나머지 손아귀의 힘이 스르르 풀리고 말았다. 그 바람에 건포도들이 후드득 바닥에 떨어졌다. 나는 그것들을 주울 엄두조차 내지 못했다. 엄마는 아무 말도 하지 않고 나를 빤히 쳐다보다가 엉엉 울기 시작했다. 어린 나는 화 대신 눈물을 선택한 엄마를 이해할 수 없었다. 어떻게 해야 할지 막막해서 한동안 가만히 서 있었다. 그림자도 덩달아 움직이지 않았다.

7번 테이블에서는 주로 낮잠을 잤다. 7번 테이블에 놓인 소파는 엄마가 큰맘 먹고 구입한 새것이었다. 엄마 말에 따르면 물 건너온 거라 무척 비싸다고 했다. 확실히 앉거나 누웠을 때 남다른 탄력이 있었다. 나는 소파에 다리를 뻗고 누워 쌔근쌔근 잠을 자곤 했다. 그러다 현관문을 열고 손님이 들어오는 소리가 들리면 정신이 번쩍 들었다. 테이블에 놓인 냅킨을 집어 후다닥 침을 닦고 방 안으로 살금살금 기어들어왔다. 방 안에 놓인 상을 보면 왠지 모르게 안심이 되었다. 그 앞에 가부좌를 틀고 앉은 내 모습이 짐짓 의젓하게 생각되었다.

　일요일에는 보통 3번 테이블에서 놀았다. 3번 테이블은 정확하게 말하면 테이블'들'이었다. 커다란 테이블을 다섯 개 이어 붙여서 만든 그 테이블은 단체손님들만 이용 가능했다. 물론 손님이 없을 때에는 막내아들인 나한테도 이용할 수 있는 기회가 생겼다. 일요일 오전에 레스토랑을 찾는 사람들은 거의 없었으므로 나는 맘 놓고 신 날 수 있었다. 흡사 놀이동산 자유이용권을 얻은 아이의 심정이었다. 나는 테이블 위에 모로 누워 구르기를 하기도 하고 소파 위에 올라가 펄쩍펄쩍 뛰어오르기도 했다. 창문으로 들이치는 햇살 위로 먼지들이 리듬을 타며 넘실대고 있었다. 내가 뛸 때마다 먼지들도 날아오르는 게 신기하기만 했다. 뛰는 게 지치면 소파에 엎드려 책을 읽었다. 간혹 날아오른 먼지들이 테이블 위에 착지하는 상상을 하면 이상하게 가슴이 뛰었다. 이 커다란 공간에 나 혼자 있어도 된다는 사실이 더없이 근사하게 느껴졌다.

　초등학교 4학년 때 우리 식구는 정읍에서 전주로 거처를 옮기게 되었다. 이사를 하기 며칠 전, 식구들이 모인 자리에서 엄마는 상을 버려야겠다고 말했다. 지극히 담담하고 심드렁한 어투였다. 마치 화장지가 다 떨어졌다거나 목도리에 인 보풀을 떼어내야겠다고 말하는 것처럼 말이다. 낡을 대로 낡아서 더 이상 상을 쓸 수 없게 되었다는 것이다. 실제로 상에는 군데군데 크고 작은 생채기가 나 있었다. 매끈한 부분을 찾는 게 더 어려울 정도였다. 네 다리 중 하나는 상을 떠받칠 수 있을 만큼 튼튼하지 못했다. 상을 접을 때마다 끼익하는 쇳소리가 들렸다. 들으면 들을수록 아찔하게 느껴질 지경이었다.

아무리 그래도 그렇지, 우리 집에 10년 넘게 있던 상을 버리는 게 말이 돼? 보물을 잃어버린 것 같아 갑자기 봇물처럼 눈물이 터지고 말았다. 무엇보다 나는 그 사실을 아무렇지도 않게 말할 수 있다는 사실이 참을 수 없이 서글펐다. 이렇다 저렇다 말 한마디 못하는 상이 애처롭기는커녕 답답하게 느껴졌다. 그날 밤 나는 양팔을 벌려 상을 안고 잠들었다. 엄마한테 아득바득 대들지 못한 게 못내 한스러웠다. 너를 지켜주지 못해 미안해. 그러나 나는 너를 들어 올릴 만한 힘조차 갖고 있지 못하단다. 내가 훌쩍일 때마다 상은 끼익하는 소리를 냈다. 지금 생기는 불협화음을 두고두고 잊지 않으리라 굳게 다짐했다.

이사를 하고 나는 드디어 책상을 갖게 되었다. 사람들 말마따나 책상다운 책상을 갖게 되었다. 그러나 이상하게도 책상에 앉으면 책 읽을 맛이 나지 않았다. 그렇게나 열광하던 추리소설의 페이지가 잘 넘어가지 않았다. 백과사전도 그다지 흥미롭지 않았다. 문제집을 풀 때에는 집중하기 어려웠다. 이미 읽었던 문제를 몇 번이고 반복해서 읽어야 했다. 좋아하는 만들기를 할 적에도 이상하게 흥이 나지 않았다. 아무리 신경을 기울여도 접은 종이의 아귀가 맞지 않았다. 고급 스탠드는 켤 때마다 놀랄 만큼 밝은 빛을 쏟아냈지만, 그 밝음이 어색해서인지 잘 켜게 되지 않았다. 책상 위에 놓인 물건들에는 도무지 손이 가지 않았다.

책상 앞에서, 나는 맞지 않는 옷을 입고 산행하는 사람처럼 자꾸 몸을 뒤틀었다. 때때로 내 몸에서 상에서 나던 예의 그 끼익하는 소리가 흘러나왔다. 연거푸 도리질을 하고 정신을 바짝 차려도 나는 여전히 책상 앞이었다. 그때 내쉰 한숨에는 여러 감정이 담겨 있었다. 나는 그 정체를 파악하고자 애썼지만, 그것을 표현할 만한 단어를 아직 알지 못했다. 나중에 알고 보니 그것은 그리움이었다. 나는 상이 그리웠던 것이다. 예전에 살던 집에서 쓰던 그 낡디낡은 상이, 몹시도 그리웠던 것이다. 아무짝에도 쓸모없을 것 같은 것이, 나도 모르는 곳에 진작 버려진 그것이, 나는 그렇게나 보고팠던 것이다.

나는 책상과 점점 멀어졌다. 책상의 표면에는 냉기가 가득했다. 가끔 지나가다 책상에 몸이 닿을 때가 있었는데, 그때마다 온몸에 소름이 돋았다. 그 서슬에 놀라 나는 더욱더 책상을 찾지 않게 되었다. 책상에 놓인 책들은 한참 전에 벌써 박제된 듯 보였다. 상 앞에 앉아 행하던 일들을 나는 방바닥에 엎드려서 하기 시작했다. 본래의 쓰임새를 잃은 책상 위는 온갖 잡동사니로 채워지고 있었다.

어느 날, 엄마는 대체 왜 책상에서 공부하지 않느냐고 나를 다그쳤다. 나는 예전처럼 목 놓아 울지 않았다. 또박또박, 그러나 더없이 간절하게 말했다. 나에게는 책상이 아니라 상이 필요하다고, 내게는 상이 책상이라고. 저 의젓한 책상은 나와 맞지 않는다고, 예전처럼 그 위에서 무슨 일을 해도 마음 편한 상을 갖고 싶다고 고래고래 소리를 질렀다. 엄마는 내 말을 귀담아듣지 않았다. 그저 어린애의 흔한 투정이라고 생각했던 것이다. 나는 머리를 굴렸다. 머리가 아프다는 핑계로 밥을 먹지 않았다. 심부름을 시키면 이불을 머리끝까지 뒤집어쓰고 억지로 끙끙 앓는 신음 소리를 냈다. 나는 엄마를 두 손 들게 만들 만반의 준비가 되어 있었던 것이다. 그러고는 거짓말처럼 한동안 방문이 열리지 않았다. 인기척을 그리워하다 왠지 모르게 서러워져서 눈물이 찔끔 나왔다.

어느 순간, 머리를 너무 굴렸는지 진짜 머리가 아파왔다. 아픈 척하다 진짜 아프게 된 나는 잠시 동안 어리둥절했다. 나는 내가 머리를 굴려서 벌 받았다고 생각했다. 몸을 일으키려고 하니 아찔했다. 천장에서 맹렬한 속도로 별들이 쏟아지는 것 같았다. 머리가 무거워서 앉아 있는 것도 버거웠다. 나는 절박한 심정으로 연달아 엄마를 불렀다. 엄마가 황급히 방문을 열어젖혔다. 이마를 짚더니 열이 펄펄 끓는다고 말했다. 서둘러 병원에 가니 식중독이라고 했다. 그것이 내게는 '상중독'으로 들렸다. 그 뒤로 나는 꾀병을 부리지 않게 되었다. 꾀병이 진짜 병이 되는 것은 상상만으로도 충분히 소름 끼치는 일이다.

병이 낫자 엄마는 내게 생각지도 않은 상(賞)을 안겨주었다. 1등을 해도 주지 않던 상을 준 것이다. 그 상은 바로 상(床)이었다. 진짜 상이었다. 나는 쾌재를 불렀다. 의욕이 마구 샘솟았다. 상 앞에서는 무슨 일을 해도 즐거울 것 같았다. 무슨 일이든 잘 해낼 수 있을 것만 같았다.

얼마 전 이사를 하며 나는 나무를 가공하여 만든 기다란 상을 구입했다. 거리를 지나다가 우연히 발견한 상이었다. 딱 보자마자 나는 저 상이 내 책상이 될 거라는 예감에 사로잡혔다. 화려하지도 않고 그렇다고 고급스러움을 풍기는 상도 아니었지만, 저 앞에 앉으면 기분 좋게 일도 하고 놀 수도 있을 것 같았다. 바로 그 점이 마음에 들었다. 나는 상 앞에 앉아 글도 쓰고 책도 읽고 커피를 마시는 나 자신을 상상했다. 저 상 앞에 앉아 처음 완성한 글이 과연 무엇이 될까? 가슴이 두근거리고 입가에 절로 미소가 지어졌다. 나는 휘파람을 불며 가구점 안으로 당당하게 걸어들어갔다.

제법 큰돈을 들여 구입한 상은 널찍하고 튼튼하다. 마음에 쏙

든다. 일반적으로 책상은 벽에 붙어 있지만, 내 상은 방 안 중심에 놓여 있다. 이쪽에서 글을 쓰다가 저쪽으로 자리를 옮겨 책을 읽을 수 있는 것이다. 커피를 마실 때에는 모서리에 앉아 다음 날 해야 할 일에 대해 머릿속으로 그려보기도 한다. 한쪽만 사용 가능한 책상과는 달리 나는 상의 온몸을 모두 이용할 수 있다.

사람들은 가끔 이런 나를 보고 상 앞에 앉아 글을 쓰면 다리가 저리거나 아프지 않느냐고 묻는다. 나는 그 점이 바로 상의 매력이라고 맞받아친다. 상 앞에 앉아 글을 쓰다가 다리가 아프면 잠시 뒤로 드러누울 수 있다는 점이, 책을 읽다가 낙서를 하고 웹 서핑을 하는 등 딴짓할 수 있다는 점이, 배가 고프면 음악을 틀어놓고 후루룩 라면을 먹어도 된다는 점이, 책상이 아닌 상 앞에서는 왠지 그래도 될 것 같은 안심이 든다는 점이, 바로 내가 상을 사랑하는 이유다.

내게는 상이 하나 있다. 이 상은 책상도 되고 밥상도 된다. 엉뚱한 상상을 해도 군말하지 않는다. 고맙게도 내가 원하는 대로 어떤 상(像)이든 되어준다. 비록 상은 하나지만 나는 모든 상을 가진 느낌이 든다. 상 앞에서는 마음을 비워도 배가 부르다.

출처 목록

달려라 냇물아

나의 산타클로스 성석제,《즐겁게 춤을 추다가》(강, 2004)
내리 내리 아래로만 흐르는 물인가, 사랑은 김연수,《청춘의 문장들》
  (마음산책, 2004)
선물이 되는 사람 김소연,《시옷의 세계》(마음산책, 2012)
달려라 냇물아 최성각,《달려라 냇물아》(녹색평론사, 2007)
내 인생의 반려 농기계 강광석,《경향신문》(2011. 6. 10)
소 이야기 박성대,《녹색평론》(2008. 11 · 12)
우산 오은, 문학웹진《한판》(2013. 8. 21)
선물 최은숙,《미안, 네가 천사인 줄 몰랐어》(샨티, 2006)
이사 함민복,《길들은 다 일가친척이다》(현대문학, 2009)
와따~아 기왕에 뭣을 줄라문 류상진,《전라도닷컴》(2011. 10)
내가 아재를 지달리문 덜 미안하제~에 류상진,《전라도닷컴》(2010. 1)
내 절 받은 사람이 누구여? 류상진,《전라도닷컴》(2013. 7)
소 한 마리 잡지 못하는 히말라야 사람들 최성각,《달려라 냇물아》
  (녹색평론사, 2007)
할머니, 크나큰 어머니 유소림,《살아 키우시고 죽어 가르치시네》
  (웅진지식하우스, 2004)
어머니의 한글 받침 무용론 이정록,《시인의 서랍》(한겨레출판, 2012)
그해, 벌판에 내리던 눈 이혜경,《그냥 걷다가, 문득》(강, 2012)
아버지와 나는 이제, 페친이다 백가흠,《대산문화》(2012. 가을)
아버지라는 이름의 남자 김별아,《삶은 홀수다》(한겨레출판, 2012)

빛의 통로 이영주, 이인성 선생 홈페이지(2006)
권우 선생님을 그리며 배병삼, 《한겨레》(2008. 5. 8)
자장면과 삼판주 김선주, 《씨네21》(2003. 3)(《이별에도 예의가 필요하다》,
　　한겨레출판, 2010에 재수록)

살아간다는 것

아현정보산업고 이기호, 《독고다이》(랜덤하우스, 2008)
반딧불이 이기호, 《독고다이》(랜덤하우스, 2008)
가난하고 어린 이기호, 《독고다이》(랜덤하우스, 2008)
초상집 풍경 최용탁, 《사시사철》(삶이보이는창, 2012)
봄날의 노인병원 김언, 《국제신문》(2006. 4. 20)
서럽고 아련한 외로움, 갱죽 성석제, 《소풍》(창비, 2006)
박찬호와 2001년의 어느 식당 아주머니 김광준, 《행복한 동행》(2012. 11)
세상에서 가장 끈질긴 것 유소림, 《살아 키우시고 죽어 가르치시네》
　　(웅진지식하우스, 2004)
간판 유병록, 문학웹진 《한판》(2013. 7. 10)
기억 속 집 박수정, 《집》(마음산책, 2012)
빵차 습격사건 김중혁, 《뭐라도 되겠지》(마음산책, 2011)
나를 먼저 살다 간 사람 김중일, 《현대문학》(2013. 8)
여름 음식의 서정 박찬일, 《추억의 절반은 맛이다》(푸른숲, 2012)
들어갈 때 실컷 마셔라 김현진, 《뜨겁게 안녕》(다산책방, 2011)
2루로 출근하는 어느 직장인의 이야기 김광준, 《한겨레21》(2011. 7. 12)
이종범, 여전히 전성기 서효인, 《한겨레》(2012. 3. 21)
이 부장, 그러는 거 아이다! 최문정, 《짬짜미 공모 사바사바》(산지니, 2012)
자기를 위한 잔칫상을 차려라 김선주, 《허스토리》(창간사, 2003. 11)
　　(《이별에도 예의가 필요하다》, 한겨레출판, 2010에 재수록)

갈 곳이 아무 데도 없다

다들 고향이 있지 않습니까 이계삼,《영혼 없는 사회의 교육》(녹색평론사, 2009)
그곳 유소림,《살아 키우시고 죽어 가르치시네》(웅진지식하우스, 2004)
봄은 고양이로다 이혜경,《그냥 걷다가, 문득》(강, 2012)
할머니의 광주리 이정록,《시인의 서랍》(한겨레출판, 2012)
쑥 공선옥,《행복한 만찬》(달, 2008)
고모 생각 최용탁,《사시사철》(삶이보이는창, 2012)
내 유년의 강, 명포를 추억하며 박정애,《강은 오늘 불면이다》(아카이브, 2011)
고문이 나에게 가르쳐준 것 하종강,《아직 희망을 버릴 때가 아니다》
　(한겨레출판, 2008)
우리는 조용히 죽어가고 있다 이대근,《경향신문》(2011. 2. 17)
마지막 가족사진 박수정,《한겨레》(2009. 2. 9)
송전탑 분신 자결의 진상 이계삼,《한겨레》(2012. 1. 27)
고운 얼굴들 이계삼,《한겨레》(2013. 5. 24)

시인으로 산다는 것

봄의 정령 신해욱,《한국일보》(2013. 3. 11)
귀를 기울이면 신해욱,《한국일보》(2013. 4. 29)
영혼의 어떤 흔적 신해욱,《한국일보》(2013. 8. 19)
파괴된 강에서 우리는 작별한다 이영주,《강은 오늘 불면이다》(아카이브, 2011)
내 마음속 남한강 최용탁,《사시사철》(삶이보이는창, 2012)
그 잡부 숙소를 잊지 못한다 송경동,《꿈꾸는 자 잡혀간다》(실천문학사, 2011)
송경동이 시를 쓰기 힘든 시대 노순택,《사진의 털》(씨네21북스, 2013)
그 시간, 정태춘은 노래하지 않았다 노순택 ,《사진의 털》(씨네21북스, 2013)
엄동설한에 연(蓮)을 생각하다 김선우,《문학사상》(2010. 2)
증명하는 인간 서효인,《한국문학》(2013. 여름)
몸, 소극장을 만나다 김언,《국제신문》(2006. 2. 2)
상(床), 상(賞), 상(像) 오은,《시인의 책상》(RHK, 2013)

나는 천천히 울기 시작했다

초판 1쇄 발행 2013년 11월 30일
초판 9쇄 발행 2023년 8월 20일
지은이 강광석 외
엮은이 박지홍 이연희

발행인 박지홍
발행처 봄날의책
등록 제311-2012-000076호 (2012년 12월 26일)
주소 종로구 창덕궁4길 4-1 401호 (원서동 4층)
전화 070-4090-2193   E-mail springdaysbook@gmail.com

디자인 공미경
인쇄·제책 한영문화사
ISBN 978-89-969979-4-8 03810

글 ⓒ 강광석 공선옥 김광준 김별아 김선우 김선주 김소연 김언
김연수 김중일 김중혁 김현진 노순택 류상진 박성대 박수정
박정애 박찬일 배병삼 백가흠 서효인 성석제 송경동 신해욱 오은
유병록 유소림 이계삼 이기호 이대근 이영주 이정록 이혜경
최문정 최성각 최용탁 최은숙 하종강 함민복, 2013
사진 ⓒ 노순택, 2013

이 책은 저작권법에 따라 보호받는 저작물이므로
무단전재와 무단복제를 금합니다. 이 책의 전부 또는 일부를
이용하려면 반드시 저작권자와 봄날의책출판사의 동의를 받아야 합니다.

이 도서의 국립중앙도서관 출판시도서목록(CIP)은
서지정보유통지원시스템 홈페이지(http://seoji.nl.go.kr)와
국가자료공동목록시스템(http://www.nl.go.kr/kolisnet)에서
이용하실 수 있습니다.(CIP제어번호: CIP2013024447)